Vorwort

Repetitio est mater studiorum. Kein anderes Wort ist besser als Leitgedanke für diese „Lern- und Übungsgrammatik, Lateinisch" geeignet. Sie bietet einen zusammenfassenden Überblick über alle wichtigen grammatischen Erscheinungen der lateinischen Sprache (S. 10–121).

Die einzelnen Stoffbereiche werden systematisch dargestellt und beschränken sich bewußt auf das grammatische Grundwissen, das für die Lektüre lateinischer Schriftsteller unbedingt erforderlich ist. Dabei wird großer Wert darauf gelegt, durch eine einfache und klare Ausdrucksweise und möglichst kurze und einprägsame Beispielsätze das Verständnis zu erleichtern. Diesem Zweck sollen auch Hinweise auf sprachliche Zusammenhänge und Zusammenfassungen in Tabellenform dienen sowie eine möglichst anschauliche und übersichtliche Darbietung des Stoffes.

Der grammatischen Darstellung schließen sich die Übungen an (S. 125–166). Das Gelernte kann somit unmittelbar erprobt und gefestigt werden: In der Reihenfolge ihrer Behandlung werden zu jeder vorgestellten grammatischen Erscheinung methodisch vielfältige Aufgaben gestellt, die auf den behandelten Stoff genauen Bezug nehmen. Durch diese Anordnung ist es auch möglich, schwerpunktmäßig Schwächen anzugehen und auf gezielte Weise Kenntnislücken zu schließen.

Auf die Übungsaufgaben folgen die vollständigen Lösungen (S. 169–227), die dem Lernenden die Möglichkeit bieten, seine Kenntnisse ohne fremde Hilfe zu überprüfen, Lücken zu erkennen und in Zweifelsfällen noch einmal das betreffende Kapitel durchzuarbeiten.

Das ausführliche alphabetische Sachregister am Ende des Buches ermöglicht das schnelle Auffinden jeder grammatischen Einzelheit.

Das vorliegende Werk kann somit eine wirksame Hilfe für eine systematische und rasche Wiederholung der lateinischen Grammatik sein. Langjährige Unterrichtserfahrungen haben den Verfasser bei der Abfassung dieser Lern- und Übungsgrammatik geleitet.

DER VERLAG

Inhaltsverzeichnis

Die erste Seitenzahl bezieht sich auf den grammatischen Teil. Die zweite und dritte Seitenzahl stehen im *Schrägdruck* und beziehen sich auf die Übungen und - durch einen Schrägstrich getrennt - auf die Lösungen.

LANGENSCHEIDTS LERN- UND ÜBUNGS-GRAMMATIK LATEINISCH

Von
Dr. Leo Stock

LANGENSCHEIDT
BERLIN · MÜNCHEN · WIEN · ZÜRICH

Abkürzungen

Abl.	Ablativ
a.c.i.	accusativus cum infinitivo *Akkusativ mit Infinitiv*
Adv.	Adverb
Akk.	Akkusativ
Akt.	Aktiv
Dat.	Dativ
f	Femininum
Fut.	Futur
Gen.	Genitiv
Imper.	Imperativ
Impf.	Imperfekt
Ind.	Indikativ
Inf.	Infinitiv
Konj.	Konjunktiv
m	Maskulinum
n	Neutrum
n.c.i.	nominativus cum infinitivo *Nominativ mit Infinitiv*
Nom.	Nominativ
P.	Person
Part.	Partizip
Perf.	Perfekt
Pl., Plur.	Plural
Plusqpf.	Plusquamperfekt
Präs.	Präsens
Sg., Sing.	Singular
Vok.	Vokativ

Auflage: 5. 4. 3. | Letzte Zahlen
Jahr: 1983 82 | maßgeblich

Druck: Druckhaus Langenscheidt, Berlin-Schöneberg
Printed in Germany · ISBN 3-468-34920-3

Die grammatischen Fachausdrücke und ihre Verdeutschung

Adjektiv = Eigenschaftswort: das braune Kleid

adjektivisch = als Eigenschaftswort gebraucht

Adverb = Umstandswort: er singt laut

Akkusativ = 4. Fall, Wenfall: Der Mann pflückt den Apfel

Aktiv = Tätigkeitsform: Der Junge wirft den Ball

Artikel = Geschlechtswort: der, die, das, ein, eine, ein

Attribut = Beifügung, Eigenschaft: Der alte Mann hat es nicht leicht

attributiv = beifügend

Dativ = 3. Fall, Wemfall: Die Frau hilft dem Mann

Deklination = Beugung des Hauptwortes: Nominativ — der Vater, Genitiv — des Vaters, Dativ — dem Vater, Akkusativ — den Vater

Demonstrativpronomen = hinweisendes Fürwort: dieser, jener

Diphthong = Doppelselbstlaut: ei in mein

Femininum = weibliches Geschlecht

Futur = Zukunft(sform): Ich werde fragen

Genitiv = 2. Fall, Wesfall: Sie beraubten mich meines Geldes

Genus = Geschlecht: Maskulinum, Femininum, Neutrum

Gerundium = gebeugte Grundform des Zeitworts

Imperativ = Befehlsform: geh(e)!

Imperfekt = Vergangenheit(sform): ich ging

Indikativ = Wirklichkeitsform: Er geht nicht sofort

Infinitiv = Nennform, Grundform: backen, biegen

Interrogativpronomen = Fragefürwort: wer, wessen, wem, wen

intransitiv(es Verb) = ohne Ergänzung im Akkusativ, nichtzielend: Der Hund bellt

Inversion = Umstellung: Oft muß man sich selber helfen

Komparativ = Vergleichsstufe (1. Steigerungsstufe): schöner, besser

Konditional = Bedingungsform: Wenn schönes Wetter wäre, würden wir ausgehen

Konjugation = Beugung des Zeitwortes: Infinitiv — gehen, Präsens — ich gehe

Konjunktion = Bindewort: Der Mann ist unglücklich, weil er nicht arbeiten kann

Konjunktiv = Möglichkeitsform: Frau Schmidt dachte, ihr Mann sei im Büro

Konsonant = Mitlaut: b, d, s

Maskulinum = männliches Geschlecht

Modus = Aussageweise

Neutrum = sächliches Geschlecht

Nomen = Hauptwort: der Tisch

Nominativ = 1. Fall: Der Mann kauft ein Buch

Objekt = Satzergänzung: Der Junge wirft den Ball

Partizip = Mittelwort: gebacken

Passiv = Leideform: Der Ball wird von dem Jungen geworfen

Perfekt = Vollendete Gegenwart: Ich bin weggegangen

Personalpronomen = persönliches Fürwort: er, sie, wir

Plural = Mehrzahl: Kirschen

Plusquamperfekt = Vorvergangenheit: Ich hatte das Buch gelesen

Positiv = Grundstufe: schön, gut

Possessivpronomen = besitzanzeigendes Fürwort: der, die, das meinige, mein, dein, euer

Prädikat = Satzaussage: Die Frau bäckt einen Kuchen

Prädikatsnomen = Hauptwort als Teil der Satzaussage: Er ist Schüler

Präposition = Verhältniswort: auf, gegen, mit

präpositional = mit einem Verhältniswort gebildet

Präsens = Gegenwart: ich gehe

Pronomen = Fürwort: er, sie, es

reflexiv = rückbezüglich: er wäscht sich

Reflexivpronomen = rückbezügliches Fürwort

Relativpronomen = bezügliches Fürwort: Wo ist das Buch, das ich gekauft habe?

Singular = Einzahl: Tisch

Subjekt = Satzgegenstand: Das Kind spielt mit der Katze

Substantiv = Hauptwort: der Tisch

substantivisch = als Hauptwort gebraucht

Superlativ = Höchststufe bei der Steigerung des Adjektivs oder höchste Steigerungsstufe: am schönsten

transitiv(es Verb) = mit Ergänzung im Akkusativ, zielend: Ich begrüße einen Freund

Verbalsubstantiv = hauptwörtlich gebrauchte Nennform: das Lesen, das Schreiben

Verb = Zeitwort: gehen, kommen

Vokal = Selbstlaut: a, e, i, o, u

Zur Geschichte der lateinischen Sprache

Die lateinische Sprache gehört zur indogermanischen Sprachfamilie, die auch die germanischen und slawischen Sprachen und das Griechische umfaßt. Latein war zunächst nur die Sprache des italischen Stammes der Latiner in der Landschaft Latium, deren Mittelpunkt Rom wurde (lingua Latina). Die Römer verbreiteten mit der Eroberung Italiens ihre Sprache über die ganze Halbinsel. Latein wurde dann die Amts- und Verkehrssprache des römischen Weltreiches. Schriftsteller wie Cicero und Caesar schufen seine klassische Form. Im Osten konnte sich die griechische Sprache infolge der Überlegenheit der griechischen Kultur behaupten. Im Westen des Reiches wurde jedoch Latein die gemeinsame Sprache der Völker des Imperium Romanum, die Sprache der Verwaltung und des Rechts, des Handels, des Unterrichts, der Literatur und der Wissenschaft. Selbst die freien Germanen entlehnten der lateinischen Sprache viele Wörter für Dinge, die sie durch die Berührung mit der römischen Kultur kennenlernten.

Trotz des Untergangs des weströmischen Reiches im 5. Jahrhundert nach Christus blieb die lateinische Schriftsprache noch 1000 Jahre hindurch lebendig. Denn die Bibel war in die lateinische Sprache übersetzt worden. Das sogenannte Mittellatein war die Sprache der römischen Kirche, der Schulen und Universitäten, der Gelehrten und Diplomaten und auf diese Weise das gemeinsame Band des geistigen Lebens der abendländischen Völker.

Für die Humanisten wurde die Sprache Ciceros wieder ihr klassisches Vorbild, doch entwickelten sie einen eigenen Stil, dem Erasmus von Rotterdam die vollendete Form gab. In dieser Sprache sind maßgebliche Werke der Philosophie und der naturwissenschaftlichen Entdeckungen der Neuzeit veröffentlicht worden. Noch Jahrhunderte lang ist Latein als Sprache des Unterrichts, der Wissenschaft, der Justiz und der Diplomatie lebendig geblieben. Heute noch ist Latein die amtliche Sprache der katholischen Kirche.

Aus der lateinischen Volkssprache, die römische Soldaten, Kaufleute und Siedler sprachen und die von der unterworfenen Bevölkerung übernommen und nach ihren eigenen Sprachgewohnheiten umgeformt und teilweise mit Wörtern ihrer einheimischen Sprache durchsetzt wurde, entwickelten sich die romanischen Sprachen: Italienisch, Französisch, Spanisch, Portugiesisch, Rumänisch und Rätoromanisch. Auch die Hälfte des Wortschatzes der englischen Sprache stammt aus dem Lateinischen, und der literarische Wortschatz ist sogar überwiegend lateinisch. Damit gibt uns die lateinische Sprache den Schlüssel zum Verständnis der wichtigsten Weltsprachen. Schließlich hat das lateinische Alphabet wegen der Klarheit und Einfachheit seiner Buchstaben die größte Verbreitung gewonnen und ist zu einer Weltverkehrsschrift geworden.

Keine andere Sprache der Welt kann sich mit der Bedeutung und Wirkung der lateinischen Sprache vergleichen.

A) Lautlehre

1. Alphabet

Die lateinische Schrift wurde dem griechischen Alphabet entlehnt. Die Römer schrieben ursprünglich nur in großen Buchstaben (Majuskeln). Aus ihnen haben sich seit dem Ende der Republik allmählich die kleinen lateinischen Schriftzeichen (Minuskeln) entwickelt. Mit dem Christentum wurde die lateinische Schrift von den Germanen übernommen.

Das lateinische Alphabet umfaßte zur Zeit des Augustus 23 Buchstaben:

A B C D E F G H I K L M N O P Q R S T V (U) X Y Z
a b c d e f g h i k l m n o p q r s t v (u) x y z

2. Aussprache

c wurde bis in die späte Kaiserzeit als k gesprochen (cista *Kiste*; cellārium *Keller*), verdrängte deshalb auch fast vollständig das k, das sich nur noch in ein paar Wörtern erhalten hat (Kalendae). Erst seit dem Ausgang der Antike spricht man c vor e, i und y und den Diphthongen ae und oe wie z (cella *Zelle*; circus *Zirkus*). Heute kehrt man wieder zur klassischen Aussprache des c zurück und spricht es immer wie k.

h wurde fast überhaupt nicht gesprochen und gilt deshalb nicht als Konsonant.

i ist sowohl Vokal (incola) wie auch Konsonant = j. Das Schriftzeichen j kam erst im 15. Jahrhundert auf; i wird im Anlaut vor Vokalen wie j gesprochen (iānua), ebenso im Inlaut zwischen zwei Vokalen (Pompēius; māior).

s wird immer stimmlos (scharf) gesprochen.

s vor Konsonant (sc, sch, sp, st) wird immer getrennt gesprochen: scēptrum = s-cēptrum; schola = s-chola; spiritus = s-piritus; studium = s-tudium.

t vor i wurde bis zum Ende der Antike stets wie ti, nie als zi gesprochen: nātiō; silentium.

v war ursprünglich sowohl Vokal = u wie auch Konsonant = w (VARVS). Erst seit der Zeit des Augustus verwendet man die Rundform (u) für den Lautwert u (nātūra), die Spitzform (v) für den Lautwert w (vīlla). Doch wird u noch wie w gesprochen nach q (quis), ng (lingua) und s, wenn auf das u ein a oder e folgt (suādēre; Suēbī).

3. Einteilung der Laute

Die durch die obengenannten Buchstaben bezeichneten Laute teilt man ein in Vokale (Selbstlaute), Diphthonge (Doppelvokale) und Konsonanten (Mitlaute).

Vokale sind a, e, i, o, u, y (in griechischen Lehnwörtern).

Alle lateinischen Vokale können lang oder kurz sein. Durch einen Strich über dem Vokal bezeichnet man die Länge (ā), durch ein Häkchen die Kürze (ă).

Diphthonge sind ae, oe, au, eu. ai, ei, ui kommen nur im Altlatein vor. ae und oe werden getrennt ausgesprochen, wenn auf dem e zwei Trennungspunkte (Trema) oder ein Längenzeichen steht (āēr, āëris; poēta). Diphthonge sind immer lang.

Bei den Konsonanten unterscheidet man

Verschlußlaute (vōcēs mūtae): b, p (Labiale = Lippenlaute)
d, t (Dentale = Zahnlaute)
g, c, q, k (Gutturale = Kehllaute).
Stimmhaft (mediae) sind b, d, g.
Stimmlos (tenues) sind p, t, c.

Dauerlaute: l, r (Liquidae = Fließlaute)
m, n (Nasale = Nasenlaute)
f, v, s, z, i (= j) (Spiranten = Zischlaute)
h (Aspirata = Hauchlaut).

4. Quantität (Sprechdauer) der Silben

1. Eine Silbe ist lang, wenn sie einen langen Vokal oder Diphthong enthält (naturlang): Rōmānus, taurus.

2. Eine Silbe gilt als lang, wenn auf einen kurzen Vokal zwei oder mehr Konsonanten folgen (positionslang): fenestra, columba.

Anm. 1: Muta cum Liquida bewirkt in der Prosa keine Positionslänge, dagegen oft in der Dichtung: celebrat.

Anm. 2: qu bewirkt ebenfalls keine Positionslänge: cólloquī.

Merke: Vor nf, ns, nct, gn ist der Vokal immer lang (īnfāns, sānctus, sīgnum).

5. Betonung

Für die Betonung lateinischer Wörter ist die Quantität der vorletzten Silbe (paenultima) entscheidend.

Zweisilbige Wörter werden auf der vorletzten Silbe, d.i. der ersten Silbe, betont (Rōma).

Drei- und mehrsilbige Wörter werden auf der vorletzten Silbe betont, wenn diese natur- oder positionslang ist (nātūra; fenéstra).

Ist die vorletzte Silbe kurz, so wird die drittletzte Silbe betont (agrícola, dóminus).

Ausnahmen: Angehängtes -que oder -ne (Fragepartikel) zieht den Akzent auf die zweitletzte Silbe, auch wenn diese kurz ist: fīlīus fīliáque; puelláne.

Merke: Die letzte Silbe eines lateinischen Wortes wird nie betont.

6. Lautwandel

Lautwandel der Vokale

Ablaut ist der Wechsel der Vokale in Wörtern gleichen Stammes (agō, ēgī). Man spricht von qualitativem Ablaut, wenn die Farbe des Vokals wechselt (tegere, toga), von quantitativem Ablaut, wenn die Länge des Vokals sich ändert (legō, lēgī). Beide Möglichkeiten kommen oft zusammen vor (capiō, cēpī). Man unterscheidet beim quantitativen Ablaut nach der

Lautdauer die Grundstufe (edō), die Dehnstufe (ēdī) und die Schwundstufe (s-u-nt; Grundstufe es-).

Vokalschwächung: Kurzer Vokal und Diphthonge werden in Mittelsilben geschwächt (claudere — inclūdere; cadō — cecĭdī).

Merke: Kurzes i wird in unbetonten Mittelsilben vor r zu e abgeschwächt: laudābĭris >[1] laudābĕris; legĕris <[1] legĭris.

Vokalkürzung: Langer Vokal wird vor Vokal gekürzt — Vōcālis ante vōcālem corripitur: monēre, moneō. Wenn jedoch drei Vokale aufeinanderfolgen, wird der mittlere nicht gekürzt: diēī. Langer Vokal wird vor auslautenden Konsonanten außer vor s gekürzt: laudābam, aber laudābās.

Vokaldehnung: Vokale werden gedehnt, wenn s vor stimmhaften Konsonanten ausfällt (Ersatzdehnung): isdem > īdem.

Vokale werden gedehnt vor ns, nf, nct, gn (siehe Quantität der Silben): īnfāns, sānctus, sīgnum).

Vokalschwund: Ein kurzer Vokal wird im Wortinnern zwischen Konsonanten ausgestoßen (Synkope): fert < ferit; valdē < validē; reppulī < repepulī; nauta < nāvita.

Kurzer auslautender Vokal wird abgestoßen (Apokope): dīc < dīce; nec < neque.

Ein Endvokal, bzw. Endvokal + *m* vor vokalischem Anlaut wird bei zusammengesetzten Wörtern ausgestoßen (Elision): nūllus < ne-ūllus; animadvertō < animum advertō.

Merke: In der Dichtung findet Elision auch vor vokalischem Anlaut des folgenden Wortes statt:

Ante mare et terrās et, quod tegit omnia caelum.
Nātūram expellās furcā, tamen ūsque recurret.

Kontraktion: Zwei Vokale, die innerhalb eines Wortes zusammenstoßen, werden oft zu einem langen Vokal zusammengezogen: coopia > cōpia; deī > dī; laudāō > laudō; Luciī > Lucī.

Lautwandel der Konsonanten

Rhotazismus (nach dem griechischen Buchstaben für r = ρ (Rho): s zwischen zwei Vokalen wird zu r: mōs, mōris; laudāse > laudāre; esam > eram.

Assimilation: Ein Konsonant wird dem folgenden Konsonanten angeglichen oder gleich: rēg-tus > rēctus; ad-ferre > afferre; ad-tulī > attulī; ad-lātus > allātus; pot-sum > possum.

Dissimilation: Die Wiederholung gleicher Konsonanten, besonders der Liquiden l und r in aufeinanderfolgenden Silben wird vermieden: caeluleus > caeruleus.

Änderung der Dentallaute (d u. t):
Dental vor s wird zu s assimiliert: ced-sī > cessī.

Doppeldental wird zu Doppel-s: congred-tus > congressus; mit-tus > missus.

---

[1]) Das Zeichen > bedeutet: wird zu; das Zeichen < bedeutet: entstanden aus.

Konsonantenschwund: Doppel-s wird im Inlaut nach langem Vokal oder Diphthong vereinfacht, ebenso stets im Auslaut: lūd-sī > lūssī > lūsī; claud-sī > claussī > clausī; mīlet-s > mīless > mīles.
Zwei Konsonanten vor Konsonant werden vereinfacht: fulgmen > fulmen; laudants > laudāns.
Änderung der Gutturallaute (g u. c):
Guttural wird mit s zu x: rēg-s > rēx; dīc-sī > dīxī.
Vor dem stimmlosen Laut t kann nur die Tenuis c stehen (siehe unter Assimilation): rēg-tus > rēctus.
Änderung der Labiallaute (b u. p):
Labiale stehen vor den stimmlosen Lauten s und t nur als Tenuis p: scrībō, scrīpsī, scrīptus.
Reduplikation: Anlautender Konsonant tritt mit e oder dem Stammvokal vor den Stamm: pellō, pe-pulī; poscō, po-poscī; tangō, te-tigī.
Lautverschiebung: Anlautende lateinische Verschlußlaute sind durch die germanische Lautverschiebung folgendermaßen verändert:

p > f, v, pf	pellis *Fell*; pater *Vater*; porta *Pforte*
f > b	frāter *Bruder*; fāgus *Buche*
d > z	dēns *Zahn*, decem *zehn*
t > d	tegere *decken*; tū *du*
c > h	cornū *Horn*; caput *Haupt*
h > g	hortus *Garten*; hostis *Gast*
g > k	genū *Knie*; gelū *Kälte*

B) Formenlehre

I. Wortarten

Man unterscheidet folgende **Wortarten:**

Nomina (Singular: das Nomen = Nennwort):
- **Substantive** (Sing.: das Substantiv = Hauptwort)
- **Adjektive** (Sing.: das Adjektiv = Eigenschaftswort)
- **Pronomina** (Sing.: das Pronomen = Fürwort)
- **Numeralia** (Sing.: das Numerale = Zahlwort)

Verben[1] (Sing.: das Verb = Zeit- oder Tätigkeitswort)
Partikeln[2] (Sing.: die Partikel = Redeteilchen, Füllwort):
- **Adverbien** (Sing.: das Adverb = Umstandswort)
- **Präpositionen** (Sing.: die Präposition = Verhältniswort)
- **Konjunktionen** (Sing.: die Konjunktion = Bindewort)
- **Interjektionen** (Sing.: die Interjektion = Ausrufewort)

Flektierbar (veränderlich) sind Nomina und Verben, **unflektierbar** (unveränderlich) sind Partikeln.

---

1) lat. verbum, Pl. verba.
2) lat. particula, Pl. particulae.

Die Flexion (Beugung) der Nomina heißt **Deklination,** die Flexion der Verben **Konjugation.**

Anmerkung: Die lateinische Sprache kennt keinen **Artikel** (Geschlechtswort). puella heißt je nach dem Zusammenhang *das Mädchen, ein Mädchen, Mädchen.*

II. Das Nomen

Die Form des lateinischen Nomens wird wie im Deutschen bestimmt durch
den Kasus (Plural: die Kasus) (cāsus, ūs *der Fall*),
den Numerus (Pl.: die Numeri) (numerus, ī *die Zahl*)
und **das Genus** (Pl.: die Genera) (genus, eris *das Geschlecht*).

1. Kasus

Es gibt im Lateinischen **6 Kasus:**

Nominativ	(Nom.)	Frage: wer oder was?
Genitiv	(Gen.)	Frage: wessen?
Dativ	(Dat.)	Frage: wem?
Akkusativ	(Akk.)	Frage: wen oder was?
Ablativ	(Abl.)	Frage: womit?, wodurch?, woher?, wo?, wann?
Vokativ	(Vok.)	Kasus der Anrede.

Da die lateinische Sprache keinen Artikel hat, werden Kasus und Numerus durch die Ausgänge unterschieden.

Anmerkung: Den Nominativ bezeichnet man als cāsus rēctus (der gerade Kasus), die übrigen Kasus nennt man zusammenfassend cāsūs oblīquī (die schrägen, gebeugten Kasus).

2. Numerus

Der Numerus eines Nomens ist entweder **Singular** (numerus singulāris — Einzahl) oder **Plural** (numerus plūrālis — Mehrzahl).

Einige Substantive kommen nur im Plural vor (plūrālia tantum = Pluralwörter), z. B. arma, ōrum, *n die Waffen;* castra, ōrum, *n das Lager;* dīvitiae, ārum, *f der Reichtum.*

3. Genus

Die lateinische Sprache hat wie die deutsche **drei Genera:**

das **Maskulinum** (genus masculīnum, abgekürzt: *m* = männliches Geschlecht),

das **Femininum** (genus fēminīnum *f* = weibliches Geschlecht),

das **Neutrum** (genus neutrum *n* = sächliches Geschlecht, wörtlich: keins von beiden).

Das Genus eines Substantivs ist entweder natürlich oder grammatisch bestimmt.

Maskulina sind nach dem natürlichen Geschlecht **männliche Personen, Flüsse und Winde.**

Feminina sind weibliche Personen und die Namen von Bäumen.

Als Neutra gelten nicht deklinierbare Wörter.

Das grammatische Geschlecht erkennt man in der Regel am Nominativausgang und der Deklinationszugehörigkeit, die oft erst aus dem Genitiv Singular ersichtlich ist.

4. Bildung des Nomens

Alle Nomina kann man in Stamm und Endung, Wortstock und Ausgang zerlegen.

Den Stamm eines Nomens erkennt man immer am Genitiv Plural. Wenn man die Endung -um oder -rum abstreicht, erhält man den Stamm, der auf den Stammauslaut endet: flammā-rum; lupō-rum; passu-um; diē-rum; turri-um; rēg-um.

Stammauslaut und Endung sind oft untrennbar miteinander verschmolzen. Deshalb faßt man sie als Ausgang zusammen und bezeichnet den übrigen unveränderlichen Teil des Nomens als Wortstock.

Wortstock und Ausgang erkennt man am Genitiv Singular: flamm-ae; lup-ī; pass-ūs; di-ēī; turr-is; rēg-is.

III. Die Deklinationen

Nach der Verschiedenheit des Stammauslautes unterscheidet man

a-Deklination (flammā-),
o-Deklination (lupo-),
u-Deklination (passu-),
e-Deklination (diē-),
i-Deklination (turri-),
konsonantische Deklination (reg-).

Hinzu kommt die **gemischte Deklination** (classis, class-is; pars, part-is), die im Singular die Ausgänge der konsonantischen, im Plural die Ausgänge der i-Deklination hat.

1. Die a- und o-Deklination

	a-Deklination	**o-Deklination**		
Beispiel:	flamma, ae, *f* *Flamme*	equus, ī, *m* *Pferd*	ager, agrī, *m* *Acker*	dōnum, i, *n* *Geschenk*
Stamm:	flammā-	equo-	agro-	dōno-
Wortstock:	flamm-	equ-	agr-	dōn-

Singular				
Nom.	flamm-a	equ-us	ager	dōn-um
Gen.	flamm-ae	equ-ī	agr-ī	dōn-ī
Dat.	flamm-ae	equ-ō	agr-ō	dōn-ō
Akk.	flamm-am	equ-um	agr-um	dōn-um
Abl.	flamm-ā	equ-ō	agr-ō	dōn-ō
Plural				
Nom.	flamm-ae	equ-ī	agr-ī	dōn-a
Gen.	flamm-ārum	equ-ōrum	agr-ōrum	dōn-ōrum
Dat.	flamm-īs	equ-īs	agr-īs	dōn-īs
Akk.	flamm-ās	equ-ōs	agr-ōs	dōn-a
Abl.	flamm-īs	equ-īs	agr-īs	dōn-īs

Merke:

1. Der **Vokativ** ist bei allen Deklinationen gleich dem Nominativ, nur die Substantive der o-Deklination auf -us haben im Vokativ Singular eine besondere Form mit dem Ausgang e. Beispiel: amīce (*o*) *Freund*; *mein Freund.* Von deus *Gott* ist der Vokativ gleich dem Nominativ.
Die Substantive auf -ius bilden den Vokativ auf -ī. Beispiel: Lūcius; Vokativ: Lūcī. Ebenso heißt es immer: mī fīlī *mein Sohn.*
2. Der **Plural von deus** heißt oft: dī, deum, dīs, deōs, dīs.
3. Die **Neutra** haben nur im Nominativ und Akkusativ andere Ausgänge als die Maskulina, bzw. Feminina der betreffenden Deklination.
Bei allen Neutra ist der Akkusativ gleich dem Nominativ.
Alle Neutra haben im Nominativ und Akkusativ Plural die Endung -a.
4. Im **Ablativ Singular** enden alle vokalischen Deklinationen auf den Stammauslaut.
5. **Dativ und Ablativ Plural** sind bei allen Deklinationen gleich.

Genusregeln:
Die Substantive der a-Deklination sind Feminina. Bei Personen gilt das natürliche Geschlecht, z.B.: agricola, ae, *m der Bauer.*
Die Substantive der o-Deklination auf -us und -er sind Maskulina, die auf -um sind Neutra.

Ausnahmen: Land, Baum, Insel, Stadt auf -us
als weiblich man sich merken muß,
genauso das Wort humus.

Aegyptus, ī, *f Ägypten*; Rhodus, ī, *f Insel und Stadt Rhodos*; Corinthus, ī, *f Korinth*; fāgus, ī, *f Buche*; humus, ī, *f der Erdboden, das Erdreich.*

Neutra sind vulgus, ī, *n das Volk, die große Masse* (Akk. Sing. neben vulgus auch vulgum) und vīrus, ī, *n der Schleim, das Gift.*

2. Adjektive der o/a-Deklination

1. Adjektive auf -us

Beispiel: bonus, bona, bonum *gut*; Wortstock: bon-.

Singular				Plural			
	m	*f*	*n*		*m*	*f*	*n*
Nom.	bonus	bona	bonum	Nom.	bonī	bonae	bona
Gen.	bonī	bonae	bonī	Gen.	bonōrum	bonārum	bonōrum
Dat.	bonō	bonae	bonō	Dat.	bonīs	bonīs	bonīs
Akk.	bonum	bonam	bonum	Akk.	bonōs	bonās	bona
Abl.	bonō	bonā	bonō	Abl.	bonīs	bonīs	bonīs
Vok.	bone	bona	bonum	Vok.	bonī	bonae	bona

2. **Adjektive auf -er**

Die Adjektive der o/a-Deklination auf -er unterscheiden sich von denen auf -us nur im Nominativ Singular. Von pulcher, pulchra, pulchrum *schön* (Wortstock: pulchr-) heißt also der Gen. Sing.: pulchr-ī, pulchr-ae, pulchr-ī, von līber, lībera, līberum *frei* (Wortstock: līber-) Gen. Sing.: līber-ī, līber-ae, līber-ī.

Unterscheide: līberī, līberōrum *die Kinder*; librī, librōrum *die Bücher*.

3. Die u- und e-Deklination

	u-Deklination		e-Deklination
Beispiel:	passus, ūs, *m* *Schritt*	cornu, ūs, *n* *Horn*	rēs, reī, *f* *Sache*, *Ding*
Stamm:	passu-	cornu-	rē-
Wortstock:	pass-	corn-	r-
Singular			
Nom.	pass-us	corn-ū	r-ēs
Gen.	pass-ūs	corn-ūs	r-eī
Dat.	pass-uī	corn-uī(ū)	r-eī
Akk.	pass-um	corn-ū	r-em
Abl.	pass-ū	corn-ū	r-ē
Plural			
Nom.	pass-ūs	corn-ua	r-ēs
Gen.	pass-uum	corn-uum	r-ērum
Dat.	pass-ibus	corn-ibus	r-ēbus
Akk.	pass-ūs	corn-ua	r-ēs
Abl.	pass-ibus	corn-ibus	r-ēbus

Merke:

1. **domus, ūs,** *f das Haus* bildet den Abl. Sing. und Akk. Plural nach der o-Deklination: domō, domōs, der Gen. Pl. lautet domuum oder domōrum.

2. Bei den **Neutra der u-Deklination** wird die ältere Form des Dativs Singular auf -uī seit der klassischen Zeit meist durch -ū ersetzt.

3. Bei den **Substantiven der e-Deklination,** deren Wortstock auf einen Vokal endet, ist das e im Genitiv und Dativ Singular lang. Beispiel: di-ēs, di-ēī (vgl. Vokalkürzung S. 12).

Genusregeln:

Die Substantive der u-Deklination auf -us sind Maskulina, die auf -ū sind Neutra.

Ausnahmen: Feminina sind domus, ūs, *f das Haus*, manus, ūs, *f die Hand, die Schar*, tribus, ūs *f der Bezirk*, *der Stadtteil*, porticus, ūs, *f die Säulenhalle*, quercus, ūs, *f die Eiche*, Īdūs, uum, *f die Iden.*

Die Substantive der e-Deklination sind Feminina.

Ausnahmen: Maskulina sind merīdiēs, merīdiēī *der Mittag* und diēs, diēī *der Tag*; doch ist diēs in der Bedeutung „*Termin, Zeit*" Femininum. Beispiel: diēs cōnstitūta *der vereinbarte Termin.*

4. Die konsonantische Deklination

Zur konsonantischen Deklination gehören alle Substantive, deren Stamm auf eine Liquida (l, r), einen Nasallaut (m, n) oder eine Muta (g, c; d, t; b, p) endet.

Beispiel: Stamm: Wortstock:	labor, ōris, *m* *Arbeit* labōr- labōr-	ōrātiō, iōnis, *f* *Rede* ōrātiōn- ōrātiōn-	lēx, lēgis, *f* *Gesetz* lēg- lēg-	nōmen, nōminis, *n* *Name* nōmin- nōmin-
Singular				
Nom.	labor	ōrātiō	lēx (<g-s)	nōmen
Gen.	labōr-is	ōrātiōn-is	lēg-is	nōmin-is
Dat.	labōr-ī	ōrātiōn-ī	lēg-ī	nōmin-ī
Akk.	labōr-em	ōrātiōn-em	lēg-em	nōmen
Abl.	labōr-e	ōrātiōn-e	lēg-e	nōmin-e
Plural				
Nom.	labōr-ēs	ōrātiōn-ēs	lēg-ēs	nōmin-a
Gen.	labōr-um	ōrātiōn-um	lēg-um	nōmin-um
Dat.	labōr-ibus	ōrātiōn-ibus	lēg-ibus	nōmin-ibus
Akk.	labōr-ēs	ōrātiōn-ēs	lēg-ēs	nōmin-a
Abl.	labōr-ibus	ōrātiōn-ibus	lēg-ibus	nōmin-ibus

Merke:

1. Bei der konsonantischen Deklination sind **Wortstock und Stamm gleich,** deshalb auch Ausgang und Endung.

2. **Liquidastämme und Nasalstämme** haben im Nominativ Singular keinen Ausgang, d.h. kein Nominativ-s (asigmatisch).

Einige Liquidastämme auf r haben noch im Nominativ Singular den ursprünglichen Stammauslaut s: mōs, mōris; honōs oder honor, honōris (vgl. Rhotazismus S. 12)

3. Die **Neutra der konsonantischen Deklination** enden im Nominativ Singular auf -men, -ur und -us.

Beispiele: carmen, carminis, *n Lied*; Stamm: carmin-
rōbur, rōboris, *n Kraft*; Stamm: rōbor-
corpus, corporis, *n Körper*; Stamm: corpor-
genus, generis, *n Geschlecht*; Stamm: gener-

Besonderheiten der konsonantischen Deklination:

Iuppiter *Jupiter*; Iovis, Iovī, Iovem, Iove
vās, vāsis, *n das Gefäß*; Plural: vāsa, vāsōrum, vāsīs
requiēs, requiētis, *f Ruhe*; Akk. Sing.: requiētem umd requiem
bōs, bovis, *m f das Rind, der Stier, die Kuh*; Plural: bovēs, boum, būbus u. bōbus

5. Die i-Deklination und die gemischte Deklination

	i-Deklination		**gem. Deklination**
Beispiel:	turris, turris, *f Turm*	mare, maris, *n Meer*	classis, classis, *f Klasse, Flotte*
Stamm:	turri-	mari-	classi-
Wortstock:	turr-	mar-	class-
Singular			
Nom.	turr-is	mar-e	class-is
Gen.	turr-is	mar-is	class-is
Dat.	turr-ī	mar-ī	class-ī
Akk.	turr-im	mar-e	class-em
Abl.	turr-ī	mar-ī	class-e
Plural			
Nom.	turr-ēs	mar-ia	class-ēs
Gen.	turr-ium	mar-ium	class-ium
Dat.	turr-ibus	mar-ibus	class-ibus
Akk.	turr-īs(ēs)	mar-ia	class-īs(ēs)
Abl.	turr-ibus	mar-ibus	class-ibus

Merke: Zur i-Deklination gehören

1. die **Feminina** sitis, puppis, turris, vīs, febris, secūris
sitis, is, *f Durst* puppis, is, *f Heck*

turris, is, *f Turm*
vīs, vim (Akk.), vī (Abl.) *Kraft, Gewalt*
Pl. vīrēs, vīrium, vīribus *Kräfte*
febris, is, *f Fieber*
secūris, is, *f Beil*

2. die **Neutra** auf -ar, -e, -al

exemplar, āris, *n Muster, Vorbild*
mare, maris, *n Meer*
animal, ālis, *n Lebewesen, Geschöpf*
vectīgal, ālis, *n Zoll, Abgabe, Steuer*

3. **Tiberis,** is, *m Tiber*, **Albis,** is, *m*, *Elbe*, **Neāpolis,** is, *f Neapel*

Unterscheide: vīrēs, vīrium, *f die Kräfte*; virī, virōrum *die Männer*

Zur gemischten Deklination gehören

1. **die gleichsilbigen**[1]) **Substantiva auf -is und -ēs, z. B.** classis, classis, *f die Klasse, die Flotte*; clādēs, clādis, *f die Niederlage*,

2. **die Substantiva mit zwei Konsonanten vor dem Genitivausgang,** z. B. urbs, urbis, *f die Stadt*; nox, noctis, *f die Nacht*.

Regel: Die Substantiva der gemischten Deklination haben im Singular die Ausgänge der konsonantischen Deklination, im Plural die Ausgänge der i-Deklination.

Besonderheiten: Bei īgnis, is, *m das Feuer* kommt im Abl. Sing. neben īgne auch īgnī vor, ebenso bei nāvis, is, *f das Schiff* im Abl. Sing. neben nāve auch nāvī.

Ausnahmen: parentēs, pater, māter, frāter, iuvenis, canis haben im Genitiv Plural die Formen der konsonantischen Deklination: parentum, patrum, mātrum, frātrum, iuvenum, canum.

Merke: Das Partizip Präsens aller Konjugationen geht nach der gemischten Deklination (laudāns, Gen. laudantis).

6. Genusregeln für die Substantive der konsonantischen, gemischten und i-Deklination

1. **Maskulina sind die Substantive auf -or, -ōs (-ōris), -er und l** (Liquidastämme auf l und r).

clāmor, ōris, *m Geschrei*
mōs, mōris, *m Sitte*
carcer, carceris, *m Kerker*
sōl, sōlis, *m Sonne*
sāl, salis, *m Salz*

Ausnahme: arbor, árboris, *f Baum*

2. **Feminina sind die Substantive auf -s (-x) und -ō.**

Nasalstämme (m u. n): ōrātiō, iōnis, *f Rede*; hiems, mis, *f Winter*

Dentalstämme (d u. t): virtūs, ūtis, *f Tüchtigkeit*; aetās, ātis, *f Zeitalter*; mēns, mentis, *f Verstand*; laus, laudis, *f Lob, Ruhm*

---

[1]) Gleichsilbig nennt man Wörter, die im Nom. u. Gen. Singular die gleiche Silbenzahl haben.

Labialstämme (b u. p): plēbs, plēbis, *f Volksmenge*; ops, opis, *f Macht, Hilfe*
Gutturalstämme (g u. c): lēx, lēgis, *f Gesetz*; pāx, pācis, *f Friede*
Gleichsilbige Substantiva auf -ēs und -is: clādēs, is, *f Niederlage*; nāvis, is, *f Schiff*

Ausnahmen: Masculīnī generis
sind die Wörter all auf -nis
und collis, lapis, mēnsis
orbis, piscis, sanguis,
līmes, pariēs, pēs,
ōrdō, sermō, grex,
dēns, fōns, mōns und pōns.

fīnis, is, *m*	*Grenze, Ende*	līmes, itis, *m*	*Grenzwall*
fīnēs, ium, *m*	*Gebiet*	pariēs, etis, *m*	*Wand*
īgnis, is, *m*	*Feuer*	pēs, pedis, *m*	*Fuß*
pānis, is, *m*	*Brot*	ōrdō, inis *m*	*Reihe, Stand*
collis, is, *m*	*Hügel*	sermō, ōnis, *m*	*Gespräch*
lapis, idis, *m*	*Stein*	grex, gregis, *m*	*Herde*
mēnsis, is, *m*	*Monat*	dēns, dentis, *m*	*Zahn*
orbis, is, *m*	*Kreis*	fōns, fontis, *m*	*Quelle*
piscis, is, *m*	*Fisch*	mōns, montis, *m*	*Berg*
sanguis, inis, *m*	*Blut*	pōns, pontis, *m*	*Brücke*

3. **Als Neutra man sich merken muß**
die -ar, -e, -al, -men, -ur und -us (-oris, -eris)
und caput, lac, iūs, vās – *Gefäß*,
ōs, os, iter, cor, vēr, aes.

		caput, pitis, *n*	*Haupt*
exemplar, āris, *n*	*Vorbild*	lac, lactis, *n*	*Milch*
mare, is, *n*	*Meer*	iūs, iūris *n*	*Recht*
animal, ālis, *n*	*Lebewesen*	vās, vāsis, *n*	*Gefäß*
vectīgal, ālis, *n*	*Steuer, Zoll*	ōs, ōris, *n*	*Mund*
flūmen, inis, *n*	*Fluß*	os, ossis, *n*	*Knochen*
rōbur, oris, *n*	*Kraft*	iter, itineris, *n*	*Weg, Marsch, Reise*
fulgur, uris, *n*	*Blitz*	cor, cordis, *n*	*Herz*
corpus, oris, *n*	*Körper*	vēr, vēris, *n*	*Frühling*
genus, eris, *n*	*Geschlecht*	aes, aeris, *n*	*Erz, Geld*

7. Adjektive der i-Deklination

Bei den Adjektiven der i-Deklination unterscheidet man nach dem Nominativausgang **drei Gruppen:**

Adjektive auf -er mit drei Endungen im Nominativ Singular: ācer, ācris, ācre *scharf*

Adjektive auf -is mit zwei Endungen im Nominativ Singular: fortis, fortis, forte *stark, tapfer*

Adjektive auf -x und -ns mit einer Endung im Nominativ Singular: fēlīx, fēlīx, fēlīx *glücklich*; prūdēns, prūdēns, prūdēns *klug*
Beispiel: ācer, ācris, ācre *scharf*; Stamm: ācri-; Wortstock: ācr-.

Singular				Plural			
	m	*f*	*n*		*m*	*f*	*n*
Nom.	ācer	ācris	ācre	Nom.	ācrēs	ācrēs	ācria
Gen.	ācris	ācris	ācris	Gen.	ācrium	ācrium	ācrium
Dat.	ācrī	ācrī	ācrī	Dat.	ācribus	ācribus	ācribus
Akk.	ācrem	ācrem	ācre	Akk.	ācrīs(ēs)	ācrīs(ēs)	ācria
Abl.	ācrī	ācrī	ācrī	Abl.	ācribus	ācribus	ācribus

Unterscheide von den Adjektiven der i-Deklination auf -er: celer, celeris, celere die Adjektive der o-Deklination auf -er: pulcher, pulchra, pulchrum.

Merke: Die Adjektive der i-Deklination unterscheiden sich in ihren Formen nur im Nominativ Singular und Akk. Sing. Neutrum. Von fortis (Wortstock: fort-) heißt also der Gen. Sing.: fort-is, von fēlīx (Wortstock: fēlīc-) fēlīc-is, von prūdēns (Wortstock: prūdent-) prūdent-is. Der Akk. Sing. Neutrum ist natürlich gleich der entsprechenden Form des Nominativs: forte, fēlīx, prūdēns.

8. Adjektive der konsonantischen Deklination

Zur konsonantischen Deklination gehören die Adjektive mit einer Endung im Nominativ Singular:
dīves, vetus, pauper, particeps und prīnceps.

dīves, Gen. dīvitis *reich*;
vetus, Gen. veteris *alt*;
pauper, Gen. pauperis *arm*;
particeps, Gen. participis *teilhaftig*;
prīnceps, Gen. prīncipis *der erste*, *der Führer*

Beispiel: vetus, vetus, vetus *alt*; Stamm: veter-.

Singular				Plural			
	m	*f*	*n*		*m*	*f*	*n*
Nom.	vetus	vetus	vetus	Nom.	veterēs	veterēs	vetera
Gen.	veteris	veteris	veteris	Gen.	veterum	veterum	veterum
Dat.	veterī	veterī	veterī	Dat.	veteribus	veteribus	veteribus
Akk.	veterem	veterem	vetus	Akk.	veterēs	veterēs	vetera
Abl.	vetere	vetere	vetere	Abl.	veteribus	veteribus	veteribus

9. Die gemischte Deklination des Partizip Präsens Aktiv

Beispiel: laudāns[1]), laudantis – *lobend*; *einer*, *der lobt*

Bildung der Formen: Präsensstamm, Suffix -nt, Ausgänge der gemischten Deklination

---

1) Siehe Konsonantenschwund S. 13.

	Singular			**Plural**		
	m	*f*	*n*	*m*	*f*	*n*
Nom.	laudāns	laudāns	laudāns	laudantēs	-ēs	-ia
Gen.	laudantis	laudantis	laudantis	laudantium	-ium	-ium
Dat.	laudantī	laudantī	laudantī	laudantibus	-ibus	-ibus
Akk.	laudantem	laudantem	laudāns	laudantīs(ēs)	-īs(ēs)	-ia
Abl.	laudante	laudante	laudante	laudantibus	-ibus	-ibus

IV. Steigerung (Komparation) der Adjektive

Begriff: Man unterscheidet bei der Steigerung **drei Stufen: Positiv** = Grundstufe, **Komparativ** = Vergleichsstufe, **Superlativ** = Höchststufe.

Beispiel: schön, schöner, der schönste.

Der lateinische Superlativ kann auch statt der Höchststufe einen außergewöhnlich hohen Grad **(Elativ)** bezeichnen und wird dann in der Regel mit dem Adverb „sehr" und dem Positiv übersetzt, z.B.: sehr schön, wunderschön.

1. Bildung des Komparativs und Superlativs

1. Der **Komparativ** wird gebildet, indem man an den Wortstock das **Suffix -ior** für Mask. und Fem. anfügt, für das Neutrum **-ius.**

2. Der **Superlativ** wird gebildet, indem man an den Wortstock das **Suffix -issimus,** a, um anhängt.

Die **Adjektive auf -er** (der o/a- und der i-Deklination) bilden den **Superlativ** auf **-errimus,** a, um.

Positiv	**Wortstock**	**Komparativ**	**Superlativ**
longus *lang*	long-	long-ior, -ius *länger*	long-issimus, a, um *der längste, sehr lang*
fortis *tapfer*	fort-	fort-ior, -ius *tapferer*	fort-issimus, a, um *der tapferste, sehr tapfer*
fēlīx *glücklich*	fēlīc-	fēlīc-ior, -ius *glücklicher*	fēlīc-issimus, a, um *der glücklichste, sehr glücklich*
prūdēns *klug*	prūdent-	prūdent-ior, -ius *klüger*	prūdent-issimus, a, um *der klügste, sehr klug*
pulcher *schön*	pulchr-	pulchr-ior, -ius *schöner*	pulcher-rimus, a, um *der schönste, sehr schön*
miser *elend*	miser-	miser-ior, -ius *elender*	miser-rimus, a, um *der elendeste, sehr elend*

Positiv	Wortstock	Komparativ	Superlativ
ācer *scharf*	ācr-	ācr-ior, -ius *schärfer*	ācer-rimus, a, um *der schärfste, sehr scharf*
celer *schnell*	celer-	celer-ior, -ius *schneller*	celer-rimus, a, um *der schnellste, sehr schnell*

Merke: quam celerrimus *möglichst schnell, so schnell wie möglich*
longē celerrimus *bei weitem der schnellste*
multō celerior *viel schneller*

2. Deklination des Komparativs

	Singular			Plural		
	m	*f*	*n*	*m*	*f*	*n*
Nom.	longior	longior	longius	longiōrēs	longiōrēs	longiōra
Gen.	longiōris	longiōris	longiōris	longiōrum	longiōrum	longiōrum
Dat.	longiōrī	longiōrī	longiōrī	longiōribus	longiōri-bus	longiōri-bus
Akk.	longiōrem	longiōrem	longius	longiōrēs	longiōrēs	longiōra
Abl.	longiōre	longiōre	longiōre	longiōribus	longiōri-bus	longiōri-bus

Der Komparativ wird nach der konsonantischen Deklination dekliniert.
Ausnahmen: plūrēs, plūra, Gen. plūrium — *mehr*
complūrēs, complūra, Gen. complūrium — *mehrere*

3. Besonderheiten der Steigerung

1. Steigerung mit Stammwechsel

Positiv	Komparativ	Superlativ
bonus *gut*	melior, melius *besser*	optimus *der beste, sehr gut*
malus *schlecht*	peior, peius *schlechter*	pessimus *der schlechteste, sehr schlecht*
māgnus *groß*	māior, māius *größer*	māximus *der größte, sehr groß*
parvus *klein*	minor, minus *kleiner*	minimus *der kleinste, sehr klein*
multum *viel*	plūs *mehr (Menge, Grad)*	plūrimum *das meiste, sehr viel*
multī *viele*	plūrēs, plūra *mehr (Zahl)* Gen. plurium	plūrimī *die meisten, sehr viele*
—	complūrēs, *mehrere* complūra, Gen. complūrium	plērīque, plēraeque, plēraque } *die meisten* Gen. plērōrumque, plērārumque, plērōrumque

Unterscheide: Plūs scit quam tū. *Er weiß mehr als du.*
Mihi plūrēs librī sunt quam tibi. *Ich habe mehr Bücher als du.*
Complūrēs librōs ēmī. *Ich habe mehrere (einige) Bücher gekauft.*

2. Steigerung durch Umschreibung mit magis und māximē

Adjektive, die vor dem Ausgang -us einen Vokal haben, umschreiben den Komparativ mit magis *mehr*, **den Superlativ mit māximē** *am meisten, sehr.*

arduus, a, um	magis arduus	māximē arduus
steil	*steiler*	*der steilste, sehr steil*
idōneus, a, um	magis idōneus	māximē idōneus
geeignet	*geeigneter*	*der geeignetste sehr geeignet*
dubius, a, um	magis dubius	māximē dubius
zweifelhaft	*zweifelhafter*	*der zweifelhafteste, sehr zweifelhaft*
necessārius, a, um	magis necessārius	māximē necessārius
notwendig	*notwendiger*	*der notwendigste, sehr notwendig*
pius, a, um	magis pius	māximē pius
fromm	*frommer*	*der frommste, sehr fromm*
aber:		
antīquus, a, um	antīquior, -ius	antīquissimus
alt	*älter*	*der älteste, sehr alt*

3. Bildung des Superlativs auf -(il)limus

Fünf Adjektive auf -ilis hängen im Superlativ das Suffix -limus an den Wortstock.

facilis, e	*leicht*	facilior, ius	facillimus, a, um
difficilis, e	*schwer*	difficilior, ius	difficillimus, a, um
similis, e	*ähnlich*	similior, ius	simillimus, a, um
dissimilis, e	*unähnlich*	dissimilior, ius	dissimillimus, a, um
humilis, e	*niedrig*	humilior, ius	humillimus, a, um
aber: nōbilis, e	*edel*	nōbilior, ius	nōbilissimus, a, um
Merke: vetus	*alt*	vetustior, ius	veterrimus, a, um
māgnificus, a, um	*prächtig*	magnificentior, ius	māgnificentissimus, a, um

4. Unvollständige Steigerung

Einige Komparative und Superlative haben im Positiv kein Adjektiv, sondern sind von Präpositionen abgeleitet.

extrā	b. Akk.	*außerhalb*	exterior	*der äußere*	extrēmus	*der äußerste*
intrā	b. Akk.	*innerhalb*	interior	*der innere*	intimus	*der innerste*
īnfrā	b. Akk.	*unterhalb*	īnferior	*der untere, unterlegen*	īnfimus od. īmus	*der unterste*
suprā	b. Akk.	*oberhalb*	superior	*der obere, überlegen*	suprēmus summus	*der oberste der höchste*
prope	b. Akk.	*nahe bei*	propior	*der nähere*	proximus	*der nächste*

post	b. Akk.	*nach*	posterior	*der spätere*	postrēmus	*der letzte*
prae	b. Abl.	*vor*	prior	*der frühere*	prīmus	*der vorderste, der erste*
citrā	b. Akk.	*diesseits*	citerior	*diesseitig*		
ultrā	b. Akk.	*jenseits*	ulterior	*jenseitig*	ultimus	*der entfernteste, der letzte*
dē	b. Abl.	*von — herab*	dēterior	*geringer, schlechter*	dēterrimus	*der geringste, schlechteste*
			potior	*vorzüglicher, besser*	potissimus	*der vorzüglichste*
			potius, Adv.	*eher, lieber*	potissimum, Adv.	*am liebsten, besonders*
iuvenis		*Jüngling*	iunior	*jünger*		
senex		*Greis*	senior	*älter*		

Merke folgende Substantiva:

īnferī, ōrum *die Unterirdischen, die Toten, die Unterwelt*
superī, ōrum *die Oberwelt, die himmlischen Götter, die Himmlischen*
posterī, ōrum *die Nachkommen*

V. Das Adverb (Umstandswort)

Begriff: Das Adverb ist eine nähere Bestimmung zu einem Vollverb.

Puella pulchrē cantat. *Das Mädchen singt schön.*
„pulchrē" bestimmt die Art und Weise des Singens näher.
(Frage: wie? auf welche Weise?)

Unterscheide: Puella pulchra est. *Das Mädchen ist schön.*
„pulchra" bezeichnet eine Eigenschaft des Subjekts, ist Prädikatsnomen.
(Frage: wie beschaffen?)

1. Bildung der Adverbien von Adjektiven

Positiv: Bei den Adjektiven der o/a-Deklination hängt man an den Wortstock das Suffix -ē: clarus, a, um; clar-; Adverb: clar-ē; pulcher, chra, chrum; pulchr-; Adverb: pulchr-ē.

Bei den Adjektiven der i-Deklination hängt man an den Wortstock das Suffix -iter: fortis, e; fort-; Adverb: fort-iter. celer, eris, ere; celer-; Adverb: celer-iter.

Endet der Wortstock jedoch auf nt, so wird nur -er angefügt: prūdens; prudent-; Adverb: prudent-er.

Komparativ: Das Adverb im Komparativ ist gleich dem Akk. Sing. Neutrum des Adjektivs: clar-ius, pulchr-ius, fort-ius, celer-ius, prudent-ius.

Superlativ: Das Adverb des Superlativs endet bei allen Adjektiven entsprechend dem Positiv der Adverbien der o/a-Deklination auf -ē: clarissim-ē, pulcherrim-ē, fortissim-ē, celerrim-ē, prūdentissim-ē.

Merke: Adverbien sind im Lateinischen wie im Deutschen unveränderlich.

2. Besonderheiten der Adverbien

1. Zu bonus *gut* heißt das Adverb benĕ, zu malus *schlecht* malĕ, zu facilis *leicht* facile, zu audāx *kühn* audācter, zu alius *ein anderer* aliter *anders*.

diū *lange* diūtius *länger* diūtissimē *am längsten*
māgnopere *sehr* magis *mehr* māximē *am meisten*
saepe *oft* saepius *öfter* saepissimē *sehr oft*

2. Ablativ als Adverb

citō	*schnell*	vērē	*wahrheitsgemäß*
crēbrō	*häufig*	cottīdiē	*täglich*
falsō	*falsch, fälschlich*	repente	*plötzlich*
meritō	*verdientermaßen*	forte	*zufällig*
modŏ	*nur, eben*	hodiē	*heute*
omnīnō	*ganz und gar, überhaupt*	prīdiē	*am Tage vorher*
postrēmō	*zuletzt, schließlich*	postrīdiē	*am folgenden Tag*
prīmō	*zuerst, anfangs*	quotannīs	*jährlich, alle Jahre*
profectō	*in der Tat, fürwahr*	grātīs	*umsonst*
rārō	*selten*	forīs	*draußen*
sēcrētō	*im geheimen*	satis	*genug*
sēdulō	*eifrig, fleißig*	tantopere	*so sehr*
sērō	*spät, zu spät*	quantopere	*wie sehr*
subitō	*plötzlich*	interdiū	*bei Tage*
tūtō	*sicher*	noctū	*bei Nacht*
ūnā	*zusammen*		
vērō	*in der Tat, fürwahr*		

3. Akkusativ als Adverb

cēterum	*übrigens*	vērum	*aber, sondern*
dēmum	*erst, endlich*	potius	*eher, lieber*
iterum	*wiederum, zum 2. Male*	interim	*inzwischen*
nimium	*zuviel, zu sehr*	partim	*teils*
parum	*zu wenig*	paulātim	*allmählich*
paulum	*ein wenig*	prīvātim	*privat*
plērumque	*meistens*	(pūblicē	*von Staats wegen*)
prīmum	*zum erstenmal*	statim	*sofort, sogleich*
postrēmum	*zum letztenmal*	clam	*heimlich*
potissimum	*am liebsten, besonders*	palam	*öffentlich*
tantum	*so sehr, nur*	aliās	*zu anderer Zeit, sonst*

4. Verbindungen mit Präpositionen

anteā	*vorher*	adhūc	*bis jetzt*
posteā	*nachher*	adeō	*so sehr*
intereā	*inzwischen*	dēnuō	*von neuem*
interdum	*zuweilen*	extemplō	*sofort*
praetereā	*außerdem*	imprīmīs	*vor allem, besonders*
proptereā	*deswegen*	obviam	*entgegen*

VI. Prōnōmina (Fürwörter)

Vorbemerkung: Das Pronomen steht stellvertretend für ein Nomen (prō nōmine).

1. Personalpronomina (persönliche Fürwörter)

	1. Person		2. Person	
	Singular		Singular	
Nom.	ego	*ich*	tū	*du*
Gen.	meī	*meiner*	tuī	*deiner*
Dat.	mihĭ	*mir*	tibĭ	*dir*
Akk.	mē	*mich*	tē	*dich*
Abl.	ā mē	*von mir*	ā tē	*von dir*
	mēcum	*mit mir*	tēcum	*mit dir*

Beachte: Alle Pronomina außer den Possessivpronomina haben im Dat. Sing. den Ausgang -i.

	Plural		Plural	
Nom.	nōs	*wir*	vōs	*ihr*
Gen.	nostrī	*unser*	vestrī	*euer*
	(gen. obiectīvus)		(gen. obiectīvus)	
	nostrum	*von uns, unter uns*	vestrum	*von euch, unter euch*
	(gen. partītīvus)		(gen. partītīvus)	
Dat.	nōbīs	*uns*	vōbīs	*euch*
Akk.	nōs	*uns*	vōs	*euch*
Abl.	ā nōbīs	*von uns*	ā vōbīs	*von euch*
	nōbīscum	*mit uns*	vōbīscum	*mit euch*

Merke: amor nostrī *die Liebe zu uns*; nēmō nostrum *niemand von uns.*

	3. Person oder Sache						Reflexivpronomen (rückbezügliches Fürwort) der 3. Person Singular	
	Singular							
	m	*f*	*n*					
Nom.	(is	ea	id	*er*	*sie*	*es*)	—	
Gen.	eius	eius	eius	*seiner*	*ihrer*	*seiner*	suī	*seiner*
Dat.	eī	eī	eī	*ihm*	*ihr*	*ihm*	sibĭ	*sich*
Akk.	eum	eam	id	*ihn*	*sie*	*es*	sē	*sich*
Abl.	cum eō	eā	eō	*mit ihm*	*ihr*	*ihm*	ā sē	*von sich*
							sēcum	*mit sich*

	Plural				Plural	
	m	*f*	*n*			
Nom.	(eī [iī]	eae	ea	*sie*)	—	
Gen.	eōrum	eārum	eōrum	*ihrer*	suī	*ihrer*
Dat.	eīs (iīs)	eīs (iīs)	eīs (iīs)	*ihnen*	sibĭ	*sich*
Akk.	eōs	eās	ea	*sie*	sē	*sich*
Abl.	cum eīs (iīs)	eīs (iīs)	eīs (iīs)	*mit ihnen*	ā sē	*von sich*
					sēcum	*mit sich*

2. Possessivpronomina (besitzanzeigende Fürwörter)

	1. Person	2. Person	3. Person (reflexiv)
Singular	**meus,** a, um *mein*	**tuus,** a, um *dein*	**suus,** a, um, *sein, ihr*
Plural	**noster,** tra, trum *unser*	**vester,** tra, trum *euer*	**sui,** ae, a *ihre*

Merke: Bezeichnet das deutsche Possessivpronomen „sein, ihr" die gleiche Person wie das Subjekt desselben Satzes, so steht das Reflexivpronomen suus, a, um, sonst die Genitive eius, eōrum, eārum.

Pater amīcum suum visitāvit; amīcus eius aegrōtus est.
Vater hat seinen Freund besucht; sein Freund ist krank.

Agricolae agrōs suōs arant; in agrīs eōrum etiam arborēs sunt.
Die Bauern pflügen ihre Felder; auf ihren Feldern stehen auch Bäume.

Beachte: Das Possessivpronomen steht vor dem Beziehungswort, wenn es stark betont ist, nach dem Beziehungswort, wenn es schwach betont ist, und fehlt, wenn es selbstverständlich ist.

3. Demonstrativpronomina (hinweisende Fürwörter)

Demonstrativpronomina sind

hic haec hoc *dieser, diese, dieses; der hier (bei mir)*
ille illa illud *jener, jene, jenes; der dort*
iste ista istud *dieser da, diese da, dieses da (bei dir)*
ipse ipsa ipsum *selbst*
is ea id *der, die, das; dieser, diese, dieses;*
(Dekl. S. 28) vor dem Relativpronomen: *derjenige, diejenige, dasjenige*

	Singular			Plural		
	m	*f*	*n*	*m*	*f*	*n*
Nom.	hic	haec	hoc	hī	hae	haec
Gen.	huius	huius	huius	hōrum	hārum	hōrum
Dat.	huic	huic	huic	hīs	hīs	hīs
Akk.	hunc	hanc	hoc	hōs	hās	haec
Abl.	hōc	hāc	hōc	hīs	hīs	hīs

	Singular			Plural		
	m	*f*	*n*	*m*	*f*	*n*
Nom.	ille	illa	illud	illī	illae	illa
Gen.	illīus	illīus	illīus	illōrum	illārum	illōrum
Dat.	illī	illī	illī	illīs	illīs	illīs
Akk.	illum	illam	illud	illōs	illās	illa
Abl.	illō	illā	illō	illīs	illīs	illīs

Merke: iste, ista, istud wird wie ille, illa, illud dekliniert, ebenso ipse, ipsa, ipsum außer dem Nominativ und Akkusativ Neutrum des Singulars.

īdem, éadem, idem *derselbe, dieselbe, dasselbe* hat dieselben Formen wie is, ea, id, doch lautet der Akk. Sing. eundem, eandem, idem und der Gen. Plur. eōrundem, eārundem, eōrundem.

4. Interrogativpronomina (Fragefürwörter)

1. substantivisch: **quis?** *wer?*; **quid?** *was?*; **cuius?** *wessen?*; **cui?** *wem?*; **quem?** *wen?*; **quid?** *was?*; **ā quō?** *von wem?*

2. adjektivisch: **quī, quae, quod?** *welcher, welche, welches?*
Das adjektivische Fragepronomen ist gleich dem Relativpronomen, z. B.: quī vir? *welcher Mann?*

5. Relativpronomina (bezügliche Fürwörter)

1. **quī, quae, quod** *der, die, das* (*welcher, welche, welches*)

Singular	*m*	*f*	*n*			
Nom.	quī	quae	quod	*der*	*die*	*das*
Gen.	cuius	cuius	cuius	*dessen*	*deren*	*dessen*
Dat.	cui	cui	cui	*dem*	*der*	*dem*
Akk.	quem	quam	quod	*den*	*die*	*das*
Abl.	quō	quā	quō	*durch den*	*die*	*das*
Plural	*m*	*f*	*n*			
Nom.	quī	quae	quae	*die*		
Gen.	quōrum	quārum	quōrum	*deren*		
Dat.	quibus	quibus	quibus	*denen*		
Akk.	quōs	quās	quae	*die*		
Abl.	quibus	quibus	quibus	*durch die*		

Merke: is, quī *derjenige, welcher;* ea, quae (Plur. Neutrum) *das, was.*

Regel: Das Relativpronomen richtet sich im Genus und Numerus nach seinem Beziehungswort im vorhergehenden Satz, im Kasus nach seiner Funktion als Satzteil des Relativsatzes. Beispiel: Liber, quem lēgī, bonus est. *Das Buch, das ich gelesen habe, ist gut.*

2. **Verallgemeinernde Relativpronomina**

substantivisch und adjektivisch: **quicumque, quaecumque, quodcumque** *wer* (*auch immer*) = *jeder, der; was* (*auch immer*) = *alles, was.*

nur substantivisch: **quisquis** *wer* (*auch immer*) = *jeder, der;*
quidquid *was* (*auch immer*) = *alles, was.*

6. Indefinitpronomina (unbestimmte Fürwörter)

substantivisch	**adjektivisch**	
ali-quis, ali-quid	ali-quī, ali-qua, ali-quod	*irgendeiner, jemand*
quis-quam, quic-quam	ūllus, a, um	*irgendeiner*
qui-dam, quae-dam, quid-dam	quī-dam, quae-dam, quod-dam	*ein gewisser*
quis-que, quae-que, quid-que	quis-que, quae-que, quod-que	*jeder einzelne*
qui-vīs, quae-vīs, quid-vīs	quī-vīs, quae-vīs, quod-vīs	} *jeder*
qui-libet, quae-libet, quid-libet	quī-libet, quae-libet, quod-libet	} *beliebige*

Anmerkungen:

1. Statt **aliquis** kann die Grundform quis stehen, z. B.: sī quis *wenn jemand.*

Merkvers: Sī, nisī, nē, num, quō, quantō, cum stoßen immer ali- um.

2. **quisquam** und **ūllus** stehen nur in Sätzen verneinten Inhalts, z. B.: Neque quisquam crēdat. *Niemand könnte glauben.*

3. **quidam** hinter einem Adjektiv steigert, z. B.: Admirābilis quaedam est tua virtus. *Deine Tapferkeit ist besonders bewundernswert.*

4. **quisque** steht stets im Anschluß an Pronomina, Ordnungszahlen und Superlative. Suae quisque fortunae faber est. *Jeder ist seines Glückes Schmied.* optimus quisque *gerade die Besten, alle Guten.*

Unterscheide: quidem *zwar, aber;* nē-quidem *nicht einmal.*

7. Pronominaladjektive

Folgende Adjektive heißen Pronominaladjektive, weil sie teilweise die Endungen der Pronomina haben und auch nach ihrer Bedeutung den Pronomina nahestehen:

ūnus, a, um	*einer, einzig*	uter, utra, utrum	*wer von beiden*
sōlus, a, um	*allein*	uterque, utraque, utrumque	*beide*
tōtus, a, um	*ganz*	Gen. utrīusque	
ūllus, a, um	*irgendeiner*	neuter, neutra, neutrum	*keiner v. beiden*
nūllus, a, um	*keiner*	alter, altera, alterum	*der eine, der andere v. beiden*
alius, alia, aliud	*ein anderer*		

Singular	*m*	*f*	*n*
Nom.	tōtus	tōta	tōtum
Gen.	tōtīus	tōtīus	tōtīus
Dat.	tōtī	tōtī	tōtī
Akk.	tōtum	tōtam	tōtum
Abl.	tōtō	tōtā	tōtō

Merkspruch:
ūnus, sōlus, tōtus, ūllus,
uter, alter, neuter, nūllus
alius erfordern alle
-īus in dem zweiten Falle,
doch im Dativ enden sie
stets mit einem langen -ī.

Plural wie bei den Adjektiven der o/a-Deklination.

Merke: 1. Der Genetiv von alius wird durch alterīus ersetzt. Alius aliud dīxit *Der eine sagte dies, der andere das.*

2. nūllus wird nur adjektivisch verwandt, substantivisch gebraucht man nēmō *niemand*, Gen. nūllīus, Dat. nēminī, Akk. nēminem, Abl. ā nūllō.

8. Korrelativpronomina (Fürwörter der Wechselbeziehung)

tantus — quantus	*so groß — wie (groß)*
tantum — quantum	*so viel — wie (viel)*
tantī — quantī	*so viele — wie (viele)*
tot — quot	*so viele — wie (viele)*
totiēns — quotiēns	*so oft — wie (oft)*
tālis — quālis	*so beschaffen, solch — wie (beschaffen)*

VII. Zahlwörter (Numerālia)

1. Grundzahlen (cardinālia)

Zahlzeichen		*Wie viele?*	*Zahlzeichen*		
arabisch	*römisch*		*arabisch*	*römisch*	
1	I	ūnus, a, um *eins, einer*	20	XX	vīgintī
2	II	duo, duae, duo	30	XXX	trīgintā
3	III	trēs, tria	40	XL	quadrāgintā
4	IV	quattuor	50	L	quīnquāgintā
5	V	quīnque	60	LX	sexāgintā
6	VI	sex	70	LXX	septuāgintā
7	VII	septem	80	LXXX	octōgintā
8	VIII	octō	90	XC	nōnāgintā
9	IX	novem	100	C	centum
10	X	decem	200	CC	ducentī, ae, a
11	XI	ūndecim	300	CCC	trecentī
12	XII	duodecim	400	CCCC	quadringentī
13	XIII	trēdecim	500	D	quīngentī
14	XIV	quattuordecim	600	DC	sescentī
15	XV	quīndecim	700	DCC	septingentī
16	XVI	sēdecim	800	DCCC	octingentī
17	XVII	septendecim	900	CM	nōngentī
18	XVIII	duodēvīgintī	1 000	M	mīlle
19	XIX	ūndēvīgintī	2 000	MM	duo mīlia

2. Ordnungszahlen (ōrdinālia)

Der wievielte?

1. prīmus, a, um *der erste*	30. trīcēsimus
2. secundus *od.* alter	40. quadrāgēsimus
3. tertius	50. quīnquāgēsimus
4. quārtus	60. sexāgēsimus
5. quīntus	70. septuāgēsimus
6. sextus	80. octōgēsimus
7. septimus	90. nōnāgēsimus
8. octāvus	100. centēsimus
9. nōnus	200. ducentēsimus
10. decimus	300. trecentēsimus
11. ūndecimus	400. quadringentēsimus
12. duodecimus	500. quīngentēsimus
13. tertius decimus	600. sescentēsimus
14. quārtus decimus	700. septingentēsimus
15. quīntus decimus	800. octingentēsimus
16. sextus decimus	900. nōngentēsimus
17. septimus decimus	1 000. mīllēsimus
18. duodēvīcēsimus	2 000. bis mīllēsimus
19. ūndēvīcēsimus	
20. vīcēsimus	

Distributivzahlen: *Wie viele jedesmal?* singulī, ae, a *je einer*, bīnī, ae, a *je zwei*, ternī *je drei*, quaternī, quīnī, sēnī, septēnī, octōnī, novēnī, dēnī.

Zahladverbien: *Wie oft?* semel *einmal*, bis *zweimal*, ter *dreimal*, quater, quinquiēs, sexiēs, septiēs, octiēs, noviēs, deciēs.

3. Deklination und Gebrauch der Zahlwörter

1. Von den Grundzahlen (Kardinalzahlen) werden nur ūnus, duo, trēs, die Hunderter ab 200 und der Plural von mīlle = mīlia dekliniert, während centum und mīlle undeklinierbar sind.

Nom.	ūnus	ūna	ūnum	duo	duae	duo	trēs	tria	mīlia
Gen.	ūnīus	ūnīus	ūnīus	duōrum	duārum	duōrum	trium		mīlium
Dat.	ūnī	ūnī	ūnī	duōbus	duābus	duōbus	tribus		mīlibus
Akk.	ūnum	ūnam	ūnum	duō(s)	duās	duo	trēs	tria	mīlia
Abl.	ūnō	ūnā	ūnō	duōbus	duābus	duōbus	tribus		mīlibus

Wie duo, duae, duo wird auch ambō, ae, ō *beide* dekliniert.

2. 18 und 19, ebenso 28, 29 usw. werden gewöhnlich durch Subtraktion ausgedrückt: duodēvīgintī, ūndēvīgintī; duodētrīginta, ūndētrīgintā, duodēvīcēsimus, ūndēvīcēsimus; duodētrīcēsimus, ūndētrīcēsimus.

3. Die größere Zahl steht unverbunden vor der kleineren, doch kann bei Zahlen bis 100 die kleinere auch mit „et" vor der größeren stehen: vīgintī trēs oder trēs et vīgintī, aber: ducentī vīgintī trēs; tria mīlia trecentī trīgintā trēs.

4. mīlle ist undeklinierbares Zahladjektiv, aber mīlia wird substantivisch gebraucht mit gen. partītīvus, wenn kein kleineres Zahlwort folgt: mīlle hominēs, duo mīlia hominum, aber: duo mīlia quīngentī hominēs.

5. Bei Jahreszahlen und Angabe der Tagesstunden werden die Ordnungszahlen (Ordinalzahlen) verwendet:

annō ante Chrīstum nātum (a. Chr. n.) ducentēsimō sextō decimō *im Jahre* 216 *vor Christi Geburt*

annō post Chrīstum nātum (p. Chr. n.) mīllēsimō sescentēsimō duodēquīnquāgēsimō *im Jahre* 1648 *nach Christi Geburt*

hōrā nōnā *um die neunte Stunde* (von Sonnenaufgang an) = *um drei Uhr nachmittags*

6. Bei Multiplikationen gebraucht man die Distributivzahlen:
ter ternī sunt novem (3 · 3 = 9)

VIII. Das Verb (Zeit- oder Tätigkeitswort)

1. Grammatische Begriffe

Die Flexion eines Verbs heißt **Konjugation.**

Bei der Konjugation eines Verbs unterscheidet man:

1. die **Person**: 1. 2. 3. Person
2. den **Numerus**: Singular oder Plural
3. den **Modus** (Aussageweise): Indikativ (Wirklichkeitsform), Konjunktiv (Begehrs- oder Möglichkeitsform), Imperativ (Befehlsform)

4. das **Tempus** (Zeitstufe): Präsens, Imperfekt, Futur I, Perfekt, Plusquamperfekt, Futur II
5. das **Genus verbi** (Zustandsform): Aktiv (Tatform), Passiv (Leideform).

Verbformen, die durch eine Person bestimmt sind, faßt man als **„verbum finitum"** oder Personalformen des Verbs zusammen: Formen des Indikativs, Konjunktivs und Imperativs.

Verbformen, die durch keine Person bestimmt sind, bezeichnet man als **„verbum infinitum"** oder Nominalformen des Verbs.

Zu den Nominalformen gehören

a) Verbalsubstantive: Infinitive, das Gerundium und Supinum
b) Verbaladjektive: die Partizipien und das Gerundivum.

Alle Verbformen eines lateinischen Verbs lassen sich von **drei Stämmen** ableiten, deren gemeinsame Grundlage der Verbalstamm ist:

1. **Präsensstamm:** Von ihm werden alle Formen des Präsens, Imperfekt und Futur I Aktiv und Passiv gebildet einschließlich des Partizips, Gerundiums und Gerundivums.

Der Präsensstamm ist meistens gleich dem Verbalstamm (laudā-, monē-, reg-, audī-). Er kann aber auch verändert sein durch eingefügte oder angefügte Konsonanten (vi-**n**-c-ō, vic-tus; flect-ō, flex-us < flec-tus) oder durch Reduplikation (**gi**-gnō).

2. **Perfektaktivstamm:** Von ihm werden die aktiven Formen des Perfekts, Plusquamperfekts und Futur II gebildet.

3. **Perfektpassiv- oder Supinstamm:** Von ihm werden die passiven Formen des Perfekts, Plusquamperfekts und Futur II gebildet, das Partizip Perfekt Passiv und Futur Aktiv, der Infinitiv des aktiven Futurs und das Supinum.

Deshalb lernt man von jedem lateinischen Verb die sogenannten **Stammformen:** Infinitiv, 1. P. Sing. Indik. Präsens Aktiv, 1. P. Sing. Indik. Perfekt Aktiv, Partizip Perfekt Passiv (PPP) oder Supinum.

Beispiel: **laudāre, laudō, laudāvī, laudātus oder laudātum.**

2. Die einzelnen Stämme

Nach dem **Auslaut des Präsensstammes** unterscheidet man 5 **Konjugationen:**
ā-Konjugation: laudāre *loben*; Präsensstamm: laudā-
ē-Konjugation: monēre *ermahnen*; Präsensstamm: monē-
konsonantische Konjugation: regere *lenken*; Präsensstamm: reg-
langvokalische ī-Konjugation: audīre *hören*; Präsensstamm: audī-
kurzvokalische ĭ-Konjugation: capere *nehmen*; Präsensstamm: capĭ-.

Anmerkung: Verben, deren Stamm auf kurzvokalisches u auslautet (attribuere), bilden ihre Formen nach der konsonantischen Konjugation und werden deshalb zu dieser gerechnet.

Der **Perfektaktivstamm** wird gebildet

1. durch v- oder u-Erweiterung (**v- oder u-Perfekt**): laudā-re, laud-ō, laudāv-ī, monē-re, mone-ō, monu-ī.

2. durch s-Erweiterung **(s-Perfekt)**: scrīb-ere, scrīb-ō, scrīps-ī; dīc-ere, dīc-ō, dīx-ī.

3. durch Dehnung des Stammvokals, teilweise mit qualitativem Ablaut **(Dehnungsperfekt)**: vidē-re, vide-ō, vīd-ī; ag-ere, ag-ō, ēg-ī.

4. durch Reduplikation **(Reduplikationsperfekt)**: curr-ere, curr-ō, cu-curr-ī; parc-ere, parc-ō, pe-perc-ī.

5. ohne Veränderung des Präsensstammes **(Stammperfekt)**: dēfend-ere, dēfend-ō, dēfend-ī; minu-ere, minu-ō, minu-ī.

Der **Perfektpassiv- oder Supinstamm wird gebildet durch Anhängen von t** an den Verbalstamm: laudā-**t**-us, dēlē-**t**-us, vic-**t**-us. Oft treten Lautveränderungen auf: moni-**t**-us, rēc-**t**-us. **Bei den Dentalstämmen wird das t zu s.**[1]) Der dentale Stammauslaut wird zu s assimiliert (sedēre, ses-s-um; cēdere, ces-s-um; mittere, mis-s-us). Bei vorhergehendem langem Vokal oder Diphthong wird Doppel-s vereinfacht (lūdere, lū-s-um; claudere, clau-s-us). Diese Lautveränderung ist auch auf andere Verben übergegangen (Analogiebildung): currere, cur-s-um; flectere, flex-us.

3. Bildung der Tempora und Modi

Die **Verbalformen** setzen sich zusammen aus **Stamm, Tempus- oder Moduszeichen, Bildevokal** und **Personalendung.**

Personen	**Personalendungen**		**Ausgänge**		
	Indikativ und Konjunktiv		**Ind. Perf.**	**Imperativ**	
	Aktiv	**Passiv**	**Akt.**	I	II
1. *ich*	**-ō** oder **-m**	**-or** oder **-r**	**-ī**		
2. *du*	**-s**	**-ris (-re)**	**-istī**	**-, -e**	**-tō**
3. *er, sie, es*	**-t**	**-tur**	**-it**		**-tō**
1. *wir*	**-mus**	**-mur**	**-imus**		
2. *ihr*	**-tis**	**-minī**	**-istis**	**-te**	**-tōte**
3. *sie*	**-nt**	**-ntur**	**-ērunt (-ēre)**		**-ntō**

Bildung der Tempora und Modi des Präsensstammes

Merke: Die Formen des Präsensstammes unterscheiden sich im Aktiv und Passiv nur durch die Personalendungen.

Indikativ Präsens Aktiv und Passiv: Präsensstamm und Personalendung. Bei der konsonantischen Konjugation tritt zwischen Stamm und Personalendung der **Bildevokal -i-**, in der 3. P. Pl. -u-.
Den Bildevokal -u- in der 3. P. Pl. haben auch die Verben der langvokalischen und kurzvokalischen i-Konjugation.

lauda-t, monē-tur, audi-t, capi-t; reg-i-t, reg-u-nt; audi-u-nt, capi-u-nt.

Beachte: Kurzes ĭ in unbetonten Mittelsilben wird vor r zu ĕ abgeschwächt: reg-ĭ-ris > reg-ĕ-ris; capĭ-ris > capĕ-ris.[2])

[1]) vgl. Lautwandel der Konsonanten S. 12.
[2]) vgl. Lautwandel der Vokale S. 12.

Indikativ Imperfekt Aktiv und Passiv: Präsensstamm, **Tempuszeichen -bā-** und Personalendung. Die konsonantische Konjugation und die i-Konjugationen haben vor dem Tempuszeichen den Bildevokal -ē-.

laudā-ba-t, monē-bā-tur, reg-ē-ba-t, audi-ē-ba-t, capi-ē-ba-t.

Futur I Aktiv und Passiv:

ā- und ē-Konjugation: Präsensstamm, **Tempuszeichen -b- mit Bildevokal -i-, bzw. -u- in der 3. P. Pl.** und Personalendung.

laudā-b-i-t, monē-b-u-nt, laudā-b-or, laudā-b-e-ris

Beachte: laudā-bĭ-ris > laudā-bĕ-ris; monē-bĭ-ris > monē-bĕ-ris.

konsonantische und i-Konjugationen: Präsensstamm, **Tempuszeichen -ē-, in der 1. P. Sing. -a-** und Personalendung.

reg-a-m, reg-ē-s, reg-e-t; audi-e-t, capi-e-t.

Konjunktiv Präsens Aktiv und Passiv:

ā-Konjugation: Wortstock, Moduszeichen -ē- und Personalendung: laud-e-t, **alle anderen Konjugationen: Präsensstamm, Moduszeichen -ā-** und Personalendung: mone-a-t, reg-a-t, audi-a-t, capi-a-t.

Konjunktiv Imperfekt Aktiv und Passiv: Präsensstamm, **Moduszeichen -rē-** und Personalendung. Bei der konsonantischen Konjugation tritt vor das Moduszeichen der Bildevokal -e-, bei der kurzvokalischen i-Konjugation wird nach der obengenannten Regel (siehe Indik. Präsens) das kurze i vor r zu e abgeschwächt: laudā-re-t, monē-re-t, audī-re-t, reg-e-ret, cape-re-t.

Faustregel: Infinitiv Präsens und Personalendung: laudāre-m.

Bildung der Tempora und Modi des Perfektaktiv- und Perfektpassivstammes

Merke: Die Formen der einzelnen Konjugationen unterscheiden sich nur im Präsensstamm. Die Formen des Perfektaktiv- und Perfektpassivstammes werden bei allen Konjugationen gleich gebildet. Für ihre Bildung werden mit Ausnahme des Indikativ Perfekt Aktiv die Formen des Präsens, Imperfekt und Futur I von esse verwandt.

Indikativ Perfekt Aktiv: Perfektaktivstamm und Ausgänge: i, isti, it, imus, istis, ērunt (ēre).

laudāv-ī, monu-ī, rēx-ī, audīv-ī, cēp-ī.

Indikativ Plusquamperfekt Aktiv: Perfektaktivstamm und Indikativ Imperfekt von esse.

laudāv-eram, monu-eram, rēx-eram, audīv-eram, cēp-eram.

Futur II Aktiv: Perfektaktivstamm und Futur I von esse, in der 3. P. Pl. jedoch -erint statt -erunt.

laudāv-erō, monu-erō, rēx-erō, audīv-erō, cēp-erint.

Konjunktiv Perfekt Aktiv: Perfektaktivstamm, Moduszeichen -eri- und Personalendung.

laudāv-eri-m, monu-eri-m, rēx-eri-m, audīv-eri-m, cēp-eri-m

Beachte: Konjunktiv Perfekt Aktiv und Futur II Aktiv unterscheiden sich nur in der 1. P. Sing.: laudav-erim — laudav-erō.

Konjunktiv Plusquamperfekt Aktiv: Perfektaktivstamm und Konjunktiv Imperfekt von esse, dessen Stammvokal -e- zu -i- abgeschwächt wird. laudāv-issem, monu-issem, rēx-issem, audīv-issem, cēp-issem.
Faustregel: Infinitiv Perfekt Aktiv und Personalendung: laudāvisse-m
Perfekt, Plusquamperfekt, Futur II Passiv, Indikativ und Konjunktiv: Partizip Perfekt Passiv und Formen des Präsensstammes von esse: laudātus, monitus, rēctus, audītus, captus sum, eram, erō, sim, essem.

4. Die Konjugationen

1. Verbum finitum

Präsens-stamm	Indikativ Präsens Aktiv	Indikativ Imperfekt Aktiv	Futur I Aktiv	Imperativ
ā-Konjugation	1. laud-ō	laudā-ba-m	laudā-b-ō	
	ich lobe	*ich lobte*	*ich werde loben*	*lobe!*
laudāre	2. laudā-s	laudā-bā-s	laudā-b-i-s	laudā
loben	3. lauda-t	laudā-ba-t	laudā-b-i-t	laudā-tō
	1. laudā-mus	laudā-bā-mus	laudā-b-i-mus	
	2. laudā-tis	laudā-bā-tis	laudā-b-i-tis	laudā-te
	3. lauda-nt	laudā-ba-nt	laudā-b-u-nt	lauda-ntō
ē-Konjugation	1. mone-ō	monē-ba-m	monē-b-ō	
	ich ermahne	*ich ermahnte*	*ich werde ermahnen*	*ermahne!*
monēre	2. monē-s	monē-bā-s	monē-b-i-s	monē
ermahnen	3. mone-t	monē-ba-t	monē-b-i-t	monē-tō
	1. monē-mus	monē-bā-mus	monē-b-i-mus	
	2. monē-tis	monē-bā-tis	monē-b-i-tis	monē-te
	3. mone-nt	monē-ba-nt	mone-b-u-nt	mone-ntō
konsonantische Konjugation	1. reg-ō	reg-ē-ba-m	reg-a-m	
	ich lenke	*ich lenkte*	*ich werde lenken*	*lenke!*
	2. reg-i-s	reg-ē-bā-s	reg-ē-s	reg-e[1])
regere	3. reg-i-t	reg-ē-ba-t	reg-e-t	reg-i-tō
lenken	1. reg-i-mus	reg-ē-bā-mus	reg-ē-mus	
	2. reg-i-tis	reg-ē-bā-tis	reg-ē-tis	reg-i-te
	3. reg-u-nt	reg-ē-ba-nt	reg-e-nt	reg-u-ntō
langvokalische i-Konjugation	1. audi-ō	audi-ē-ba-m	audi-a-m	
	ich höre	*ich hörte*	*ich werde hören*	*höre!*
	2. audī-s	audi-ē-bā-s	audi-ē-s	audī
	3. audi-t	audi-ē-ba-t	audi-e-t	audī-tō
audīre	1. audī-mus	audi-ē-bā-mus	audi-ē-mus	
hören	2. audī-tis	audi-ē-bā-tis	audi-ē-tis	audī-te
	3. audi-u-nt	audi-ē-ba-nt	audi-e-nt	audi-u-ntō
kurzvokalische i-Konjugation	1. capi-ō	capi-ē-ba-m	capi-a-m	
	ich nehme	*ich nahm*	*ich werde nehmen*	*nimm!*
	2. capi-s	capi-ē-bā-s	capi-ē-s	cape
	3. capi-t	capi-ē-ba-t	capi-e-t	capi-tō
capere	1. capi-mus	capi-ē-bā-mus	capi-ē-mus	
nehmen	2. capi-tis	capi-ē-bā-tis	capi-ē-tis	capi-te
	3. capi-u-nt	capi-ē-ba-nt	capi-e-nt	capi-u-ntō

[1]) **Merke als Ausnahmen:** dīc *sage*, dūc *führe*, fac *mache*, fer *trage!*

Präsensstamm	Indikativ Präsens Passiv	Indikativ Imperfekt Passiv	Futur I Passiv
ā-Konjugation laudāre *loben*	1. laud-or *ich werde gelobt* 2. laudā-ris 3. laudā-tur 1. laudā-mur 2. laudā-minī 3. lauda-ntur	laudā-ba-r *ich wurde gelobt* laudā-bā-ris laudā-bā-tur laudā-bā-mur laudā-bā-minī laudā-ba-ntur	laudā-b-or *ich werde gelobt werden* laudā-b-ĕ-ris laudā-b-i-tur laudā-b-i-mur laudā-b-i-minī laudā-b-u-ntur
ē-Konjugation monēre *ermahnen*	1. mone-or *ich werde ermahnt* 2. monē-ris 3. monē-tur 1. monē-mur 2. monē-minī 3. mone-ntur	monē-ba-r *ich wurde ermahnt* monē-bā-ris monē-bā-tur monē-bā-mur monē-bā-minī monē-ba-ntur	monē-b-or *ich werde ermahnt werden* monē-b-ĕ-ris monē-b-i-tur monē-b-i-mur monē-b-i-minī monē-b-u-ntur
konsonantische Konjugation regere *lenken*	1. reg-or *ich werde gelenkt* 2. reg-ĕ-ris 3. reg-i-tur 1. reg-i-mur 2. reg-i-minī 3. reg-u-ntur	reg-ē-ba-r *ich wurde gelenkt* reg-ē-bā-ris reg-ē-bā-tur reg-ē-bā-mur reg-ē-bā-minī reg-ē-ba-ntur	reg-a-r *ich werde gelenkt werden* reg-ē-ris reg-ē-tur reg-ē-mur reg-ē-minī reg-e-ntur
langvokalische i-Konjugation audīre *hören*	1. audi-or *ich werde gehört* 2. audī-ris 3. audī-tur 1. audī-mur 2. audī-minī 3. audi-u-ntur	audi-ē-ba-r *ich wurde gehört* audi-ē-bā-ris audi-ē-bā-tur audi-ē-bā-mur audi-ē-bā-minī audi-ē-ba-ntur	audi-a-r *ich werde gehört werden* audi-ē-ris audi-ē-tur audi-ē-mur audi-ē-minī audi-e-ntur
kurzvokalische i-Konjugation capere *nehmen*	1. capi-or *ich werde genommen* 2. cape-ris 3. capi-tur 1. capi-mur 2. capi-minī 3. capi-u-ntur	capi-ē-ba-r *ich wurde genommen* capi-ē-bā-ris capi-ē-bā-tur capi-ē-bā-mur capi-ē-bā-minī capi-ē-ba-ntur	capi-a-r *ich werde genommen werden* capi-ē-ris capi-ē-tur capi-ē-mur capi-ē-minī capi-e-ntur

Präsens-stamm	**Konjunktiv Präs. Aktiv**	**Konjunktiv Präs. Passiv**	**Konjunktiv Imperf. Akt.**	**Konjunktiv Imperf. Passiv**
ā-Konjugation laudāre *loben*	1. laud-e-m *ich soll, möge ich könnte, dürfte loben*	laud-e-r (Begehren) (Möglichkeit) *gelobt werden*	laudā-re-m *ich würde loben*	laudā-re-r (Unwirklich-keit) *gelobt werden*
	2. laud-ē-s	laud-ē-ris	laudā-rē-s	laudā-rē-ris
	3. laud-e-t	laud-ē-tur	laudā-re-t	laudā-rē-tur
	1. laud-ē-mus	laud-ē-mur	laudā-rē-mus	laudā-rē-mur
	2. laud-ē-tis	laud-ē-minī	laudā-rē-tis	laudā-rē-minī
	3. laud-e-nt	laud-e-ntur	laudā-re-nt	laudā-re-ntur
ē-Konjuga-tion monēre *ermahnen*	1. mone-a-m	mone-a-r	monē-re-m	monē-re-r
	2. mone-ā-s	mone-ā-ris	monē-rē-s	monē-rē-ris
	3. mone-a-t	mone-ā-tur	monē-re-t	monē-rē-tur
	1. mone-ā-mus	mone-ā-mur	monē-rē-mus	monē-rē-mur
	2. mone-ā-tis	mone-ā-minī	monē-rē-tis	monē-rē-minī
	3. mone-a-nt	mone-a-ntur	monē-re-nt	monē-re-ntur
konsonan-tische Konjugation regere *lenken*	1. reg-a-m	reg-a-r	reg-e-re-m	reg-e-re-r
	2. reg-ā-s	reg-ā-ris	reg-e-rē-s	reg-e-rē-ris
	3. reg-a-t	reg-ā-tur	reg-e-re-t	reg-e-rē-tur
	1. reg-ā-mus	reg-ā-mur	reg-e-rē-mus	reg-e-rē-mur
	2. reg-ā-tis	reg-ā-minī	reg-e-rē-tis	reg-e-rē-minī
	3. reg-a-nt	reg-a-ntur	reg-e-re-nt	reg-e-re-ntur
langvokali-sche i-Konjugation audīre *hören*	1. audi-a-m	audi-a-r	audī-re-m	audī-re-r
	2. audi-ā-s	audi-ā-ris	audī-rē-s	audī-rē-ris
	3. audi-a-t	audi-ā-tur	audī-re-t	audī-rē-tur
	1. audi-ā-mus	audi-ā-mur	audī-rē-mus	audī-rē-mur
	2. audi-ā-tis	audi-ā-minī	audī-rē-tis	audī-rē-minī
	3. audi-a-nt	audi-a-ntur	audī-re-nt	audī-re-ntur
kurzvokali-sche i-Konjugation capere *nehmen*	1. capi-a-m	capi-a-r	cape-re-m	cape-re-r
	2. capi-ā-s	capi-ā-ris	cape-rē-s	cape-rē-ris
	3. capi-a-t	capi-ā-tur	cape-re-t	cape-rē-tur
	1. capi-ā-mus	capi-ā-mur	cape-rē-mus	cape-rē-mur
	2. capi-ā-tis	capi-ā-minī	cape-rē-tis	cape-rē-minī
	3. capi-a-nt	capi-a-ntur	cape-re-nt	cape-re-ntur

Perfekt-aktivstamm	**Indikativ Perfekt Aktiv**		**Indikativ Plusquamperf. Aktiv**		**Futur II Aktiv**	
	-ī	*ich habe*	-eram	*ich hatte*	-erō	*ich werde*
laudāv	-istī	*gelobt,*	-erās	*gelobt,*	-eris	*gelobt haben,*
monu	-it	*ermahnt,*	-erat	*ermahnt,*	-erit	*ermahnt,*
rēx	-imus	*gelenkt,*	-erāmus	*gelenkt,*	-erimus	*gelenkt,*
audīv	-istis	*gehört,*	-erātis	*gehört,*	-eritis	*gehört,*
cēp	-ḗrunt	*genommen*	-erant	*genommen*	-erint	*genommen haben*

Perfekt-aktivstamm	Konjunktiv Perfekt Aktiv		Konjunktiv Plusquamperfekt Aktiv	
	-erim	*ich möge*	-issem	*ich hätte*
laudāv	-eris	*gelobt haben,*	-issēs	*gelobt,*
monu	-erit	*ermahnt,*	-isset	*ermahnt,*
rēx	-erimus	*gelenkt,*	-issēmus	*gelenkt,*
audīv	-eritis	*gehört,*	-issētis	*gehört,*
cēp	-erint	*genommen haben*	-issent	*genommen*

Perfekt-passivstamm od. Supinstamm		Indikativ Perfekt Passiv		Indikativ Plusquamperfekt Passiv		Futur II Passiv	
laudāt- monit- rēct-	us, a, um	sum es est	*ich bin gelobt worden,*	eram erās erat	*ich war gelobt worden,*	erō eris erit	*ich werde gelobt worden sein,*
			ermahnt,		*ermahnt,*		*ermahnt,*
			gelenkt		*gelenkt,*		*gelenkt,*
audīt- capt-	ī, ae, a	sumus estis sunt	*gehört, genommen worden*	erāmus erātis erant	*gehört, genommen worden*	erimus eritis erunt	*gehört, genommen worden sein*

Perfektpassivstamm oder Supinstamm		Konjunktiv Perfekt Passiv		Konjunktiv Plusquamperfekt Passiv	
laudāt- monit- rēct-	us, a, um	sim sīs sit	*ich sei gelobt worden,*	essem essēs esset	*ich wäre gelobt worden,*
			ermahnt,		*ermahnt,*
			gelenkt,		*gelenkt,*
audīt- capt-	ī, ae, a	sīmus sītis sint	*gehört, genommen worden*	essēmus essētis essent	*gehört, genommen worden*

2. Verbum infinitum

a) Die Infinitive und das Supinum

Präsens Aktiv	
laudāre	(*zu*) *loben*
monēre	(*zu*) *ermahnen*
regere	(*zu*) *lenken*
audīre	(*zu*) *hören*
capere	(*zu*) *nehmen*

Präsens Passiv		
laudārī	*gelobt*	(*zu*) *werden*
monērī	*ermahnt*	
regī	*gelenkt*	
audīrī	*gehört*	
capī	*genommen*	

Perfekt Aktiv		
laudāvisse	*gelobt*	(*zu*) *haben*
monuisse	*ermahnt*	
rēxisse	*gelenkt*	
audīvisse	*gehört*	
cēpisse	*genommen*	

Perfekt Passiv		
laudātus, a, um esse	*gelobt*	*worden* (*zu*) *sein*
monitus, a, um esse	*ermahnt*	
rēctus, a, um esse	*gelenkt*	
audītus, a, um esse	*gehört*	
captus, a, um esse	*genommen*	

Futur Aktiv		
laudātūrus, a, um esse	*loben*	*wollen oder werden*
monitūrus, a, um esse	*ermahnen*	
rēctūrus, a, um esse	*lenken*	
audītūrus, a, um esse	*hören*	
captūrus, a, um esse	*nehmen*	

Futur Passiv		
laudātum īrī	*gelobt*	(*zu*) *werden* (in Zukunft)
monitum īrī	*ermahnt*	
rēctum īrī	*gelenkt*	
audītum īrī	*gehört*	
captum īrī	*genommen*	

Supinum I	
laudātum	*um zu loben*
monitum	*um zu ermahnen*
rēctum	*um zu lenken*
audītum	*um zu hören*
captum	*um zu nehmen*

Merke:

1. Der Infinitiv Futur Passiv ist unveränderlich: īrī mit Supinum I.
2. Das Supinum I auf -um bezeichnet den Zweck bei Verben der Bewegung, z.B.: Līberī in hortum currunt lūsum. *Die Kinder eilen in den Garten, um zu spielen.*
3. Das Supinum II auf -ū steht als Dativ des Zwecks nur bei einigen Adjektiven, z.B.: difficile dīctū *schwer zu sagen.*

b) **Die Partizipien**

Präsens Aktiv	laudā-ns,[1] Gen. lauda-nt-is *lobend; einer, der lobt*	monē-ns, Gen. mone-nt-is *ermahnend; einer, der ermahnt*	reg-ē-ns, Gen. reg-e-nt-is *lenkend; einer, der lenkt*	audi-ē-ns, Gen. audi-e-nt-is *hörend; einer, der hört*	capi-ē-ns, Gen. capi-e-nt-is *nehmend; einer, der nimmt*

Merke: Das Partizip Präsens Aktiv ist gekennzeichnet durch Präsensstamm, Suffix -nt- und die Ausgänge der gemischten Deklination. Der Singular folgt also der konsonantischen Deklination: Ablativausgang -e, der Plural der i-Deklination: Ausgang Nom. Pl. Neutrum -ia, Gen. Pl. -ium.[2])

Perfekt Passiv	laudāt-us, a, um *gelobt; einer, der gelobt worden ist*	monit-us, a, um *ermahnt; einer, der ermahnt worden ist*	rēct-us, a, um *gelenkt; einer, der gelenkt worden ist*	audīt-us, a, um *gehört; einer, der gehört worden ist*	capt-us, a, um *genommen; einer, der genommen worden ist*

Merke: Das Partizip Perfekt Passiv (PPP) ist gekennzeichnet durch den Supinstamm und die Ausgänge der o/a-Deklination.

---

[1]) vgl. Konsonantenschwund unter Lautwandel der Konsonanten S. 13.

[2]) Deklination siehe S. 22 f.

Futur Aktiv	laudāt-ūrus, a, um *einer, der loben wird*	monit-ūrus, a, um *einer, der ermahnen wird*	rēct-ūrus, a, um *einer, der lenken wird*	audīt-ūrus, a, um *einer, der hören wird*	capt-ūrus, a, um *einer, der nehmen wird*

Merke: Das Partizip Futur Aktiv ist gekennzeichnet durch den Supinstamm und das Suffix -ūrus, a, um.

c) **Das Gerundivum**

lauda-nd-us, a, um *ein zu lobender; einer, der gelobt werden muß* oder *soll*	mone-nd-us, a, um *ein zu ermahnender; einer, der ermahnt werden muß* oder *soll*	reg-e-nd-us, a, um *ein zu lenkender; einer, der gelenkt werden muß* oder *soll*	audi-e-nd-us, a, um *ein zu hörender; einer, der gehört werden muß* oder *soll*	capi-e-nd-us, a, um *ein zu nehmender; einer, der genommen werden muß* oder *soll*

Merke: Das Gerundivum ist gekennzeichnet durch Präsensstamm, Suffix -nd- und die Ausgänge der o/a-Deklination.

d) Das Gerundium

Deklination des Infinitivs Präsens Aktiv

	Infinitiv Präsens	**Gerundium**	
Nom.	laudāre *das Loben*		
Gen.		lauda-nd-ī	*des Lobens*
Dat.		(lauda-nd-ō	*dem Loben*)
Akk.	laudāre *das Loben*	ad lauda-nd-um	*zum Loben*
Abl.		lauda-nd-ō	*durch das Loben*

Gerundium der übrigen Konjugationen

monendī *des Ermahnens*, monendō, ad monendum, monendō
regendī *des Lenkens*, regendō, ad regendum, regendō
audiendī *des Hörens*, audiendō, ad audiendum, audiendō
capiendī *des Nehmens*, capiendō, ad capiendum, capiendō

Merke: Das Gerundium ist gekennzeichnet durch Präsensstamm, Suffix -nd- und die Ausgänge der o-Deklination im Singular. Es bildet nur Genitiv, Dativ, präpositionalen Akkusativ und Ablativ Singular.

Beachte: Beim Gerundium sind nur die Ausgänge -i, -ō, -um als Neutrum Singular möglich.

5. Die Deponentien (Verba dēpōnentia)

Begriff: Deponentien sind Verben, die passive Formen, aber aktive oder reflexive Bedeutung haben.

Semideponentien haben aktive Formen im Präsensstamm, aber passive im Perfektstamm, außer revertī *zurückkehren*, das passive Formen im Präsensstamm und aktive im Perfektstamm hat.

Merke: Infolge des ursprünglich medialen Charakters der Deponentien gehört das reflexive Verhältnis zu ihrem Wesen und wird deshalb nicht besonders durch das Reflexivpronomen zum Ausdruck gebracht, z. B. glōriārī *sich rühmen.*

ā-Konjug.: cōnārī (cōnā-) *versuchen*, cōnor *ich versuche*, cōnātus sum *ich habe versucht*

ē-Konjug.: verērī (verē-) *sich fürchten*, vereor *ich fürchte mich*, veritus sum *ich habe mich gefürchtet*

kons. Konjug.: loquī (loqu-) *sprechen*, loquor *ich spreche*, locūtus sum *ich habe gesprochen*

langvok. ī-Konjug.: partīrī (partī-) *teilen*, partior *ich teile*, partītus sum *ich habe geteilt*

kurzvok. i-Konjug.: patī (patĭ-) *leiden*, patior *ich leide*, passus sum *ich habe gelitten*

Semideponentien: gaudēre (gaudē-) *sich freuen*, gaudeō *ich freue mich*, gavīsus sum *ich habe mich gefreut*
revertī (revert-) *zurückkehren*, revertor *ich kehre zurück*, revertī, istī *ich bin zurückgekehrt*

Konjugation der Deponentien

		ā-Konjugation cōnārī *versuchen*	**ē-Konjugation** verērī *sich fürchten*	**kons. Konjugation** loquī *sprechen*
Indikativ	Präs.	cōn-or cōnā-ris	vere-or verē-ris	loqu-or loqu-ĕ-ris
	Imperf.	cōnā-ba-r	verē-ba-r	loqu-ē-ba-r
	Fut. I	cōnā-b-or, ĕris	verē-b-or, ĕris	loqu-a-r, -ē-ris
	Perf.	cōnātus sum	veritus sum	locūtus sum
	Plusqpf.	cōnātus eram	veritus eram	locūtus eram
	Fut. II	cōnātus erō	veritus erō	locūtus erō
Konjunkt.	Präs.	cōn-e-r, -ē-ris	vere-a-r, -ā-ris	loqu-a-r, -ā-ris
	Imperf.	conā-re-r, rē-ris	verē-re-r, rē-ris	loqu-e-re-r, -e-rē-ris
	Perf.	cōnātus sim	veritus sim	locūtus sim
	Plusqpf.	cōnātus essem	veritus essem	locūtus essem
Imperativ	2. P. Sg.	cōnā-re	verē-re	loqu-ĕ-re
	2. P. Pl.	cōnā-minī	verē-minī	loqu-i-minī
Infinitiv	Präs.	cōnārī	verērī	loquī
	Perf.	cōnātus, a, um esse	veritus, a, um esse	locūtus, a, um esse
	Fut.	cōnātūrus, a, um esse	veritūrus, a, um esse	locūtūrus, a, um esse

	ā-Konjugation cōnārī *versuchen*	**ē-Konjugation** verērī *sich fürchten*	**kons. Konjugation** loquī *sprechen*
Partizip Präs. Perf. Fut.	cōnāns, antis cōnātus, a, um cōnātūrus, a, um	verēns, entis veritus, a, um veritūrus, a, um	loquēns, entis locūtus, a, um locūtūrus, a, um
Gerundivum	cōnāndus, a, um *einer, der ver- sucht werden muß*	verendus, a, um *einer, der ge- fürchtet wer- den muß*	loquendus, a, um *einer, der ge- sprochen werden muß*
Gerundium Gen.	cōnandī	verendī	loquendī

		langvokalische **ī-Konjugation** partīrī *teilen*	**kurzvokalische** **i-Konjugation** patī *leiden, dulden*
Indikativ	Präs. Imperf. Fut. I Perf. Plusqpf. Fut. II	parti-or partī-ris parti-ē-ba-r parti-a-r, -ē-ris partītus sum partītus eram partītus erō	pati-or patĕ-ris pati-ē-ba-r pati-a-r, -ē-ris passus sum passus eram passus erō
Konjunktiv	Präs. Imperf. Perf. Plusqpf.	parti-a-r, ā-ris partī-re-r, rē-ris partītus sim partītus essem	pati-a-r, ā-ris pate-re-r, rē-ris passus sim passus essem
Imperativ	2. P. Sg. 2. P. Pl.	partī-re partī-minī	patĕ-re pati-minī
Infinitiv	Präs. Perf. Fut.	partīrī partītus, a, um esse partītūrus, a, um esse	patī passus, a, um esse passūrus, a, um esse
Partizip	Präs. Perf. Fut.	partiēns, entis partītus, a, um partītūrus, a, um	patiēns, entis passus, a, um passūrus, a, um
Gerundivum		partiendus, a, um *einer, der geteilt werden muß*	patiendus, a, um *einer, der geduldet werden muß*
Gerundium	Gen.	partiendī	patiendī

6. Unregelmäßige Verben (Verba anōmala)

Das Hilfsverb esse (sum, fuī) *sein*

Präsensstamm: es- oder Schwundstufe s-; Perfektstamm: fu-.

Ind. Präs.	Ind. Imperf.	Futur I	Konj. Präs.
1. s-u-m *ich bin*	er-a-m[1] *ich war*	er-ō *ich werde sein*	s-i-m *ich sei*
2. es	er-ā-s	er-i-s	s-ī-s
3. es-t	er-a-t	er-i-t	s-i-t
1. s-u-mus	er-ā-mus	er-i-mus	s-ī-mus
2. es-tis	er-ā-tis	er-i-tis	s-ī-tis
3. s-u-nt	er-a-nt	er-u-nt	s-i-nt

Konj. Imperf.	Imperativ
1. es-se-m *ich wäre, würde sein*	
2. es-sē-s	es *sei!*
3. es-se-t	es-tō *du sollst sein, er soll sein!*
1. es-sē-mus	es-te *seid!*
2. es-sē-tis	es-tōte *ihr sollt sein!*
3. es-se-nt	s-u-ntō *sie sollen sein!*

Ind. Perf.	Ind. Plusqpf.	Futur II	Konj. Perf.
1. fu-ī *ich bin gewesen*	fu-eram *ich war gewesen*	fu-erō *ich werde gewesen sein*	fu-erim *ich sei gewesen*
2. fu-istī	fu-erās	fu-eris	fu-eris
3. fu-it	fu-erat	fu-erit	fu-erit
1. fu-imus	fu-erāmus	fu-erimus	fu-erimus
2. fu-istis	fu-erātis	fu-eritis	fu-eritis
3. fu-ērunt	fu-erant	fu-erint	fu-erint

Konj. Plusqpf.	Partizip Futur / Infinitiv
1. fu-issem *ich wäre gewesen*	futūrus, a, um *einer, der sein wird*
2. fu-issēs	**Infinitiv**
3. fu-isset	Präs. esse *sein*
1. fu-issēmus	Perf. fuisse *gewesen sein*
2. fu-issētis	Fut. futūrus, a, um esse (= fore) *sein werden*
3. fu-issent	

Komposita von esse

a) **ab-esse** absum āfuī — *abwesend sein, entfernt sein*
  ā silvā abesse — *vom Walde entfernt sein*
ad-esse adsum adfuī — *anwesend sein, helfen*
  amīcō adesse — *dem Freund helfen*
dē-esse dēsum dēfuī — *weg sein, fehlen*
  cēnae dēesse — *beim Essen fehlen*

---

[1]) Siehe Rhotazismus S. 12.

inter-esse intersum interfuī *dazwischen sein, teilnehmen*
lūdō interesse *am Spiel teilnehmen*
prae-esse praesum praefuī *an der Spitze stehen, befehligen*
cōpiīs praeesse *die Truppen befehligen*
ob-esse obsum obfuī *schaden*
super-esse supersum superfuī *übrig sein, im Überfluß vorhanden sein*

Merke: Bei den Komposita von esse steht der Dativ außer abesse ā *entfernt sein von.*

b) **prōd-esse** prōsum prōfuī *nützen*
posse possum potuī *können*

Ind. Präs.	prō- sum prōd-es prōd-est' prō- sumus prōd-estis prō- sunt	pos-sum pot-es pot-est pos-sumus pot-estis pos-sunt
Impf.	prōd-eram	pot-eram
Fut. I	prōd-erō	pot-erō
Konj. Präs.	prō -sim	pos-sim
Impf.	prōd-essem	pos-sem
Imperativ	prōd-es prod-este	—

Ind. Perf.	prōfuī	potuī
Plusqpf.	prōfueram	potueram
Fut. II	prōfuerō	potuerō
Konj. Perf.	prōfuerim	potuerim
Plusqpf.	prōfuissem	potuissem
Inf. Präs.	prōdesse	posse
Perf.	prōfuisse	potuisse
Fut.	prōfutūrus, a, um esse	—

Merke: Bei prōdesse bleibt die Grundform prōd- nur vor Vokal e, vor Konsonanten fällt d weg.

Bei posse, entstanden aus pot-se, wird das t vor folgendem s zu s assimiliert.

velle, volō, voluī *wollen*
nōlle, nōlō, nōluī *nicht wollen*
mālle, mālō, māluī *lieber wollen*

Ind. Präs.	1. vol-ō 2. vī-s 3. vul-t 1. vol-u-mus 2. vul-tis 3. vol-u-nt	nōl-ō nōn vīs nōn vult nōl-u-mus nōn vul-tis nōl-u-nt	māl-ō māvīs māvult māl-u-mus māvultis māl-u-nt
Ind. Impf.	vol-ē-ba-m vol-ē-bā-s	nōl-ē-ba-m nōl-ē-bā-s	māl-ē-ba-m māl-ē-bā-s
Fut. I	vol-a-m vol-ē-s	nōl-a-m nōl-ē-s	māl-a-m māl-ē-s
Konj. Präs.	vel-i-m vel-ī-s	nōl-i-m nōl-ī-s	māl-i-m māl-ī-s
Konj. Impf.	vel-le-m vel-lē-s	nōl-le-m nōl-lē-s	māl-le-m māl-lē-s
Imperativ	2. Sg. 2. Pl. —	nōl-ī nōl-ī-te	—

Merke: nōlī, nōlīte dienen zum Ausdruck des verneinten Imperativs, z. B. nōlī dēspērāre *verzweifle nicht!* nōlīte flēre *weint nicht!*

Die **Formen des Perfekts, Plusquamperfekts und Futur II** werden regelmäßig gebildet: volu-ī, nōlu-ī, mālu-ī.

ferre, ferō, tulī, lātus *tragen, bringen*

	Aktiv Indik.	**Passiv Indik.**	**Aktiv Konj.**	**Passiv Konj.**
Präs.	1. fer-ō 2. fer-s 3. fer-t 1. fer-i-mus 2. fer-tis 3. fer-u-nt	fer-or fer-ris fer-tur fer-i-mur fer-i-minī fer-u-ntur	fer-a-m fer-ā-s fer-a-t fer-ā-mus fer-ā-tis fer-a-nt	fer-a-r fer-ā-ris fer-ā-tur fer-ā-mur fer-ā-minī fer-a-ntur
Impf.	fer-ē-ba-m fer-ē-bā-s	fer-ē-ba-r fer-ē-bā-ris	fer-re-m fer-rē-s	fer-re-r fer-rē-ris
Futur I	fer-a-m fer-ē-s	fer-a-r fer-ē-ris	—	—
Imper.	2. Sg. fer 2. Pl. fer-te	—	—	—
Perf. **Plusqpf.** **Futur II**	tul-ī tul-eram tul-erō	lātus sum lātus eram lātus erō	tul-erim tul-issem —	lātus sim lātus essem —
Infinitiv **Präs.** **Perf.** **Fut.**	 ferre tulisse lātūrus, a, um esse	 ferrī lātus, a, um esse lātum īrī	**Partizip** **Präs. Aktiv** **Perf. Passiv** **Fut. Aktiv** **Gerundivum** **Gerundium**	 ferēns, entis lātus, a, um lātūrus, a, um ferendus, a, um ferendī

Merke: ferre folgt im Präsensstamm der konsonantischen Konjugation; vor r, s, t fällt der Bildevokal weg (Synkope).

Komposita von ferre

af-ferre	áfferō	áttulī	allātus	*herbeitragen, melden*
au-ferre	aúferō	ábstulī	ablātus	*wegtragen, wegnehmen*
cōn-ferre	cṓnferō	cóntulī	collātus	*zusammentragen, vergleichen*
sē cōnferre				*sich begeben*
dif-ferre (transitiv)	dífferō	dístulī	dīlātus	*aufschieben*
dif-ferre (intransitiv)	dífferō	—	—	*sich unterscheiden*
ef-ferre	éfferō	éxtulī	ēlātus	*hinaustragen, erheben*
in-ferre	ínferō	íntulī	illātus	*hineintragen, zufügen*
of-ferre	ófferō	óbtulī	oblātus	*anbieten*

prae-ferre	praeferō	praetulī	praelātus	*vorantragen, vorziehen*
per-ferre	pérferō	pértulī	perlātus	*hinbringen, durchführen, ertragen*
re-ferre	réferō	réttulī	relātus	*zurücktragen, berichten*
refert				*es ist daran gelegen*
tollere	tollō	sústulī	sublātus	*emporheben, beseitigen, vernichten*
ferunt, fertur, feruntur				*man sagt, man erzählt*
aegrē, molestē ferre				*unwillig, empört sein, sich ärgern*

īre, eō[1]), iī, itum *gehen*

Ind. Präs.	**Perf.**	**Impf.**	**Plusqpf.**
1. e-ō	i-ī	ī-ba-m	i-eram
2. ī-s	īstī	ī-bā-s	i-erās
3. i-t	i-it		
1. ī-mus	i-imus	**Fut. I**	**Fut. II**
2. ī-tis	īstis	ī-b-ō	i-erō
3. e-u-nt	i-ērunt	ī-b-is	i-eris
Konj. Präs.	**Perf.**	**Impf.**	**Plqpf.**
e-a-m	i-erim	ī-re-m	īssem
e-ā-s	i-eris	ī-rē-s	īssēs

Imper. 2. Sg.	ī *geh!*	**Part. Präs.** i-ēns, Gen. e-untis
2. Pl.	īte *geht!*	**Fut.** it-ūrus, a, um
Inf. Präs.	īre	**Gerundivum** eundum est *man muß gehen*
Perf.	isse	**Gerundium** eundī *des Gehens*

Merke: īre bildet nur ein unpersönliches Passiv: ītur *man geht*, ĭtum est *man ist gegangen*. Transitive Komposita von īre, z. B. praeterīre *übergehen*, trānsīre *überschreiten*, haben ein persönliches Passiv.

Komposita von ire

ab-īre	abeō	abiī	abitum	*weggehen*
ad-īre	adeō	adiī	aditum	*herangehen, besuchen*
ex-īre	exeō	exiī	exitum	*hinausgehen, zu Ende gehen*
in-īre	ineō	iniī	initum	*betreten, beginnen*
inter-īre	intereō	interiī	interitum	*untergehen*
obīre	obeō	obiī	obitum	*entgegengehen, besuchen, sterben*
mortem obīre				
per-īre	pereō	periī	peritum	*zugrunde gehen, umkommen*
praeter-īre	praetereō	praeteriī	praeteritum	*vorbeigehen, übergehen*
red-īre	redeō	rediī	reditum	*zurückkehren*
sub-īre	subeō	subiī	subitum	*herangehen, auf sich nehmen*
trāns-īre	trānseō	trānsiī	trānsitum	*hinübergehen, überschreiten*
vēn-īre	vēneō	vēniī	—	*verkauft werden*

[1]) Der ursprüngliche Präsensstamm ei- wird vor den dunklen Vokalen a, o, u zu e, sonst zu i.

fierī, fīō, factus sum *werden, gemacht werden, geschehen*

	Indikativ	Konjunktiv		Indikativ	Konjunktiv
Präs.	1. fī-ō	fī-a-m	**Perf.**	factus, a, um sum	factus, a, um sim
	2. fī-s	fī-ā-s			
	3. fi-t	fī-a-t			
	1. fī-mus	fī-ā-mus			
	2. fī-tis	fī-ā-tis			
	3. fī-u-nt	fī-a-nt			
Impf.	fī-ē-ba-m fī-ē-bā-s	fi-e-re-m fi-e-rē-s	**Plusqpf.**	factus, a, um eram	factus, a, um essem
Fut.	fī-a-m fī-ē-s		**Fut. II**	factus, a, um erō	
Inf. Präs.	fierī *werden, gemacht werden, geschehen*				
Perf.	factus, a, um esse *geworden sein, gemacht (worden zu) sein, geschehen sein*				
Fut.	futūrus, a, um esse = fore *werden, geschehen werden*				

Beachte: fierī *gemacht werden* dient als Passiv zu facere, auch bei den Komposita assuefacere *gewöhnen*, patefacere *öffnen*, satisfacere *Genugtuung leisten*.

Die Bedeutung „*geschehen*" hat fierī nur in der 3. P. Sg. u. Pl. Neutrum. Bei fierī steht immer das Prädikatsnomen, nie das Adverb, z. B.: Hic homō clārus factus est. *Dieser Mensch ist berühmt geworden.*

Merke: certior fīō dē — *ich werde benachrichtigt von*
saepe fit, ut — *oft kommt es vor, daß*
ita factum est, ut — *so kam es, daß*
fierī potest, ut — *es kann geschehen, daß; es ist möglich, daß*

7. Unvollständige Verben (Verba dēfectīva)

meminisse *sich erinnern, gedenken* und **ōdisse** *hassen* bilden nur Formen des Perfektaktivstammes mit präsentischer Bedeutung:

memin-ī, -istī, -it *ich erinnere mich, gedenke*

memin-eram *ich erinnerte mich*; memin-erō *ich werde mich erinnern*

Konjunktiv Perfekt: memin-erim; Konjunktiv Plusquampf.: memin-issem

Imperativ: mementō *gedenke!* mementōte *gedenkt!*

ōd-ī, -istī, -it *ich hasse*

ōd-eram *ich haßte*; ōd-erō *ich werde hassen*

Konjunktiv Perfekt: ōd-erim; Konjunktiv Plusquamperf.: ōd-issem

8. Stammformen der häufigsten Verben

Verben der a-Konjugation

a) **v-Perfekt**

1. **laudāre** laudō laudāvī laudātus *loben*

Wie laudāre bilden die meisten Verben der a-Konjugation ihre Stammformen.

b) **u-Perfekt**

2. **cubāre**	cubō	cubuī	cubitum	*liegen*
3. **domāre**	domō	domuī	domitus	*zähmen, bezwingen*
4. **sonāre**	sonō	sonuī	—	*tönen, rauschen*
5. **vetāre** mit a.c.i.	vetō	vetuī	vetitus	*hindern, verbieten*
6. **secāre**	secō	secuī	sectus	*schneiden*

c) **Dehnungsperfekt**

7. **iuvāre** mit Akk.	iuvō	iūvī	iūtus	*unterstützen, helfen*
adiuvāre mit Akk.	ádiuvō	adiūvī	adiūtus	*unterstützen, helfen*
8. **lavāre**	lavō	lāvī	lautus	*waschen, baden* (transitiv)
lavāri				*sich waschen,* (*sich*) *baden*

d) **Reduplikationsperfekt**

9. **dare**	dō	dedī	datus	*geben*
10. **stāre**	stō	stetī	statum	*stehen*
cōnstāre	cōnstō	cōnstitī	—	*feststehen, bestehen aus, kosten*
cōnstat mit a.c.i.				*bekanntlich*
instāre mit Dat.	īnstō	īnstitī		*bedrängen, drohen*
praestāre mit Dativ	praestō	praestitī		*voranstehen,* über-*treffen*
sē praestāre (cōnstantem)				*sich* (*standhaft*) *zeigen, sich bewähren*
praestat				*es ist besser*

Verben der ē-Konjugation

a) **v-Perfekt**

11. **dēlēre**	dēleō	dēlēvī	dēlētus	*tilgen, zerstören*
12. **flēre**	fleō	flēvī	flētum	*weinen, beweinen*
13. **complēre**	compleō	complēvī	complētus	*anfüllen, erfüllen*

b) **u-Perfekt**

14. **arcēre**	arceō	arcuī	—	*abwehren, fernhalten*
coërcēre	coërceō	coërcuī	coërcitus	*in Schranken halten, zügeln*
exercēre	exerceō	exercuī	exercitātus	*üben, ausbilden*
15. **habēre**	habeō	habuī	habitus	*haben, halten*
adhibēre	adhibeō	adhibuī	adhibitus	*anwenden, heranziehen*
prohibēre	prohibeō	prohibuī	prohibitus	*fernhalten, hindern*
praebēre	praebeō	praebuī	praebitus	*darreichen, gewähren*
sē praebēre (attentum)				*sich* (*aufmerksam*) *zeigen, sich erweisen*

	dēbēre	dēbeō	dēbuī	dēbitus	*schulden, müssen, verdanken*
16.	**merēre**	mereō	meruī	meritus	*verdienen*
17.	**monēre**	moneō	monuī	monitus	*erinnern, ermahnen*
18.	**nocēre**	noceō	nocuī	nocitum	*schaden*
19.	**placēre**	placeō	placuī	placitum	*gefallen*
	displicēre	displiceō	displicuī	displicitum	*mißfallen*
20.	**tacēre**	taceō	tacuī	tacitum	*schweigen*
21.	**terrēre**	terreō	terruī	territus	*erschrecken* (transitiv)
	perterrēre	perterreō	perterruī	perterritus	*sehr erschrecken*
22.	**docēre**	doceō	docuī	doctus	*lehren, unterrichten*
23.	**miscēre**	misceō	miscuī	mixtus	*mischen*
24.	**tenēre**	teneō	tenuī	—	*halten, festhalten*
	abstinēre mit Abl.	abstineō	abstinuī	—	*sich enthalten*
	continēre	contineō	continuī	—	*zusammenhalten, anhalten, etwas enthalten*
	obtinēre	obtineō	obtinuī	obtentus	*im Besitz haben, festhalten, behaupten*
	pertinēre	pertineō	pertinuī	—	*sich erstrecken, dienen zu*
	retinēre	retineō	retinuī	retentus	*zurückhalten, behalten*
	sustinēre	sustineō	sustinuī	—	*aushalten, übernehmen*
25.	**cēnsēre**	cēnseō	cēnsuī	cēnsus	*abschätzen, meinen, beantragen,beschließen*
26.	**carēre** mit Abl.	careō	caruī	—	*ohne etwas sein, entbehren*
27.	**dolēre**	doleō	doluī	—	*schmerzen, bedauern*
28.	**egēre** mit Abl.	egeō	eguī	—	*Not leiden, nötig haben*
29.	**florēre**	floreō	floruī	—	*blühen, angesehen sein*
30.	**horrēre**	horreō	horruī	—	*schaudern, zittern*
31.	**iacēre**	iaceō	iacuī	—	*liegen, daliegen*
32.	**latēre**	lateō	latuī	—	*verborgen sein*
33.	**licēre**	licet	licuit	—	*erlaubt sein*
34.	**oportēre**	oportet	oportuit	—	*sich gehören, nötig sein*
35.	**pārēre**	pāreō	pāruī	—	*gehorchen*
	appārēre	appāreō	appāruī	—	*erscheinen, sich zeigen*
	appāret mit a.c.i.				*es ist offenbar*
36.	**patēre**	pateō	patuī	—	*offenstehen, sich erstrecken*
37.	**studēre** mit Dat.	studeō	studuī	—	*sich bemühen um, sich beschäftigen mit, streben nach*
38.	**timēre**	timeō	timuī	—	*fürchten, sich fürchten, sich scheuen*

39.	**valēre**	valeō	valuī	—	*gesund sein, stark sein, gelten*

c) **s-Perfekt**

40.	**ārdēre**	ārdeō	ārsī	ārsūrus	*brennen, entbrannt sein*
41.	**rīdēre**	rīdeō	rīsī	rīsus	*lachen, verlachen*
42.	**suādēre**	suādeō	suāsī	suāsum	*raten*
	persuādēre mit Dat.	persuādeō	persuāsī	persuāsum	*überreden* (mit Finalsatz), *überzeugen* (mit a.c.i.) [*bleiben*
43.	**manēre**	maneō	mānsī	mānsum	*bleiben, bestehen-*
44.	**iubēre** mit a.c.i.	iubeō	iussī	iussus	*heißen, befehlen*
45.	**augēre**	augeō	auxī	auctus	*vermehren, vergrößern*
46.	**lūcēre**	lūceō	lūxī	—	*leuchten*
47.	**lūgēre**	lūgeō	lūxī	—	*trauern, betrauern*

d) **Dehnungsperfekt**

48.	**cavēre** mit Akk.	caveō	cāvī	cautus	*sich hüten, sich in acht nehmen vor*
49.	**favēre** mit Dat.	faveō	fāvī	fautum	*günstig sein, begünstigen*
50.	**movēre**	moveō	mōvī	mōtus	*bewegen, beeinflussen, veranlassen*
	commovēre	commoveō	commōvī	commōtus	*bewegen, beeinflussen, veranlassen*
	permovēre	permoveō	permōvī	permōtus	*veranlassen, erregen*
51.	**vovēre**	voveō	vōvī	vōtus	*geloben* (*den Göttern*)
52.	**sedēre**	sedeō	sēdī	sessum	*sitzen*
	obsidēre	obsideō	obsēdī	obsessus	*belagern*
	possidēre	possideō	possēdī	possessum	*besitzen*
53.	**vidēre**	videō	vīdī	vīsus	*sehen*
	invidēre mit Dat.	invideō	invīdī	invīsum	*beneiden*
	prōvidēre	prōvideō	prōvīdī	prōvīsus	m. Akk.: *vorhersehen* m. Dat.: *sorgen für*

e) **Reduplikationsperfekt**

54.	**pendēre**	pendeō	pependī	—	*hängen, schweben*
55.	**spondēre**	spondeō	spopondī	spōnsus	*geloben, feierlich versprechen*
	respondēre	respondeō	respondī	respōnsum	*antworten*

Verben der konsonantischen Konjugation

a) **v-Perfekt**

56.	**arcessere**	arcessō	arcessīvī	arcessītus	*herbeiholen*
57.	**lacessere**	lacessō	lacessīvī	lacessītus	*reizen*
58.	**petere**	petō	petīvī	petītus	*erstreben, angreifen, erbitten*
	Rōmam petere				*nach Rom eilen*

	cōnsulātum petere				*sich um das Konsulat bewerben*
	hostēs petere				*die Feinde angreifen*
	auxilium ab amīcīs petere				*die Freunde um Hilfe bitten*
	appetere	áppetō	appetīvī	appetītus	*erstreben, begehren, angreifen*
	repetere	répetō	repetīvi	repetītus	*zurückfordern, wiederholen*
59.	**quaerere**	quaerō	quaesīvī	quaesītus	*suchen, erwerben, fragen* (ex)
60.	**sinere**	sinō	sīvī	situs	*lassen, zulassen*
	dēsinere	dēsinō	dēsiī	dēsitus	*ablassen, aufhören*
61.	**cernere**	cernō	crēvī	crētus	*scheiden, entscheiden, erkennen*
	dēcernere	dēcernō	dēcrēvī	dēcrētus	*entscheiden, beschließen*
62.	**serere**	serō	sēvī	satus	*säen, pflanzen, erzeugen*
63.	**spernere**	spernō	sprēvī	sprētus	*verschmähen, verachten*
64.	**crēscere**	crēscō	crēvī	—	*wachsen*
65.	**nōscere**	nōscō	nōvī	nōtus	*kennenlernen, erkennen*
	ignōscere	īgnōscō	īgnōvī	īgnōtus	*verzeihen*
	cōgnōscere	cōgnōscō	cōgnōvī	cṓgnitus	*kennenlernen, erfahren*
66.	**quiēscere**	quiēscō	quiēvī	—	*ruhen*
67.	**cōnsuēscere**	cōnsuēscō	cōnsuēvī	—	*sich gewöhnen*
	cōnsuēvi				*ich bin gewohnt, ich pflege*

b) u-Perfekt

68.	**alere**	alō	aluī	altus	*ernähren*
69.	**colere**	colō	coluī	cultus	*pflegen, bebauen, verehren*
	incolere	íncolō	incoluī	incultus	*wohnen, bewohnen*
70.	**cōnsulere**	cōnsulō	cōnsuluī	cōnsultus	mit Akk.: *um Rat fragen* mit Dat.: *sorgen für*
71.	**serere**	serō	seruī	sertus	*aneinanderreihen*
	dēserere	dēserō	dēseruī	dēsertus	*im Stich lassen*
	disserere	dísserō	disseruī	dissertus	*erörtern, besprechen*
72.	**gignere**	gignō	genuī	genitus	*erzeugen, hervorbringen*
73.	**pōnere**	pōnō	posuī	positus	*stellen, setzen, legen*
	dispōnere	dispōnō	disposuī	dispositus	*auseinanderstellen, verteilen, ordnen*

expōnere	expōnō	exposuī	expositus	*ausstellen, aussetzen, auseinandersetzen*
impōnere	impōnō	imposuī	impositus	*hineinlegen,auferlegen, einsetzen*
oppōnere	oppōnō	opposuī	oppositus	*entgegenstellen*
prōpōnere	prōpōnō	prōposuī	prōpositus	*vorstellen, sich vor Augen stellen, vorbringen*

c) **s-Perfekt**

Gutturalstämme: g, c + s > x (siehe Lautlehre, S. 13)

74.	**dicere**	dīcō	dīxī	dictus	*sagen, sprechen, nennen*
	ēdicere	ēdīcō	ēdīxī	ēdictus	*aussagen, verordnen*
	indicere	indīcō	indīxī	indictus	*ansagen, ankündigen*
	interdicere	interdīcō	interdīxī	interdictus	*untersagen*
75.	**dūcere**	dūcō	dūxī	ductus	*führen, halten für*
	addūcere	addūcō	addūxī	adductus	*hinführen, veranlassen*
	dēdūcere	dēdūcō	dēdūxī	dēductus	*hinabführen, wegführen, geleiten*
	indūcere	indūcō	indūxī	inductus	*hineinführen, bewegen, veranlassen*
	perdūcere	perdūcō	perdūxī	perductus	*hinführen, verführen, veranlassen*
	prōdūcere	prōdūcō	prōdūxī	prōductus	*vorführen, hervorbringen*
	trādūcere	trādūcō	trādūxī	trāductus	*hinüberführen, übersetzen*
76.	**regere**	regō	rēxī	rēctus	*lenken, leiten, regieren*
	corrigere	córrigō	corrēxī	corrēctus	*berichtigen, verbessern*
	dirigere	dī́rigō	dīrēxī	dīrēctus	*geraderichten, ausrichten*
	ērigere	ērigō	ērēxī	ērēctus	*aufrichten, ermutigen*
	pergere	pergō	perrēxī	perrēctus	*vorrücken, fortfahren*
	surgere	surgō	surrēxī	surrēctus	*aufstehen, sich erheben*
77.	**tegere**	tegō	tēxī	tēctus	*decken, bedecken*
	dētegere	dḗtegō	dētēxī	dētēctus	*aufdecken, entdecken*
	prōtegere	prṓtegō	prōtēxī	prōtēctus	*bedecken, beschützen*
78.	**affligere**	afflīgō	afflīxī	afflīctus	*niederschlagen, beschädigen*
	cōnfligere	cōnflīgō	cōnflīxī	cōnflīctus	*zusammenstoßen, kämpfen*
79.	**flectere**	flectō	flēxī	flexus	*biegen, beugen*
80.	**figere**	fīgō	fīxī	fīxus	*anheften, anschlagen*

81.	**fingere**	fingō	fīnxī	fictus	*bilden, gestalten, ersinnen*
82.	**iungere**	iungō	iūnxī	iūnctus	*verbinden, vereinigen*
	coniungere	coniungō	coniūnxī	coniūnctus	*verbinden, vereinigen*
	adiungere	adiungō	adiūnxī	adiūnctus	*hinzufügen, anschließen*
83.	**exstinguere**	exstinguō	exstīnxī	exstīnctus	*auslöschen, vernichten*
	distinguere	distinguō	distīnxī	distīnctus	*verzieren, unterscheiden*
84.	**trahere**	trahō	trāxī	tractus	*ziehen, schleppen*
85.	**vehere**	vehō	vēxī	vectus	transitiv: *fahren, ziehen*
86.	**fluere**	fluō	flūxī	—	*fließen, strömen*
87.	**struere**	struō	strūxī	strūctus	*aufschichten, erbauen*
	cōnstruere	cōnstruō	cōnstrūxī	cōnstrūctus	*aufbauen, erbauen*
	instruere	īnstruō	īnstrūxī	īnstrūctus	*aufstellen, ausrüsten*
88.	**vivere**	vīvō	vīxī	vīctūrus	*leben*

Dentalstämme: d, t + s oder t nach kurzem Vokal > ss
d, t + s oder t nach langem Vokal > s
(siehe Lautlehre, S. 12)

89.	**cēdere**	cēdō	cessī	cessum	*gehen, weichen*
	accēdere	accēdō	accessī	accessum	*herangehen, hinzukommen*
	concēdere	concēdō	concessī	concessum	*weichen, zugeben, erlauben*
	discēdere	discēdō	discessī	discessum	*auseinandergehen, weggehen*
	prōcēdere	prōcēdō	prōcessī	prōcessum	*vorrücken, Fortschritte machen*
	succēdere	succēdō	successī	successum	*heranrücken, nachfolgen*
90.	**claudere**	claudō	clausī	clausus	*schließen*
	conclūdere	conclūdō	conclūsī	conclūsus	*einschließen, folgern*
	interclūdere	interclūdō	interclūsī	interclūsus	*abschneiden*
91.	**dividere**	dī́vidō	dīvīsī	dīvīsus	*teilen*
92.	**vādere**	vādō	—	—	*schreiten, gehen*
	ēvādere	ēvādō	ēvāsī	ēvāsum	*hinausgehen, entkommen*
	invādere	invādō	invāsī	invāsum	*eindringen, einfallen*
93.	**laedere**	laedō	laesī	laesus	*verletzen, beleidigen*
94.	**lūdere**	lūdō	lūsī	lūsum	*spielen*
	illūdere	illūdō	illūsī	illūsus	*sein Spiel treiben, verspotten*
95.	**mittere**	mittō	mīsī	missus	*schicken, senden, fortlassen*
	āmittere	āmittō	āmīsī	āmissus	*loslassen, verlieren*

	admittere	admittō	admīsī	admissus	*zulassen*
	committere	committō	commīsī	commissus	*zustande bringen, beginnen, begehen; überlassen, anvertrauen*
	dīmittere	dīmittō	dīmīsī	dīmissus	*entlassen*
	intermittere	intermittō	intermīsī	intermissus	*dazwischen lassen, unterbrechen*
	omittere	omittō	omīsī	omissus	*unterlassen, übergehen*
	permittere	permittō	permīsī	permissus	*überlassen, erlauben*
	prōmittere	prōmittō	prōmīsī	prōmissus	*versprechen*
	remittere	remittō	remīsī	remissus	*zurückschicken, nachlassen*
	submittere	submittō	submīsī	submissus	*senken, zu Hilfe schicken*

Labialstämme: b + s > ps

96.	**nūbere** mit Dat.	nūbō	nūpsī	nūptum	*heiraten* (*einen Mann*)
97.	**scrībere**	scrībō	scrīpsī	scrīptus	*schreiben*
	cōnscrībere	cōnscrībō	cōnscrīpsī	cōnscrīptus	*einschreiben, eintragen,* (*Soldaten*) *ausheben*
	dēscrībere	dēscrībō	dēscrīpsī	dēscrīptus	*beschreiben, bestimmen*
	praescrībere	praescrībō	praescrīpsī	praescrīptus	*vorschreiben, verordnen*
	prōscrībere	prōscrībō	prōscrīpsī	prōscrīptus	*öffentlich bekanntmachen, ächten*

Sonstige:

98.	**contemnere**	contemnō	contempsī	contemptus	*verachten*
99.	**sūmere**	sūmō	sūmpsī	sūmptus	*nehmen*
	cōnsūmere	cōnsūmō	cōnsūmpsī	cōnsūmptus	*verbrauchen, verzehren*
100.	**mergere**	mergō	mersī	mersus	*eintauchen, versenken*
101.	**spargere**	spargō	sparsī	sparsus	*streuen, ausstreuen*
102.	**gerere**	gerō	gessī	gestus	*tragen, vollbringen, führen*
103.	**ūrere**	ūrō	ussī	ūstus	transitiv: *brennen, verbrennen*
104.	**premere**	premō	pressī	pressus	*drücken, bedrängen*
	opprimere	ópprimō	oppressī	oppressus	*unterdrücken, überwältigen, vernichten*

d) **Dehnungsperfekt**

105.	**agere**	agō	ēgī	āctus	*treiben, tun, handeln, verhandeln*
	cōgere	cōgō	coēgī	coāctus	*sammeln, zwingen*

	exigere	éxigō	ēxegī	exāctus	*heraustreiben, fordern*
	redigere	rédigō	redēgī	redāctus	*zurücktreiben, in einen Zustand bringen*
	subigere	súbigō	subēgī	subāctus	*unterwerfen*
106.	**edere**	edō	ēdī	ēsus	*essen, verzehren*
107.	**emere**	emō	ēmī	emptus	*nehmen, kaufen*
	adimere	ádimō	adēmī	ademptus	*an sich nehmen, wegnehmen*
	redimere	rédimō	redēmī	redemptus	*loskaufen, erlösen*
108.	**frangere**	frangō	frēgī	frāctus	transitiv: *brechen, zerbrechen*
109.	**fundere**	fundō	fūdī	fūsus	*ausgießen, in die Flucht schlagen*
110.	**legere**	legō	lēgī	lēctus	*lesen, sammeln*
	colligere	cólligō	collēgī	collēctus	*sammeln, versammeln*
	dēligere	dḗligō	dēlēgī	dēlēctus	*auswählen*
	dīligere	dī́ligō	dīlēxī	dīlēctus	*hochachten, lieben*
	intellegere	intéllegō	intellēxī	intellēctus	*einsehen, verstehen*
	neglegere	néglegō	neglēxī	neglēctus	*vernachlässigen*
111.	**relinquere**	relinquō	relīquī	relictus	*zurücklassen*
112.	**rumpere**	rumpō	rūpī	ruptus	transitiv: *brechen, zerbrechen*
	corrumpere	corrumpō	corrūpī	corruptus	*verderben, bestechen*
113.	**vincere**	vincō	vīcī	victus	*siegen, besiegen*
	convincere	convincō	convīcī	convictus	*überführen, widerlegen*
114.	**cōnsidere**	cōnsīdō	cōnsēdī	—	*sich niederlassen, sich lagern*

e) **Reduplikationsperfekt**

115.	**cadere**	cadō	cécĭdī	cāsum	*fallen*
	accidere	áccidit	áccidit	—	*sich ereignen, geschehen*
	incidere	íncidō	íncidī	—	*hineinfallen, hineingeraten*
	occidere	óccidō	óccidī	—	*untergehen*
116.	**caedere**	caedō	cecī́dī	caesus	*fällen, niederhauen*
	concidere	concīdō	concīdī	concīsus	*zusammenhauen, vernichten*
	occidere	occīdō	occīdī	occīsus	*niederhauen, töten*
117.	**canere**	canō	cécinī	—	*singen, spielen, dichten*

118.	**currere**	currō	cucurrī	cursum	*laufen, eilen*
	occurrere	occurrō	occurrī	occursum	*entgegenlaufen, begegnen*
	succurrere	succurrō	succurrī	succursum	*zu Hilfe eilen*
119.	**dēdere**	dēdō	dēdidī	dēditus	*übergeben, ergeben*
	ēdere	ēdō	ēdidī	ēditus	*herausgeben, hervorbringen*
	prōdere	prōdō	prōdidī	prōditus	*berichten, überliefern; preisgeben, verraten*
	reddere	reddō	reddidī	redditus	*zurückgeben, machen zu*
	trādere	trādō	trādidī	trāditus	*übergeben, ausliefern, überliefern*
	vēndere	vēndō	vēndidī	vēnditus	*verkaufen*
	abdere	abdō	abdidī	abditus	*wegtun, verbergen*
	addere	addō	addidī	additus	*hinzutun, hinzufügen*
	condere	condō	condidī	conditus	*gründen, verbergen, verwahren*
	crēdere	crēdō	crēdidī	crēditus	*glauben, vertrauen, leihen*
	perdere	perdō	perdidī	perditus	*zugrunde richten, verlieren*
120.	**discere**	discō	didicī	—	*lernen*
121.	**fallere**	fallō	fefellī	—	*täuschen*
122.	**parcere** mit Dat.	parcō	pepercī	—	*schonen, sparen*
123.	**pellere**	pellō	pepulī	pulsus	*schlagen, treiben, vertreiben*
	appellere	appellō	áppulī	appulsus	*herantreiben, landen* (transitiv)
	impellere	impellō	ímpulī	impulsus	*antreiben, veranlassen*
	repellere	repellō	réppulī	repulsus	*zurücktreiben, vertreiben*
124.	**pendere**	pendō	pependī	pēnsus	*abwiegen, beurteilen, zahlen*
125.	**poscere**	poscō	poposcī	—	*fordern, verlangen*
126.	**scindere**	scindō	scidī	scissus	*zerreißen*
127.	**sistere**	sistō	stetī	—	*stellen, sich stellen*
	cōnsistere	cōnsistō	cōnstitī	—	*sich aufstellen, stehenbleiben, bestehen*
	dēsistere mit Abl.	dēsistō	dēstitī	—	*aufhören, ablassen von*
	exsistere	exsistō	exstitī	—	*hervortreten, entstehen, werden*

	resistere	resistō	restitī	—	*sich widersetzen, Widerstand leisten*
128.	**tangere**	tangō	tétigī	tāctus	*berühren*
	attingere	attingō	áttigī	attāctus	*anrühren, angrenzen*
	contingere	contingit	cóntigit	—	*sich ereignen, gelingen, glücken*
129.	**tendere**	tendō	tetendī	tentus	*spannen, ausstrecken*
	contendere	contendō	contendī	contentum	*kämpfen, sich anstrengen, eilen*
	ostendere	ostendō	ostendī	—	*zeigen*

f) **Stammperfekt**

130.	**metuere**	metuō	metuī	—	*fürchten*
131.	**minuere**	minuō	minuī	minūtus	*vermindern, verkleinern*
132.	**statuere**	statuō	statuī	statūtus	*hinstellen, festsetzen, beschließen*
	cōnstituere	cōnstituō	cōnstituī	cōnstitūtus	*aufstellen, errichten; festsetzen, beschließen*
	instituere	īnstituō	īnstituī	īnstitūtus	*einrichten, beginnen, unterrichten*
	restituere	restituō	restituī	restitūtus	*wiederherstellen*
133.	**tribuere**	tribuō	tribuī	tribūtus	*zuteilen, anrechnen*
	attribuere	attribuō	attribuī	attribūtus	*zuteilen, hinzufügen*
	distribuere	distribuō	distribuī	distribūtus	*verteilen, einteilen*
134.	**solvere**	solvō	solvī	solūtus	*lösen, bezahlen*
	absolvere	absolvō	absolvī	absolūtus	*freisprechen*
135.	**accendere**	accendō	accendī	accēnsus	*anzünden, anfeuern*
	incendere	incendō	incendī	incēnsus	*anzünden, entflammen*
136.	**ascendere**	ascendō	ascendī	ascēnsus	*emporsteigen, ersteigen*
	dēscendere	dēscendō	dēscendī	dēscēnsum	*hinabsteigen*
137.	**dēfendere**	dēfendō	dēfendī	dēfēnsus	*verteidigen, schützen*
	offendere	offendō	offendī	offēnsus	*anstoßen, beleidigen*
138.	**prehendere**	prehendō	prehendī	prehēnsus	*ergreifen*
	comprehendere	comprehendō	comprehendī	comprehēnsus	*ergreifen, festnehmen, begreifen*
	reprehendere	reprehendō	reprehendī	reprehēnsus	*tadeln*
139.	**vertere**	vertō	vertī	versus	*wenden*
	āvertere	āvertō	āvertī	āversus	*abwenden, fernhalten*

	convertere	convertō	convertī	conversus	*umwenden, hinwenden*
	animadvertere	animadvertō	animadvertī	animadversus	*bemerken, bestrafen*

Verben der langvokalischen i-Konjugation

e) **v- und u-Perfekt**

140.	**audire**	audiō	audīvi	audītus	*hören*

Wie audire bilden die meisten Verben der langvokalischen i-Konjugation ihre Stammformen.

141.	**sepelire**	sepeliō	sepelīvī	sepultus	*begraben*
142.	**aperire**	aperiō	aperuī	apertus	*öffnen, aufdecken*
143.	**salire**	saliō	saluī	—	*hüpfen, springen*

b) **s-Perfekt**

144.	**haurire**	haurio	hausī	haustus	*schöpfen, trinken*
145.	**sancire**	sanciō	sānxī	sānctus	*heiligen, festsetzen*
146.	**vincire**	vinciō	vinxī	vinctus	*fesseln* [*denken*
147.	**sentire**	sentiō	sēnsī	sēnsum	*fühlen, merken,*
	cōnsentire	cōnsentiō	cōnsēnsī	cōnsēnsum	*übereinstimmen*
	dissentire	dissentiō	dissēnsī	dissēnsum	*verschiedener Meinung sein, uneinig sein*

c) **Dehnungs- und Reduplikationsperfekt**

148.	**venire**	veniō	vēnī	ventum	*kommen*
	advenire	adveniō	advēnī	adventum	*ankommen*
	circumvenire	circumveniō	circumvēnī	circumventum	*umzingeln, umgarnen*
	convenire	conveniō	convēnī	conventum	*zusammenkommen, übereinkommen, übereinstimmen*
	ēvenire	ḗvenit	ēvēnit	—	*es kommt vor, es ereignet sich*
	invenire	inveniō	invēnī	inventus	*finden (durch Zufall), erfinden, ermitteln*
	pervenire	perveniō	pervēnī	perventum	*gelangen*
	subvenire	subveniō	subvēnī	subventum	*zu Hilfe kommen*
149.	**reperire**	reperiō	repperī	repertus	*finden (durch Suchen), erfahren*
150.	**comperire**	comperiō	comperī	compertus	*(genau) erfahren*

Verben der kurzvokalischen i-Konjugation

a) **v- und u-Perfekt**

151.	**cupere**	cupiō	cupīvī	cupītus	*begehren, wünschen*
152.	**rapere**	rapiō	rapuī	raptus	*raffen, rauben*
	diripere	dīripiō	dīripuī	dīreptus	*plündern*
	ēripere	ēripiō	ēripuī	ēreptus	*entreißen*

b) **s-Perfekt**

153.	**cōnspicere**	cōnspiciō	cōnspēxī	cōnspectus	*erblicken*
	dēspicere	dēspiciō	dēspēxī	dēspectus	*herabsehen, verachten*
	inspicere	īnspiciō	īnspēxī	īnspectus	*besichtigen, mustern*
	perspicere	perspiciō	perspēxī	perspectus	*durchschauen, besichtigen*
	prōspicere	prōspiciō	prōspēxī	prōspectus	m. Akk.: *vorhersehen* m. Dat.: *sorgen für*

c) **Dehnungsperfekt**

154.	**capere**	capiō	cēpī	captus	*fassen, nehmen, fangen*
	accipere	accipiō	accēpī	acceptus	*annehmen, empfangen*
	dēcipere	dēcipiō	dēcēpī	dēceptus	*täuschen*
	excipere	excipiō	excēpī	exceptus	*aufnehmen, auffangen*
	incipere	incipiō	**coepi**	inceptus	*anfangen, beginnen*
	praecipere	praecipiō	praecēpī	praeceptus	*vorwegnehmen, vorschreiben*
	recipere	recipiō	recēpī	receptus	*zurücknehmen, aufnehmen*
	sē recipere				*sich zurückziehen*
	suscipere	suscipiō	suscēpī	susceptus	*unternehmen, übernehmen, auf sich nehmen*
155.	**facere**	faciō	fēcī	factus	*tun, machen*
	Passiv: fieri, fiō, factus sum (siehe S. 49)				*gemacht werden, werden, geschehen*
	patefacere	patefaciō	patefēcī	patefactus	*öffnen*
	Passiv:	**patefiō**			
	satisfacere	satisfaciō	satisfēcī	satisfactus	*Genugtuung leisten, befriedigen*
	Passiv: **satisfiō**				
	afficere mit Abl.	afficiō	affēcī	affectus	*versehen mit*
	Passiv: **afficior**				
	cōnficere	cōnficiō	cōnfēcī	cōnfectus	*fertigmachen, vollenden, erschöpfen*
	dēficere	dēficiō	dēfēcī	dēfectus	*verlassen, mangeln*
	mit Akk.				
	dēficere ā Rōmānīs				*abfallen von den Römern*
	efficere	efficiō	ēffēcī	effectus	*bewirken*
	interficere	interficiō	interfēcī	interfectus	*töten, vernichten*
	perficere	perficiō	perfēcī	perfectus	*vollenden, ausführen*

praeficere	praeficiō	praefēcī	praefectus	*an die Spitze stellen*
reficere	reficiō	refēcī	refectus	*wiederherstellen, stärken, kräftigen*
sē reficere				*sich erholen*
156. **fodere**	fodiō	fōdī	fossus	*graben, stechen*
157. **fugere** mit Akk.	fugiō	fūgī	fugitum	*meiden, fliehen*
effugere mit Akk.	effugiō	effūgī	—	*entfliehen*
158. **iacere**	iaciō	iēcī	iactus	*werfen*
conicere	coniciō	coniēcī	coniectus	*werfen, vermuten, schließen*
dēicere	dēiciō	dēiēcī	dēiectus	*hinabwerfen, vertreiben, verdrängen*
ēicere	ēiciō	ēiēcī	ēiectus	*vertreiben, verbannen*
inicere	iniciō	iniēcī	iniectus	*hineinwerfen, einjagen*
obicere	obiciō	obiēcī	obiectus	*entgegenwerfen, vorwerfen, preisgeben*
subicere	subiciō	subiēcī	subiectus	*unterwerfen*
traicere	traiciō	traiēcī	traiectus	*hinüberwerfen, übersetzen, hinüberbringen, hinüberfahren*

d) **Reduplikationsperfekt**

159. **parere**	pariō	peperī	partus	*gebären, erwerben, gewinnen*

Deponentien der a-Konjugation

160. **arbitrārī** arbitror arbitrātus sum *glauben, meinen*

Ebenso bilden die Stammformen:

161. **āspernārī**	*verschmähen*	171. **imitārī**	*nachahmen, nachbilden*
162. **auxiliārī**	*helfen*		
163. **comitārī**	*begleiten*	172. **interpretārī**	*auslegen, erklären*
164. **cōnārī**	*versuchen*	173. **indignārī**	*mißbilligen, empört sein*
165. **contemplārī**	*betrachten*		
166. **cūnctārī**	*zögern*	174. **laetārī** mit Abl.	*sich freuen*
167. **dominārī**	*herrschen*		
168. **glōriārī** mit Abl.	*sich rühmen*	175. **minārī**	*drohen*
		176. **mirārī**	*sich wundern, bewundern*
169. **grātulārī**	*Glück wünschen*		
170. **hortārī**	*ermahnen, ermutigen*	**admirārī**	*bewundern*
		177. **miserārī**	*beklagen, bedauern*
cohortārī	*ermutigen, anfeuern*	178. **morārī**	*(sich) aufhalten, zögern, verzögern*

179. **populāri**	*verwüsten, verheeren*	184. **vēnāri**	*jagen*
180. **opināri**	*meinen, vermuten*	185. **venerāri**	*verehren*
181. **recordāri**	*sich erinnern*	186. **versāri**	*sich aufhalten, sich befinden*
182. **tūtāri**	*sichern, schützen*		
183. **vagāri**	*umherschweifen*		

Deponentien der e-Konjugation

187. **fatēri**	fateor	fassus sum	*gestehen, bekennen*
cōnfitēri	cōnfiteor	cōnfessus sum	*gestehen, bekennen*
profitēri	profiteor	professus sum	*offen bekennen, als sein Fach oder seinen Beruf angeben*
188. **medēri** mit Dat.	medeor	—	*Heilung bringen, heilen*
189. **merēri**	mereor	meritus sum	*verdienen, sich verdient machen um* (dē)
190. **miserēri** mit Gen.	misereor	miseritus sum	*sich erbarmen*
191. **pollicēri**	polliceor	pollicitus sum	*versprechen*
192. **rēri**	reor	ratus sum	*meinen, glauben*
193. **tuēri**	tueor	—	*schützen, verteidigen*
intuēri	intueor	—	*anschauen, betrachten*
194. **verēri**	vereor	veritus sum	*fürchten, sich scheuen, verehren*
195. **vidēri**	videor	vīsus sum	*scheinen*

Deponentien der konsonantischen Konjugation

196. **loqui**	loquor	locūtus sum	*sprechen, reden*
cólloqui	cólloquor	collocūtus sum	*sich unterreden*
197. **sequi** mit Akk.	sequor	secūtus sum	*folgen*
cṓnsequi	cṓnsequor	cōnsecūtus sum	*nachfolgen, einholen, erreichen*
ī́nsequi	ī́nsequor	īnsecūtus sum	*nachfolgen, verfolgen*
pérsequi	pérsequor	persecūtus sum	*verfolgen*
prṓsequi	prṓsequor	prōsecūtus sum	*geleiten*
súbsequi	súbsequor	subsecūtus sum	*auf dem Fuße folgen*
198. **frui** mit Abl.	fruor	—	*genießen*
199. **fungi** mit Abl.	fungor	fūnctus sum	*verwalten, verrichten*
200. **lābi**	lābor	lāpsus sum	*gleiten, fallen*
collābi	collābor	collāpsus sum	*zusammenfallen, zusammenbrechen*
201. **niti**	nītor	nīsus oder nīxus sum	*sich stützen, sich anstrengen*
202. **complecti**	complector	complexus sum	*umarmen, umfassen*

203. **queri**	queror	questus sum	*beklagen, sich beklagen*
204. **ūti** mit Abl.	ūtor	ūsus sum	*gebrauchen, benutzen*

Mit sc-Erweiterung im Präsens

205. **adipisci**	adipīscor	adeptus sum	*erreichen, erlangen (mit Anstrengung)*
206. **irāsci**	īrāscor	—	*zürnen*
207. **reminisci**	reminīscor	—	*sich erinnern*
208. **nancisci**	nancīscor	nānctus oder nactus sum	*erreichen, erlangen (durch Zufall)*
209. **nāsci**	nāscor	nātus sum	*geboren werden*
210. **oblivisci**	oblīvīscor	oblītus sum	*vergessen*
211. **proficisci**	proficīscor	profectus sum	*aufbrechen, reisen, marschieren*
212. **ulcisci** mit Akk.	ulcīscor	ultus sum	*rächen, sich rächen, bestrafen*
213. **vēsci** mit Abl.	vēscor	—	*sich ernähren von, essen*

Deponentien der langvokalischen i-Konjugation

214. **blandiri**	blandior	blandītus sum	*schmeicheln*
215. **largiri**	largior	largītus sum	*freigebig schenken oder spenden*
216. **mentiri**	mentior	mentītus sum	*lügen*
217. **moliri**	molior	molītus sum	*in Bewegung setzen, planen*
218. **partiri**	partior	partītus sum	*teilen*
219. **potiri** mit Abl.	potior	potītus sum	*sich bemächtigen*
rērum potiri			*die Macht an sich reißen*
220. **sortiri**	sortior	sortītus sum	*losen, erhalten*
221. **assentiri**	assentior	assēnsus sum	*zustimmen*
222. **experiri**	experior	expertus sum	*versuchen, prüfen*
223. **mētiri**	mētior	mēnsus sum	*messen*
224. **oriri**	orior	ortus sum	*aufgehen, entstehen;* Perfekt: *abstammen von*
adoriri	adorior	adortus sum	*angreifen, unternehmen*

Deponentien der kurzvokalischen i-Konjugation

225. **ággredi**	aggredior	aggressus sum	*herangehen, angreifen*
cóngredi	congredior	congressus sum	*zusammentreffen, kämpfen*
égredi	ēgredior	ēgressus sum	*hinausgehen, ausrücken*
íngredi	ingredior	ingressus sum	*eintreten, beginnen*
prṓgredi	prōgredior	prōgressus sum	*vorrücken*
tránsgredi	trāns-gredior	trānsgressus sum	*überschreiten*

226. **mori**	morior	mortuus sum Partizip Futur: moritūrus	*sterben*
227. **pati**	patior	passus sum	*leiden, dulden, zulassen*

Semideponentien (semi = *halb*)

a) **e-Konjugation**

228. **audēre**	audeō	ausus sum	*wagen*
229. **gaudēre** mit Abl.	gaudeō	gavīsus sum	*sich freuen*
230. **solēre**	soleō	solitus sum	*pflegen, gewohnt sein*

b) **konsonantische Konjugation**

231. **fidere**	fīdō	fīsus sum	*trauen, vertrauen*
cōnfidere	cōnfīdō	cōnfīsus sum	*vertrauen, sich verlassen auf*
diffidere	diffīdō	diffīsus sum	*mißtrauen*
231. **reverti**	revertor	revertī, istī Partizip: reversus	*zurückkehren*

C) Satzlehre

I. Satzteile

1. Subjekt und Prädikat

Subjekt (Satzgegenstand) und **Prädikat** (Satzaussage) sind die notwendigen Glieder eines Satzes.

Prädikat kann sein

1. ein Vollverb: discipulus salutat. (verbales Prädikat)

2. ein Nomen (Substantiv oder Adjektiv), das meistens durch ein Hilfsverb (Kopula) mit dem Subjekt verbunden ist (Prädikatsnomen):

Paulus discipulus est. Paulus sedulus est. (nominales Prädikat) Ars longa, vita brevis.

Subjekt kann sein

1. ein Substantiv: puella cantat; 2. ein Pronomen, bzw. die Person, die in einer finiten Verbalform enthalten ist: ille monstrat; canta-mus;

3. ein Infinitiv: errare humanum est; 4. ein Nebensatz (Subjektsatz): quae nocent, docent.

2. Übereinstimmung (Kongruenz) zwischen Prädikat und Subjekt

1. **Das verbale Prädikat** stimmt mit dem Subjekt im Numerus überein. agricola arat; agricolae arant.

2. **Das substantivische Prädikatsnomen** richtet sich nach dem Subjekt im Kasus, wenn möglich auch im Numerus und Genus.

Paulus et Fridericus amici sunt.

3. **Das adjektivische Prädikatsnomen** richtet sich nach dem Subjekt im Kasus, Numerus und Genus.

puella pulchra est. agricolae laeti sunt. castra magna erant.

Sind die Personen des Subjekts verschiedenen Geschlechts, so steht das Prädikatsadjektiv im Maskulinum.

Pater et mater sani sunt.

4. **Das pronominale Subjekt** richtet sich im Genus und Numerus nach dem substantivischen Prädikatsnomen.

Haec est mea culpa. *Das ist meine Schuld.*

3. Attribut

Begriff: Ein Attribut ist eine nähere Bestimmung eines Substantivs durch ein Adjektiv oder Substantiv.

1. **Das adjektivische Attribut richtet sich nach seinem Beziehungswort im Kasus, Numerus und Genus.**

dominus bonus; poeta clarus; ancilla sedula; donum pulchrum.

2. **Das substantivische Attribut** steht meistens im Genitiv nach oder vor seinem Beziehungswort.

vita Romanorum; hortus agricolae; pecuniae cupido.

Ein substantivisches Attribut, das im gleichen Kasus wie sein Beziehungswort steht, nennt man eine **Apposition.**

Vergilius poeta; Minerva dea.

4. Prädikatsnomen

Das Prädikatsnomen richtet sich immer im Kasus, wenn möglich auch im Numerus und Genus nach seinem Beziehungswort, das es näher bestimmt. Es steht deshalb bei den eigentlichen Hilfsverben immer im Nominativ, da das Beziehungswort das Subjekt ist.

Cicero consul fuit. Cicero clarus est.

Bei ergänzungsbedürftigen transitiven Verben steht das Prädikatsnomen im Nominativ oder Akkusativ entsprechend dem Kasus seines Beziehungswortes.

Cicero consul creatus est. Romani Ciceronem consulem creaverunt.

5. Prädikativum

Begriff: Das Prädikativum ist eine nähere Bestimmung zu einem Nomen und einem Vollverb. Es stimmt mit seinem Beziehungswort nach Möglichkeit im Kasus, Numerus und Genus überein.

Hannibal **puer** Carthagine discessit, **senex** in patriam revertit.

Hannibal verließ **als Knabe** *Karthago,* **als Greis** *kehrte er in seine Vaterstadt zurück.*

Erläuterung: „puer", bzw. „senex" ist eine nähere Bestimmung zu Hannibal und dem Vollverb „discessit", bzw. „revertit".

Puer und senex sind also Prädikativa.

Milites maesti in castra redierunt. *Die Soldaten kehrten traurig in das Lager zurück.*

Erläuterung: „maesti" bezeichnet den seelischen Zustand der Soldaten bei ihrer Rückkehr ins Lager, ist also ein Prädikativum.

Verwendung:

Als Prädikativa werden gebraucht

1. **Substantiva, die ein Amt oder ein Lebensalter bezeichnen:**
consul *als Konsul, im Konsulat*; puer *als Knabe, im Knabenalter*; adulescens *als junger Mann, in seiner Jugend*; senex *als Greis, im Alter.*

2. **Adjektive, die einen seelischen oder körperlichen Zustand, eine Reihenfolge, eine Zahl oder einen Ort bezeichnen:**

laetus	*fröhlich*	absens	*in Abwesenheit*
maestus	*traurig*	primus	*als erster, zuerst*
pavidus	*ängstlich*	postremus	*als letzter, zuletzt*
iratus	*zornig*	unus	*als einziger, allein*
invitus	*widerwillig, wider Willen*	solus	*als einziger, allein*
inscius	*unwissend, ohne Wissen*	rarus	*in geringer Zahl*
vivus	*lebendig, bei Lebzeiten*	frequens	*in großer Zahl*
mortuus	*tot, nach dem Tode*	summus	*zu oberst, auf der Spitze*
salvus	*wohlbehalten, gesund*		
incolumis	*unversehrt, wohlbehalten*		
integer	*unversehrt*	medius	*als mittlerer, in der Mitte*
praesens	*in Gegenwart, in Anwesenheit*		

Merke als prädikative Ausdrücke: prima nocte *zu Beginn der Nacht*; prima luce *bei Tagesanbruch*; in summo monte *auf dem Gipfel des Berges.*

6. Der erweiterte einfache Satz

Der einfache Satz, der aus Subjekt und Prädikat besteht, **wird erweitert beim Prädikat**

1. durch **Objekte** (Nomina, Pronomina, Zahlwörter, Infinitive, bzw. a.c.i.) im Akkusativ auf die Frage: wen oder was?, im Dativ auf die Frage: wem?, im Genitiv auf die Frage: wessen?

2. durch **adverbiale Bestimmungen** (Umstandsbestimmungen) zur Bezeichnung des Mittels, des Grundes, des Zweckes, der Art und Weise, der Begleitung, der Zeit und des Ortes im Ablativ, Akkusativ und Dativ besonders auf die Fragen: womit? wodurch? warum? wie? wann? wo? wozu?

beim Subjekt und allen Substantiven

durch **Attribute** (Adjektive, Partizipien, Pronomina, Zahlwörter, Substantiva im gleichen Kasus, im Genitiv, im abl. qualitatis und mit einer Präposition).

Eine Sonderstellung nimmt das **Prädikativum** ein, das eine nähere Bestimmung zu einem Nomen und einem Vollverb ist (siehe oben).

bei Adjektiven durch adverbiale Bestimmungen und Ergänzungen in den casus obliqui.

bei Adverbien durch adverbiale Bestimmungen.

II. Kasuslehre

1. Akkusativ

Der Akkusativ bezeichnet das Objekt bei allen transitiven Verben und das Ziel.

Merke: Verben, deren Objekt im Akkusativ steht, heißen **transitiv;** sie bilden ein **persönliches Passiv.** Beispiel: Te adiuvo *ich unterstütze dich*; *ich helfe dir*; adiuvor *ich werde unterstützt*; *mir wird geholfen.*

Verben, deren Objekt im Dativ oder Genitiv steht, heißen **intransitiv;** sie bilden ein **unpersönliches Passiv,** d.h. nur die 3. Person Singular Neutrum. Beispiel: tibi pareo *ich gehorche dir*; mihi paretur *mir wird gehorcht.*

A. Der Akkusativ steht als Objekt

1. **bei adaequo, iuvo, caveo, effugio, deficio, sequor und ulciscor.**

adaequare *gleichkommen*; iuvare *unterstützen, helfen*; cavere sich *hüten vor*; effugere *entfliehen*; deficere *verlassen, mangeln*; ulcisci *sich rächen an*; sequi *folgen.*

Fortes fortuna adiuvat. *Dem Mutigen hilft das Glück.*
Vires me deficiunt. *Die Kräfte verlassen mich.*

Merke: animo deficere *den Mut sinken lassen.*
a Romanis deficere *von den Römern abfallen.*

2. **bei den Verben des Affekts**[1]**):** dolere, maerere, lugere *traurig, betrübt sein über*, ridere *lachen über*, mirari *sich wundern über*, queri *sich beklagen über*, horrere *schaudern, zittern vor.*

Dolemus morbum matris. *Wir sind traurig über die Krankheit der Mutter.*
Miror industriam tuam. *Ich wundere mich über deinen Fleiß.*

3. **in Ausrufen:** Heu, me miserum! *Ach, ich Armer!*

4. **als doppeltes Objekt bei docere** *lehren, unterrichten*, **celare** *verheimlichen*, **poscere, flagitare** *fordern.*

Magister nos linguam Latinam docet. *Der Lehrer unterrichtet uns in der lateinischen Sprache.*
Caesar Haeduos frumentum flagitavit. *Cäsar forderte von den Häduern Getreide.*

5. **als Objekt und Prädikatsnomen bei: haben, halten und erkennen, machen, wählen und ernennen, ferner nennen und erklären, auch sich zeigen, sich bewähren.**

---

[1]) vgl. Ablativ bei Verben und Adjektiven des Affekts, S. 73.

habere *haben;* putare, ducere, existimare *halten;* cognoscere *erkennen;* facere, reddere *machen*; creare *wählen*; dicere *ernennen*; nominare *nennen*; iudicare *erklären*; se praebere *sich zeigen*; se praestare *sich bewähren.*

Te amicum fidum puto. *Ich halte dich für einen treuen Freund.*
Milites se fortes praestiterunt. *Die Soldaten zeigten sich tapfer.*

Merke: Treten diese Verben ins Passiv, so steht statt des doppelten Akkusativs der doppelte Nominativ.

Cicero consul creatus est. *Cicero wurde zum Konsul gewählt.*
Filius Dei homo factus est. *Der Sohn Gottes ist Mensch geworden.*

B. Der Akkusativ steht als adverbiale Bestimmung

1. zur Bezeichnung des **Zieles** auf die Frage: wohin?

ohne Präposition bei Namen von Städten und kleinen Inseln.

Romam proficiscemur. *Wir werden nach Rom reisen.*
Rhodum navigabimus. *Wir werden nach Rhodos fahren.*

Merke: 1. domum *nach Hause*; rus *aufs Land.*

2. Eine Apposition erhält immer die Präposition in:

in urbem Romam *in die Stadt Rom*; Corinthum, in oppidum Graeciae *nach Korinth, einer Stadt Griechenlands.*

2. zur Bezeichnung des **Zieles** auf die Frage: wohin? (im Deutschen meist: wo?) **bei Verben der Bewegung:**

appello, abdo, confero, concurro, cogo, contraho, advenio, convenio, devertor sowie nuntio.

appellere (naves) *landen;* abdere *verbergen;* conferre *zusammentragen;* concurrere *zusammenlaufen;* cogere *zusammentreiben, versammeln;* contrahere *zusammenziehen;* advenire *ankommen;* convenire *zusammenkommen, sich versammeln;* deverti *einkehren;* nuntiare *melden.*

Germani in silvas se abdiderunt. *Die Germanen verbargen sich in den Wäldern.*

Senatores in curiam conveniunt. *Die Senatoren versammeln sich im Rathaus.*

3. zur Bezeichnung der **Ausdehnung in Raum und Zeit** auf die Fragen: wie hoch, wie tief, wie lang, wie breit, wie weit, wie alt, wie lange Zeit?

Graeci Troiam decem annos obsederunt. *Die Griechen belagerten Troja zehn Jahre lang.*

Senex annos octoginta natus est. *Der Greis ist 80 Jahre alt.*

2. Dativ

Der Dativ bezeichnet das Objekt vor allem bei intransitiven Verben[1]) und den Zweck.

A. Der Dativ steht als Objekt

1. **bei medeor, studeo, faveo, invideo, persuadeo, parco sowie nubo.**

---

1) Siehe unter Akkusativ, S. 68.

mederi *heilen*; studere *sich bemühen um*; favere *begünstigen*; invidere *beneiden*; persuadere *überreden, überzeugen*; parcere *schonen*; nubere *heiraten*.

Factis tuis mihi persuasisti. *Durch deine Taten hast du mich überzeugt.*
Nemini parcetur. *Niemand wird geschont werden.*
Multi divitiis mercatoris invidebant. *Viele beneideten den Kaufmann um seinen Reichtum.*

Beachte: Von intransitiven Verben kann man kein persönliches Passiv bilden[1].
Nobis persuasum est. *Wir sind überzeugt.*

2. **bei Verben mit Bedeutungswechsel:**

consulere, providere, prospicere *sorgen für*; timere, metuere *fürchten für*; temperare *schonen, mäßigen*.

Parentes liberis consulunt. *Die Eltern sorgen für ihre Kinder.*
Vitae tuae timemus. *Wir fürchten für dein Leben.*

Anmerkung: consulere mit Akk. *um Rat fragen*
prospicere, providere mit Akk. *voraussehen*
timere, metuere mit Akk. *sich fürchten vor*
temperare mit Akk. *mischen, ordnen, leiten*

3. **bei esse** *haben, besitzen* **(dativus possessoris) und den Komposita von esse.**

Patri meo domus est. *Mein Vater besitzt ein Haus.*
Marius exercitui praeerat. *Marius stand an der Spitze des Heeres.*

4. **zur Bezeichnung des Vorteils oder Nachteils auf die Frage: wofür? (dativus commodi oder incommodi).**

Non scholae, sed vitae discimus. *Nicht für die Schule, sondern für das Leben lernen wir.*

5. **zur Bezeichnung der handelnden Person auf die Fragen: für wen?, von wem? (dativus auctoris).**

Patria nobis liberanda est. *Wir müssen das Vaterland befreien.*
Sua cuique sors est ferenda. *Jeder muß sein Los tragen.*

B. Der Dativ steht als adverbiale Bestimmung des Zwecks auf die Frage: wozu? **(dativus finalis).**

1. **bei venire** *kommen*, **arcessere** *herbeiholen*, **mittere** *schicken*, **relinquere** *zurücklassen*, **deligere** *auswählen*.

Auxilio venite! *Kommt zu Hilfe!*
Caesar quinque cohortes castris praesidio reliquit. *Cäsar ließ fünf Kohorten zum Schutz des Lagers zurück.*

2. **bei esse mit doppeltem Dativ: dienen zu, gereichen zu.**

Fortuna tua mihi curae est. *Dein Schicksal macht mir Sorge.*
Formica vobis exemplo sit! *Die Ameise soll euch ein Vorbild sein!*

3. **bei dare, tribuere mit doppeltem Dativ: anrechnen als, auslegen.**

Constantia tua tibi laudi datur. *Deine Standhaftigkeit wird dir zum Lob angerechnet.*
Verba tua tibi ignaviae tribuuntur. *Deine Worte werden dir als Feigheit ausgelegt.*

---

[1]) vgl. S. 68

3. Ablativ

Der Ablativ ist der Kasus der adverbialen Bestimmungen, d. h. er dient zum Ausdruck der näheren Umstände, unter denen sich eine Handlung vollzieht. Der Ablativ steht als **Separativus, Locativus, Sociativus** und **Instrumentalis.**

A. Der ablativus separativus bezeichnet auf die Fragen: woher, wovon?

1. die **Trennung bei Verben und Adjektiven.**

   Caesar hostes commeatu interclusit. *Cäsar schnitt den Feinden die Zufuhr ab.*

   Homines numquam cura liberi erunt. *Die Menschen werden niemals frei von Sorge sein.*

2. den **Ausgangspunkt des Ortes bei Namen von Städten und kleinen Inseln.**

   Hannibal puer Carthagine discessit. *Hannibal verließ als Knabe Karthago.*

   Navis Delo nondum revertit. *Das Schiff ist noch nicht von Delos zurückgekehrt.*

Merke: 1. domo *von Hause*; rure *vom Lande.*

2. Eine Apposition erhält immer die Präposition ex: ex urbe Roma *aus der Stadt Rom*; Corintho, ex oppido Graeciae *aus Korinth, einer Stadt Griechenlands.*

3. den **Ausgangspunkt des Vergleichs bei Komparativen** statt quam mit Nominativ oder Akkusativ **(ablativus comparationis).**

   Terra sole minor est. *Die Erde ist kleiner als die Sonne. (Von der Sonne aus gesehen ist die Erde kleiner.)*

   Frumentum homini auro utilius est. *Getreide ist für den Menschen nützlicher als Gold.*

   Quis tē clārior est? *Wer ist berühmter als du?*

4. den **Ausgangspunkt der Herkunft bei natus und ortus (abl. originis).**

   Caesar nobilissimo genere ortus est. *Cäsar stammt aus hohem Adel.*

   Cicero equestri ordine natus erat. *Cicero stammte aus dem Ritterstand.*

B. Der ablativus locativus bezeichnet auf die Frage: wo?

1. den **Ort** ohne Präposition **bei Namen von Städten und kleinen Inseln.**

   Complures dies Athenis versati sumus. *Mehrere Tage hielten wir uns in Athen auf.*

   Multa artificia Romae (Roma-i) vidi. *Viele Kunstwerke habe ich in Rom gesehen.*

Beachte: Bei den Singularia der a- und o-Deklination steht auf die Frage: wo? der scheinbare Genitiv: Romae, Corinthi.

Merke: 1. domi *zu Hause*; ruri *auf dem Lande*; humi *auf dem Boden*; domi bellique *in Krieg und Frieden*; terra marique *zu Wasser und zu Lande.*

2. Eine Apposition erhält immer die Präposition in: in urbe Roma: *in der Stadt Rom*; Corinthi, in oppido Graeciae *in Korinth, einer Stadt Griechenlands.*

3. Ortsangaben mit locus und totus stehen ohne Präposition:
   idoneo loco *an einem geeigneten Platz*
   tota urbe *in der ganzen Stadt*

2. den **Ort bei den Verben: pono, loco, colloco, statuo, constituo, consisto und consido.**
ponere, locare, collocare *stellen, setzen, legen*;
statuere, constituere *hinstellen*;
consistere *sich stellen*; considere *sich setzen.*

Caesar spem in celeritate posuit. *Cäsar setzte seine Hoffnung auf die Schnelligkeit.*

Cives in muro constiterunt. *Die Bürger stellten sich auf die Mauer.*

3. **ohne Präposition den Zeitpunkt auf die Frage: wann? und den Zeitraum auf die Frage: innerhalb welcher Zeit? (ablativus temporis).**

Aves autumno in terras calidiores avolant, vere revertuntur. *Die Vögel fliegen im Herbst in wärmere Länder, im Frühling kehren sie zurück.*

Legati paucis diebus Romam venerunt. *Die Gesandten gelangten in wenigen Tagen nach Rom.*

Merke: Der Ablativ mit in bezeichnet die Zeitumstände:

in rebus secundis *im Glück*; in rebus adversis *im Unglück*; in pace *im Frieden*; in bello *im Krieg*; aber: bello novissimo *im letzten Krieg.*

C. Der ablativus sociativus bezeichnet

1. **mit der Präposition cum die begleitende Person oder den begleitenden Umstand auf die Frage: mit wem? (ablativus sociativus).**

Magister cum discipulis castellum Romanorum visitavit. *Der Lehrer besichtigte mit den Schülern das römische Kastell.*

Mater nuntium tristem multis cum lacrimis audivit. *Die Mutter hörte die traurige Nachricht unter vielen Tränen.*

2. **die Art und Weise auf die Frage: wie, auf welche Weise? (ablativus modi).**

Cum diligentia hoc opus perfeci. *Mit Sorgfalt habe ich dieses Werk vollendet.*

Magna (cum) voluptate oratorem audivi. *Mit großem Vergnügen habe ich den Redner gehört.*

Fortunam nostram aequo animo perferemus. *Wir werden unser Schicksal gelassen ertragen.*

Merke: 1. Die Präposition cum kann fehlen, wenn ein Substantiv der Art und Weise durch ein Attribut näher bestimmt ist.

2. Ohne die Präposition cum stehen folgende Ausdrücke:

hoc modo *auf diese Weise*	ea condicione, ut *unter der Bedingung, daß*
more maiorum *nach der Sitte der Vorfahren*	eo consilio, ut *in der Absicht, daß*
iure *mit Recht* iniuria *zu Unrecht*	aequo animo *mit Gleichmut, gelassen*

3. mit Attribut die Eigenschaft (ablativus qualitatis)

Caesar adulescentem summa virtute ad Ariovistum misit. *Cäsar schickte einen sehr tapferen jungen Mann zu Ariovist (einen jungen Mann von höchster Tapferkeit).*

Bono animo sum. *Ich bin guten Mutes.*

D. Der ablativus instrumentalis bezeichnet

1. das Mittel oder Werkzeug auf die Fragen: womit? wodurch? (ablativus instrumentalis).

Rex sagitta vulneratus est. *Der König wurde durch einen Pfeil verwundet.*

Copiae flumen navibus transierunt. *Die Truppen überschritten den Fluß auf Schiffen.*

Litteris tuis magna laetitia affectus sum. *Dein Brief hat mir große Freude bereitet.*

Merke:

castris se tenere	*sich im Lager halten*
memoria tenere	*im Gedächtnis behalten*
tecto recipere	*in sein Haus aufnehmen*
silvis se occultare	*sich in den Wäldern verstecken*
flumen ponte transire	*den Fluß auf einer Brücke überschreiten*
afficere aliquem honore	*einem Ehre erweisen*
afficere aliquem supplicio	*einen hinrichten*

Beachte:

1. **Der persönliche Urheber steht mit der Präposition a (abl. auctoris).**
   Roma a Romulo condita est. *Rom wurde von Romulus gegründet.*
2. **Die vermittelnde Person wird durch per mit Akkusativ ausgedrückt.**
   Caesar per nuntium certior factus est. *Cäsar wurde durch einen Boten benachrichtigt.*

2. die Ursache bei Verben und Adjektiven des Affekts auf die Fragen: wodurch? infolge wovon? (ablativus causae)[1]: gaudere, laetari *sich freuen über*; dolere *traurig sein über*; gloriari *sich rühmen*; laetus *froh über*; maestus *traurig über*; superbus *stolz auf*.

Nuntio tuo valde laetatus sum. *Über deine Nachricht habe ich mich sehr gefreut.*

Victoria sua superbus est. *Er ist stolz auf seinen Sieg.*

Merke: Der innere Beweggrund (das Motiv) wird gewöhnlich mit einem Partizip Perfekt verbunden:

spe salutis adductus *in der Hoffnung auf Rettung;* timore perterritus *aus Furcht;* amore impulsus *aus Liebe;* odio commotus *aus Haß.*

3. den Preis bei den Verben des Kaufens, Verkaufens und Kostens (ablativus pretii): emere *kaufen*; vendere *verkaufen*; venire *verkauft werden*; stare, constare *kosten.*

Hunc librum parvo emi. *Dieses Buch habe ich billig gekauft.*

Merces bonae magno constant. *Gute Waren sind teuer.*

---

[1]) vgl. Akkusativ bei Verben des Affekts, S. 68.

Merke: Vergleichende Preisangaben stehen im Genitiv:

Hanc domum minoris vendidi, quam emeram. *Dieses Haus habe ich billiger verkauft, als ich es gekauft hatte.*

Allgemeine Preisangaben:

magno, pluris, plurimo *teuer, teurer, sehr teuer*
parvo, minoris, minimo *billig, billiger, sehr billig*
tanti, quanti *so teuer, wie teuer*

4. **den Unterschied bei Komparativen und komparativischen Begriffen auf die Frage: um wieviel? (ablativus mensurae).**

Paulo post legati reverterunt. *Bald darauf kehrten die Gesandten zurück.*

Quo (quanto) quis sapientior est, eo (tanto) modestior esse solet. *Je weiser einer ist, desto bescheidener pflegt er zu sein.*

nihilo minus *nichtsdestoweniger*
triduo post *drei Tage später*
biennio ante *zwei Jahre früher*

5. **eine nähere Bestimmung oder Einschränkung auf die Frage: in welcher Beziehung? (ablativus limitationis oder respectus).**

Maior natu sum quam frater meus. *Ich bin älter als mein Bruder.*

Helvetii reliquis Gallis virtute praestabant. *Die Helvetier übertrafen die übrigen Gallier an Tapferkeit.*

numero *an Zahl*; meā sententiā *meiner Meinung nach*;
nomine *dem Namen nach*; re *in Wirklichkeit.*

Der **ablativus instrumentalis steht**

1. **bei den Adjektiven: confisus und fretus, contentus, assuetus, dignus, indignus und praeditus.**

confisus und fretus *im Vertrauen auf*; contentus *zufrieden mit*; assuetus *gewöhnt an*; dignus *würdig*; indignus *unwürdig*; praeditus *begabt mit.*

Germani viribus confisi Rhenum tranare contenderunt. *Die Germanen suchten im Vertrauen auf ihre Kräfte durch den Rhein zu schwimmen.*

Sorte mea contentus sum. *Ich bin mit meinem Schicksal zufrieden.*

2. **bei den Deponentien: utor, fruor, fungor, potior, vescor, nitor und bei opus est.**

uti *gebrauchen*; frui *genießen*; fungi *verwalten, verrichten*; potiri *sich bemächtigen*; vesci *sich ernähren*; niti *sich stützen auf*; opus esse *etwas nötig haben.*

Patientiā nostrā abuteris. *Du mißbrauchst unsere Geduld.*

Magistratus munere suo optime functus est. *Der Beamte hat sein Amt sehr gut verwaltet.*

Mihi pecuniā opus est. *Ich habe Geld nötig (mir ist gedient mit Geld).*

aber: Multa mihi opus sunt. *Ich habe viele Dinge nötig.*
(Persönliche Konstruktion bei neutralem Pronomen oder Adjektiv)

4. Genitiv

Der Genitiv wird hauptsächlich als Attribut oder Prädikatsnomen, aber auch als Objekt verwandt.

A. Der Genitiv steht als Objekt

1. **bei den Verben des Erinnerns und Vergessens:** reminisci, meminisse *sich erinnern*; oblivisci *vergessen.*

Maiorum nostrorum semper meminerimus. *Wir werden immer an unsere Vorfahren denken.*

Numquam beneficiorum tuorum (beneficia tua) obliviscemur. *Niemals werden wir deine Wohltaten vergessen.*

Merke: Die Person steht im Genitiv, die Sache im Genitiv oder Akkusativ.

Aber: Recordor de amico tuo. *Ich erinnere mich an deinen Freund.*
Admoneo te de amicitia nostra. *Ich erinnere dich an unsere Freundschaft.*

2. **bei den Verben der Gerichtssprache zur Bezeichnung des Vergehens:** accusare *anklagen*; arguere *beschuldigen*; coarguere, convincere *überführen*; damnare, condemnare *verurteilen*; absolvere *freisprechen* **(genitivus criminis).**

Reus caedis convictus est. *Der Angeklagte ist des Mordes überführt worden.*

Imperator capitis absolutus et exsilio multatus est. *Der Feldherr wurde von der Todesstrafe freigesprochen und mit Verbannung bestraft.*

Merke: Die Strafe steht im Ablativ, doch sagt man gewöhnlich: capitis damnare *zum Tode verurteilen*; capitis absolvere *von der Todesstrafe freisprechen.*

3. **bei den unpersönlichen Verben: piget, pudet, paenitet, taedet sowie miseret zur Bezeichnung der Ursache der Empfindung.**

me piget *ich ärgere mich*; me pudet *ich schäme mich*; me paenitet *es reut mich*; me taedet *es ekelt mich, ich habe es satt*; me miseret *es erbarmt mich, ich habe Mitleid.*

Te paenitebit pigritiae tuae. *Du wirst deine Faulheit bereuen.*
Nos piget stultitiae nostrae. *Wir ärgern uns über unsere Torheit.*

B. Der Genitiv bezeichnet als Attribut

1. **das Subjekt einer Tätigkeit oder Empfindung (genitivus subiectivus).**

Amor matris numquam desinet. *Die Liebe der Mutter wird niemals aufhören.* (mater amat)

2. **das Objekt einer Tätigkeit oder Empfindung (genitivus obiectivus)**

a) **bei Substantiven.**

Timor Dei initium sapientiae est. *Die Ehrfurcht vor Gott ist der Anfang der Weisheit.* (Deum timemus)

Studium litterarum me delectat. *Die Beschäftigung mit den Wissenschaften macht mir Freude.*

b) **bei den Adjektiven: begierig, kundig, eingedenk, teilhaftig, mächtig, voll und deren Gegenteil.**

cupidus, avidus *begierig*; peritus, gnarus *erfahren, kundig*; imperitus, ignarus *unerfahren, unkundig*; memor *eingedenk*; immemor *uneingedenk*; particeps *teilhaftig*; expers *unteilhaftig*; compos, potens *einer Sache mächtig*; plenus *voll von.*

Homo particeps est rationis. *Der Mensch besitzt Vernunft.*

Multi homines cupidi pecuniae sunt. *Viele Menschen sind gierig nach Geld.*

c) **bei Partizipien des Präsens, die eine dauernde Eigenschaft ausdrücken:** amans patriae *vaterlandsliebend, patriotisch*; appetens gloriae *ehrgeizig*; officii neglegens *pflichtvergessen*; fugiens laborum *arbeitsscheu*; patiens laborum *gegen Strapazen abgehärtet.*

Romani appetentes gloriae erant. *Die Römer waren ehrgeizig.*

3. **eine Gesamtheit, von der das Beziehungswort einen Teil angibt,** bei Ausdrücken der Menge und des Maßes, Komparativen, Superlativen, Ordinalzahlen, Pronomina und Adverbien **(genitivus partitivus).**

Multitudo hominum in foro est. *Eine Menge Menschen befindet sich auf dem Marktplatz.*

Fortissimi omnium Graecorum Lacedaemonii erant. *Die tapfersten von allen Griechen waren die Spartaner.*

Quis vestrum hoc fecit? *Wer von euch hat das gemacht?*

Anmerkung: Bei Kardinalzahlen wird gewöhnlich bei einem Teilverhältnis statt des genitivus partitivus eine präpositionale Wendung mit ex und de gebraucht. Beispiel: Unus ex vobis me prodet. *Einer von euch wird mich verraten.*

Nach milia steht immer der genitivus partitivus, wenn keine kleinere Zahl folgt: duo milia hominum; aber duo milia quingenti homines; mille homines.[1])

C. Der Genitiv bezeichnet

1. **als Attribut den Eigentümer,**

als Prädikatsnomen den Eigentümer oder die Eigentümlichkeit bei esse *gehören, sich gehören* **(genitivus possessivus).**

Domus poetae clara est. *Das Haus des Dichters ist berühmt.*

Domus poetae est. *Das Haus gehört dem Dichter.*

Liberorum est parentibus parere. *Es ist die Pflicht der Kinder, den Eltern zu gehorchen.*

Zusatz:

1. Statt des Genitivs des Personalpronomens steht das Possessivpronomen:

Domus est mea. *Das Haus gehört mir.*

Tuum est, nobis adesse. *Es ist deine Pflicht, uns zu helfen.*

---

[1]) Siehe unter Gebrauch der Zahlwörter 4., S. 33.

2. Bei interest *es liegt im Interesse, es ist wichtig* steht die Person oder Sache, für die etwas wichtig ist, im Genitiv. Für das Personalpronomen steht der Ablativ Singular Femininum des Possessivpronomens:

parentum interest *es liegt den Eltern daran*
meā interest *es liegt mir daran*

2. **als Attribut und als Prädikatsnomen mit Attribut eine Eigenschaft,** besonders bei Wert- und Zahlangaben (**genitivus qualitatis**).

Vir magni igenii illum librum scripsit. *Ein Mann von großem Geist hat jenes Buch geschrieben.*

Classis Graecorum trecentarum navium erat. *Die Flotte der Griechen zählte 300 Schiffe.*

3. **als Prädikatsnomen den allgemeinen Wert bei aestimare, putare, facere, ducere** *schätzen, achten,* **bei esse und fieri** *wert sein, gelten* **(genitivus pretii).**

Merke die allgemeinen Wertangaben: magni, pluris, plurimi, parvi, minoris, minimi, tanti, quanti, nihili.

Hunc hominem plurimi aestimo. *Diesen Menschen schätze ich sehr hoch.*

Litterae tuae mihi magni sunt. *Deine Briefe sind mir viel wert.*

III. Präpositionen (Verhältniswörter)

Vorbemerkung: Die Präpositionen waren ursprünglich Adverbien und werden auch teilweise noch so gebraucht, z. B. paulo ante *ein wenig vorher.* Als Adverbien traten sie zu Verben und verschmolzen mit ihnen in den Komposita (anteponere *voranstellen*). Sie wurden bei Nomina mit einem bestimmten Kasus verbunden, um dessen adverbiale Bedeutung zu verstärken. Gewöhnlich stellte man sie vor das zugehörige Nomen (praepositiones). Die ursprüngliche Bedeutung der Präpositionen ist örtlich. Deshalb werden sie im Lateinischen nur mit dem Ablativ (Position) oder Akkusativ (Ziel) verbunden (ante castra *vor dem Lager*). Aus der örtlichen Bedeutung entwickelte sich die zeitliche (ante noctem *vor der Nacht*). Die örtliche Bedeutung wurde auf andere Verhältnisse übertragen (ante omnes esse *vor allen sein, alle übertreffen*).

Verwendung:

1. **Beim Ablativ stehen ā, ab, ē, ex und dē, cum und sine, prō und prae.**
2. **Beim Ablativ und Akkusativ stehen in und sub.**
3. **Alle anderen Präpositionen stehen beim Akkusativ.**

1. Präpositionen beim Ablativ

ā,	= **von,**	a silva	*vom Walde her*
ab (vor Vokalen	**von – her**	a pueritia	*von Jugend an*
und h)		ab amico salutari	*vom Freund gegrüßt werden*

ex, ē (vor Konsonanten möglich)	**= aus**	e castris	*aus dem Lager*
		ex eo tempore	*seit dieser Zeit*
		ex morbo infirmus sum	*infolge der Krankheit bin ich schwach*
dē	**= von – herab, von, über**	de muro	*von der Mauer herab*
		de tertia vigilia	*während der dritten Nachtwache*
		de amicitia scribere	*über die Freundschaft schreiben*
cum	**= mit, in Begleitung von**	cum amica ambulare	*mit der Freundin spazierengehen*
		cum solis occasu	*mit Sonnenuntergang*
		magnis cum periculis	*unter großen Gefahren*
sine	**= ohne**	sine te	*ohne dich*
		sine spe	*ohne Hoffnung*
prō	**= vor, für** (zum Schutz von; an Stelle von; im Verhältnis zu)	pro porta	*vor dem Tor*
		pro patria	*für das Vaterland*
		pro consule	*an Stelle des Konsuls*
		pro viribus	*nach Kräften*
prae	**= vor, wegen, im Vergleich zu**	prae se agere	*vor sich her treiben*
		prae lacrimis	*vor Tränen*
		prae vobis	*im Vergleich zu euch*

Merke ferner: coram beim Ablativ = **in Anwesenheit, vor**

		coram senatu	*vor dem Senat*

2. Präpositionen beim Ablativ und Akkusativ

in beim Ablativ (Frage: wo?)	**= in, an, auf**	in schola	*in der Schule*
		in ripa	*am Ufer*
		in monte	*auf dem Berg*
		in tempore	*zur rechten Zeit*
		in pace	*im Frieden*
		in bello	*im Krieg*
		in libro legendo	*beim Lesen des Buches*
in beim Akkusativ (Frage: wohin?)	**= in, auf, nach, gegen**	in silvam	*in den Wald*
		in Graeciam	*nach Griechenland*
		in aram	*auf den Altar*
		in dies	*von Tag zu Tag*
		in tyrannos	*gegen die Tyrannen*
sub beim Ablativ (Frage: wo?)	**= unter**	sub arbore	*unter dem Baum*
		sub monte	*am Fuße des Berges*
		sub eodem tempore	*um dieselbe Zeit*
		sub imperio	*unter der Herrschaft*
		sub specie	*unter dem Vorwand*

sub beim Akkusativ (Frage: wohin?)	= **unter**	sub tectum sub noctem sub legem	*unter das Dach* *bei Anbruch der Nacht* *unter das Gesetz*

3. Präpositionen beim Akkusativ

ad	= (bis) **zu, an, bei**	ad castra ad fluvium ad portam esse ad nostrum tempus ad cogitandum ad unum omnes	*zum Lager* *an den Fluß* *beim Tor sein* *bis zu unserer Zeit* *zum Denken* *alle bis auf den letzten Mann*
adversus	= **gegenüber, gegen** (freundlich und feindlich)	adversus insulam adversus hostes	*der Insel gegenüber* *gegen die Feinde*
ante	= **vor**	ante domum ante Christum natum ante omnes esse	*vor dem Haus* *vor Christi Geburt* *alle übertreffen*
apud	= **bei** (meist bei Personen)	apud me apud Ciceronem	*bei mir* *bei Cicero*
circā, circum	= **um – herum**	circa (circum) forum circa meridiem circa trecentos	*um den Markt herum* *um die Mittagszeit* *ungefähr dreihundert*
cis, citrā	= **diesseits**	cis (citra) Alpes	*diesseits der Alpen*
contrā	= **gegenüber, gegen** (feindlich)	contra Galliam contra rem publicam	*Gallien gegenüber* *gegen den Staat*
ergā	= **gegen** (freundlich)	gratus erga parentes	*dankbar gegen die Eltern*
extrā	= **außerhalb, außer**	extra urbem extra ordinem	*außerhalb der Stadt* *außer der Reihe*
infrā	= **unterhalb, unter**	infra arcem infra elephantos	*unterhalb der Burg* *unter den Elefanten = kleiner als die Elefanten*
inter	= **zwischen, unter**	inter lacus inter amicos inter se	*zwischen den Seen* *unter Freunden* *untereinander*
intrā	= **innerhalb**	intra muros intra decem annos	*innerhalb der Mauern* *innerhalb von zehn Jahren*
iūxtā	= **neben, nahe bei**	iuxta crucem	*neben dem Kreuz*

ob	= **wegen**	ob morbum quam ob rem	*wegen der Krankheit* *deswegen*
penes	= **bei** (im Besitz, in der Macht von)	penes regem	*beim König, in der Macht des Königs*
per	= **durch, durch – hindurch**	per silvam per multos annos per nuntium per deos iurare	*durch den Wald* *viele Jahre hindurch* *durch einen Boten (vermittelnde Person)* *bei den Göttern schwören*
post	= **hinter, nach, seit**	post montes post mortem post hominum memoriam	*hinter den Bergen* *nach dem Tode* *seit Menschengedenken*
praeter	= **vorbei an, außer**	praeter castra praeter pecunium	*am Lager vorbei* *außer Geld*
prope	= **nahe bei**	prope urbem	*nahe bei der Stadt*
propter	= **wegen**	propter tempestatem	*wegen des Sturmes*
secundum	= **entlang, gemäß**	secundum flumen secundum naturam	*den Fluß entlang* *naturgemäß*
super	= **über, über – hinaus**	super tumulum super fines	*über den Hügel, oben auf dem Hügel* *über die Grenzen hinaus*
suprā	= **oberhalb, über – hinaus**	supra lunam supra duos menses	*oberhalb des Mondes* *über zwei Monate hinaus*
trāns	= **jenseits**	trans Alpes	*jenseits der Alpen*
ultrā	= **über – hinaus, jenseits**	ultra castra ultra modum	*über das Lager hinaus* *über das Maß*

IV. Gebrauch der Nominalformen des Verbs

1. Der Infinitiv

Begriff: Der Infinitiv ist ein Verbalsubstantiv. Er wird deshalb wie ein Substantiv als Subjekt und Objekt verwandt, als Verbalform durch Objekte ergänzt und durch Adverbien näher bestimmt.

Die fehlenden Kasus des Infinitiv Präsens Aktiv werden durch das Gerundium ersetzt.

A. Der Infinitiv als Objekt

Der Infinitiv steht wie im Deutschen als Objekt bei Verben, die einer Ergänzung bedürfen, wenn das Subjekt beider Verben das gleiche ist. **Diese Verben bedeuten ein Wollen, Können, Müssen, Anfangen, Fortfahren, Pflegen und Aufhören.**

Aut prodesse volunt aut delectare poetae. *Die Dichter wollen entweder nützen oder erfreuen.*

aber: Volo te hic manere. *Ich will, daß du hier bleibst.*

Caesar urbem oppugnare incipit. *Cäsar beginnt, die Stadt anzugreifen.*

Themistocles noctu ambulare solebat. *Themistokles ging gewöhnlich nachts spazieren.*

B. Der Infinitiv als Subjekt

Der Infinitiv steht wie im Deutschen als Subjekt bei unpersönlichen Verben und Ausdrücken. Wenn der Infinitiv ein eigenes Subjekt hat, steht der a. c. i.

Libere dicere licet. *Es ist erlaubt, frei zu sprechen.*

Errare humanum est. *Irren ist menschlich.*

Das Prädikatsnomen beim Infinitiv

Regel: Das Prädikatsnomen beim Infinitiv richtet sich nach seinem Beziehungswort im Nominativ. Ist kein Beziehungswort im Nominativ vorhanden, so steht das Prädikatsnomen im Akkusativ.

Cato bonus esse quam videri malebat. *Cato wollte lieber gut sein als scheinen.*

aber: Discipulorum est sedulos esse. *Es ist Pflicht der Schüler, fleißig zu sein.*

Turpe est mendacem esse. *Es ist schändlich, ein Lügner zu sein.*

Merke: Steht bei licet ein Dativobjekt, so tritt auch das Prädikatsnomen gewöhnlich in den Dativ (Kasusangleichung).

Nobis inertibus esse non licet. *Wir dürfen nicht träge sein.*

Übersetzung des lateinischen Infinitivs

Im Deutschen wird oft der Infinitiv als Prädikat übersetzt, das übergeordnete Verbum dagegen als Adverb.

Caesar ab urbe proficisci maturat. *Cäsar reist schleunigst von der Hauptstadt ab.*

Hostes flumen transire non dubitaverunt. *Die Feinde überschritten ohne Zögern den Fluß.*

2. Der a. c. i. (accūsātivus cum infīnitīvō)

Audio amicum venire. *Ich höre den Freund kommen.*
Ich höre, daß der Freund kommt.

Von „audio“ ist abhängig

1. das Akkusativobjekt „amicum“, 2. der Infinitiv „venire“, also **ein Akkusativ mit Infinitiv.**

Audire *hören* ist ein Verb des sinnlichen Wahrnehmens, ein verbum sentiendi.

Audio amicum venisse. *Ich höre, daß der Freund gekommen ist.*

„Amicum" bezeichnet man als **Subjektsakkusativ.** Denn dieser Akkusativ ist Subjekt der Handlung des Infinitivs „venisse". Er wird deshalb im Deutschen Subjekt des Nebensatzes.

Beachte: Ist der Subjektsakkusativ ein Pronomen, das die gleiche Person bezeichnet wie das übergeordnete Verb, so fällt er im Deutschen oft weg, im Lateinischen aber fehlt er nicht.

Beispiel: Putamus **nos** recte fecisse. *Wir glauben, recht gehandelt zu haben.*

Anmerkung zum Übersetzen des a. c. i. ins Deutsche:

1. Bilde aus dem a. c. i. zunächst einen Nebensatz mit „daß"!
2. Mache den Akkusativ zum Subjekt des Nebensatzes, den Infinitiv zum Prädikat!
3. Vermeide möglichst die Konjunktion „daß" bei der endgültigen Übersetzung!

Prädikatsnomen beim a. c. i.:

Das **Prädikatsnomen** beim a. c. i. steht natürlich auch wie sein **Beziehungswort**, der Subjektsakkusativ, im **Akkusativ.**

Scimus te beatum esse. *Wir wissen, daß du glücklich bist.*

Video vos nuntio laetatos esse. *Ich sehe, ihr habt euch über die Nachricht gefreut.*

Reflexivpronomen beim a. c. i.:

Regel: Steht beim a. c. i. ein Reflexivpronomen, so bezieht es sich auf das Subjekt des übergeordneten Verbs. Im Deutschen wird das Reflexivpronomen durch das Personalpronomen der 3. Person ausgedrückt.

Paulus nescit **se** aegrotum esse. *Paul weiß nicht, daß er krank ist.*

aber: Arbitror eum sanum non esse. *Ich glaube, er ist nicht gesund.*

Discipuli se satis didicisse putaverunt. *Die Schüler glaubten, sie hätten genug gelernt.*

Discipuli pigritiam sibi nocere saepe non intellegunt. *Die Schüler sehen oft nicht ein, daß Faulheit ihnen schadet.*

Tempora des Infinitivs beim a. c. i.:

Der **Infinitiv** gibt das **Zeitverhältnis** der Handlung des a. c. i. zu dem Verb an, von dem der a. c. i. abhängig ist, **nicht die Zeitstufe.**

Bei **Gleichzeitigkeit** der Handlungen steht der **Infinitiv Präsens.**
Bei **Vorzeitigkeit** der Handlung des a. c. i. steht der **Infinitiv Perfekt.**
Bei **Nachzeitigkeit** der Handlung des a. c. i. steht der **Infinitiv Futur.**

Pater dicit (dixit) amicum meum venire, venisse, venturum esse.
Vater sagt (sagte), mein Freund komme, sei gekommen, werde kommen.
Imperator dicit (dixit) captivos liberari, liberatos esse, liberatum iri.
Der Feldherr sagt (sagte), die Gefangenen würden befreit, seien befreit worden, würden befreit werden.

Merke: Der Infinitiv Futur Passiv ist unveränderlich: iri mit Supinum auf -um.

Merke: Esse wird beim Infinitiv des a. c. i. oft **weggelassen.**

Caesar pollicitus est sibi eam rem curae futuram. *Cäsar versprach, sich um diese Angelegenheit zu kümmern.*

A. Der a. c. i. als Objekt

1. **Der a.c.i. steht bei den verba dicendi** (Verben des Sagens) **zum Ausdruck einer Behauptung und den verba sentiendi** (Verben des sinnlichen und geistigen Wahrnehmens).

Mater patrem in horto laborare dicit. *Mutter sagt, Vater arbeite im Garten.*

Credimus mundum a Deo regi. *Wir glauben, daß Gott die Welt regiert.*

Merke: Wenn von einem **verbum dicendi** ein **Begehren** abhängig ist, steht **Finalsatz.**

Mater dicit, ut Paulus patrem adiuvet. *Mutter sagt, Paul soll Vater helfen.*

Verba dicendi: **Abhängige Behauptung = a. c. i.**
Begehren = Finalsatz, eingeleitet mit ut oder nē.

Verba dicendi:

dicere	*sagen*	demonstrare	*beweisen*
affirmare	*versichern, behaupten*	probare	*billigen*
fateri	*gestehen, bekennen*	persuadere	*überzeugen*
confiteri	*gestehen, bekennen*	monere	*erinnern*
negare	*leugnen; sagen, daß nicht*	concedere	*zugeben*
nuntiare	*melden*	simulare	*sich stellen als ob*
narrare	*erzählen*	promittere	*versprechen*
tradere	*überliefern, berichten*	polliceri	*versprechen*
commemorare	*erwähnen*	iurare	*schwören*
respondere	*antworten*	minari	*drohen*
scribere	*schreiben*	referre	*berichten*
docere	*lehren*	certiorem facere	*benachrichtigen*

Beachte: Bei **monere** a. c. i.: *erinnern*; bei monere Finalsatz: *ermahnen.*
Bei **persuadere** a. c. i.: *überzeugen*; bei persuadere Finalsatz: *überreden.*
Bei **concedere** a. c. i.: *zugeben*; bei concedere Finalsatz: *erlauben.*
Bei **videre** a. c. i.: *sehen*; bei videre Finalsatz: *darauf achten, daß.*

Verba sentiendi:

sentire	*fühlen, merken, denken*	invenire	*finden*
videre	*sehen*	cogitare	*denken*
cernere	*sehen*	putare	*glauben*
audire	*hören*	existimare	*glauben*
animadvertere	*bemerken*	arbitrari	*glauben*
comperire	*erfahren*	reri	*glauben*
cognoscere	*erkennen*	credere	*glauben*

opinari	*meinen, vermuten*	meminisse	*sich erinnern*
censere	*meinen*	reminisci	*sich erinnern*
suspicari	*argwöhnen*	recordari	*sich erinnern*
iudicare	*urteilen*	oblivisci	*vergessen*
sperare	*hoffen*	scire	*wissen*
desperare	*verzweifeln*	nescire	*nicht wissen*
intellegere	*einsehen*	ignorare	*nicht wissen*

Zusatz: Bei den **Verben der Sinneswahrnehmung** kann statt des a. c. i. auch der **Akkusativ mit Partizip** stehen, wenn die Person oder Sache als tätig dargestellt werden soll.

Audio infantem clamantem. *Ich höre, wie das kleine Kind gerade schreit.*

Video puellas ludentes. *Ich sehe, wie die Mädchen gerade spielen.*

Merke: Nach **sperare** *hoffen*, **promittere, polliceri** *versprechen*, **iurare** *schwören*, **minari** *drohen* steht der **a. c. i. futuri** bei zukünftiger Handlung, im Deutschen dagegen meistens das Präsens.

Spero te venturum esse. *Ich hoffe, du kommst.*

Discipulus se sedulum futurum esse promisit. *Der Schüler versprach, fleißig zu sein.*

aber: Iuramus nos verum dixisse. *Wir schwören, die Wahrheit gesagt zu haben.*

2. **Der a. c. i. steht bei den Verben des Affekts.**

Doleo matrem tuam aegrotam esse. *Es tut mir leid, daß deine Mutter krank ist.*

Miror te venisse. *Ich wundere mich, daß du gekommen bist.*

Verben des Affekts:

laetari	*sich freuen*	aegre ferre	*unwillig sein, sich ärgern*
gaudere	*sich freuen*	moleste ferre	*unwillig sein, sich ärgern*
dolere	*bedauern, leid tun*	gloriari	*sich rühmen*
mirari	*sich wundern*	queri	*sich beklagen*
indignari	*unwillig, empört sein*	suscensere	*zürnen*

Merke: Bei den Verben des Affekts kann statt des a. c. i. auch ein Nebensatz mit „quod" stehen (faktisches quod).

3. **Der a. c. i. steht bei iubere** *heißen, befehlen*, **vetare** *verbieten*, **sinere, pati** *zulassen.*

Iubeo vos statim redire. *Ich befehle euch, sofort zurückzukommen.*

Veto te in flumine natare. *Ich verbiete dir, im Fluß zu schwimmen.*

Merke: Wenn die Person, der etwas befohlen oder verboten wird, nicht genannt ist, so steht der passive Infinitiv.

Caesar castra muniri iussit. *Cäsar ließ das Lager befestigen.*

aber: Caesar milites castra munire iussit. *Cäsar befahl den Soldaten, das Lager zu befestigen.*

Merke: imperare *befehlen* steht immer mit Finalsatz.

4. **Der a. c. i. steht bei velle** *wollen*, **nolle** *nicht wollen*, **malle** *lieber wollen*, **cupere** *wünschen*, **wenn der Infinitiv ein eigenes Subjekt hat.**

Volo vos omnes contentos esse. *Ich will, daß ihr alle zufrieden seid.*

Parentes liberos beatos esse cupiunt. *Die Eltern wünschen, daß ihre Kinder glücklich sind.*

Merke: Bei gleichem Subjekt steht bei velle, nolle, malle, cupere der Infinitiv.

Ex urbe exire volumus. *Wir wollen die Stadt verlassen.*

Merke: optare *wünschen* steht immer mit Finalsatz.

B. Der a. c. i. als Subjekt

Der a. c. i. steht bei unpersönlichen Verben und Ausdrücken, wenn der Infinitiv ein eigenes Subjekt hat.

Legem brevem esse oportet. *Ein Gesetz muß kurz sein.*
Te erravisse humanum est. *Es ist menschlich, daß du geirrt hast.*

aber: Errare humanum est. *Irren ist menschlich.*

Unpersönliche Verben und Ausdrücke:

oportet	*es gehört sich, es ist nötig*	constat	*es ist bekannt, bekanntlich*
opus est	*es ist Bedürfnis, es ist nötig*	fas est	*es ist göttliches Recht*
necesse est	*es ist unvermeidlich, es ist nötig*	nefas est	*es ist Sünde*
apparet	*es ist offenbar*	praestat	*es ist besser*

Der a. c. i. im Relativsatz

Sequor amicum, quem prudentem esse scio. *Ich folge dem Freund, der, wie ich weiß, klug ist.*

Anleitung zur Übersetzung:

1. Übersetze den Relativsatz zunächst als Hauptsatz und das Relativpronomen durch das entsprechende Demonstrativpronomen!
(quem prudentem esse scio *ich weiß, daß er klug ist.*)

2. Mache den Infinitiv zum Prädikat des Relativsatzes und übersetze das Verb, von dem der a. c. i. abhängig ist, durch eine Parenthese (eingeschobener Vergleichssatz) oder adverbial!
(scio *wie ich weiß*).

3. Der sogenannte n.c.i. (nōminātīvus cum īnfīnītīvō)

Regel: Treten die Verben, nach denen der a. c. i. als Objekt steht, ins Passiv und werden persönlich konstruiert, so steht statt des a. c. i. der n. c. i.

Der n. c. i. steht bei allen Personen von

1. videor *ich scheine*
2. dicor *ich werde gesagt* = *ich soll,* (putor, existimor, iudicor)
3. bei iubeor, vetor, sinor
4. bei fertur, feruntur *man erzählt, daß* (nur dritte Person möglich)
bei traditur, traduntur *es wird überliefert, daß* (nur 3. Person möglich)

Videris verum non dicere. *Du scheinst nicht die Wahrheit zu sagen. Anscheinend sagst du nicht die Wahrheit.*

Beati esse dicimini. (*Ihr werdet gesagt, glücklich zu sein.*) *Man sagt, ihr wäret glücklich. Ihr sollt glücklich sein.*

Milites pontem facere iussi sunt. *Den Soldaten wurde befohlen, eine Brücke zu bauen.*

Troia decem annos a Graecis obsessa esse fertur. *Man erzählt, Troja sei zehn Jahre lang von den Griechen belagert worden.*

4. Das Partizip

Begriff: Das Partizip ist ein Verbaladjektiv, d. h., es kann die Funktion eines Adjektivs und eines Verbs ausüben[1]).

Merke: Das Partizip richtet sich genau wie ein Adjektiv nach seinem Beziehungswort im Kasus, Numerus und Genus.

Beachte: Stelle nach der **Form des Partizips** zunächst sein **Beziehungswort** fest!

Matrem amatam visitavimus. *Wir haben die geliebte Mutter besucht.*

Latrones domos diripientes a civibus capti sunt. *Die Räuber, die die Häuser plünderten, sind von den Bürgern gefangen worden.*

Unterscheide: Iudex noster iustus esse dicitur. Iudex iustus sit!

Das Tempus des Partizips

Das Partizip bezeichnet **keine Zeitstufe** an sich, sondern **das Zeitverhältnis** zum übergeordneten Verb.

Steht das **Partizip Präsens,** so ist die Handlung des Partizips **gleichzeitig** zu der des übergeordneten Verbs.

Senex sedens loquitur, loquetur, locutus est. *Der Greis spricht im Sitzen, wird im Sitzen sprechen, hat im Sitzen gesprochen.*

Steht das **Partizip Perfekt,** so ist die Handlung des Partizips **vorzeitig** zu der des übergeordneten Verbs.

Romani ab Hannibale victi non desperant, non desperabunt, non desperaverunt. *Obwohl die Römer von Hannibal besiegt wurden, verzweifeln sie nicht, werden sie nicht verzweifeln, verzweifelten sie nicht.*

Merke: Das Partizip Perfekt einiger Deponentien bezeichnet die Gleichzeitigkeit, da es einen Zustand ausdrückt.

arbitratus	*in der Meinung*	ausus	*wagend*
ratus	*im Glauben*	gavisus	*aus Freude*
veritus	*aus Furcht*	solitus	*gewohnt*
usus	*gebrauchend*	confisus	*im Vertrauen*
secutus	*folgend*		

Germani viribus confisi Rhenum tranare contenderunt. *Die Germanen suchten im Vertrauen auf ihre Kräfte durch den Rhein zu schwimmen.*

Steht das **Partizip Futur,** so ist die Handlung des Partizips **nachzeitig** zu der des übergeordneten Verbs.

---

1) Formen: siehe S. 41.

Legati Romanorum veniunt, venient, venerunt oraculum consulturi. *Gesandte der Römer kommen, werden kommen, kamen, um das Orakel zu befragen.*

Verwendung: Das Partizip steht

1. als **Attribut:** praemium promissum *die versprochene Belohnung.*
2. als **Prädikatsnomen:** urbs deleta est *die Stadt ist zerstört worden.*
3. als **Prädikativum:** Plato scribens mortuus est. *Plato starb beim Schreiben.*

Zusatz: Die Verbindung des **Partizip Futur mit dem Hilfsverb esse** bezeichnet man als **coniugatio periphrastica** (umschreibende Konjugation). Sie drückt aus, daß eine Handlung bereits eingeleitet oder beabsichtigt ist, war oder sein wird.

Epistulam scripturus sum. *Ich bin im Begriff, einen Brief zu schreiben. Ich will gerade einen Brief schreiben.*

Epistulam scripturus eram. *Ich wollte gerade einen Brief schreiben.*

Das sogenannte participium coniunctum

Begriff: Als participium coniunctum bezeichnet man ein Partizip, das sich auf einen Satzteil bezieht und in der Regel durch ein Objekt oder eine adverbiale Bestimmung erweitert ist.

Caesar milites suos cohortatus proelium commisit. *Cäsar ermutigte seine Soldaten und begann den Kampf.*

Multi homines in his oppidis habitantes igni necati sunt. *Viele Menschen, die in diesen Städten wohnten, sind durch das Feuer getötet worden.*

Übersetzung des participium coniunctum

1. **Löse in der Regel jedes participium coniunctum auf!**
2. Stelle den **logischen Zusammenhang** des participium coniunctum zum gesamten Satz fest! Das Partizip kann temporal, kausal, konditional, konzessiv, final und modal gebraucht sein.
3. Übersetze es dann entsprechend durch einen **Nebensatz** (Konjunktionalsatz, Relativsatz), beigeordneten **Hauptsatz** oder **präpositionalen Ausdruck!**
4. Wandle **passive Konstruktionen** so weit wie möglich in aktive um!
5. Beziehe nie ein **Objekt oder eine adverbiale Bestimmung,** die **vor dem participium coniunctum** steht, auf das nachfolgende Prädikat!

Beispiel: Milites ab hostibus capti liberati sunt.

Möglichkeiten der Übersetzung von Partizipialkonstruktionen

Ist das Participium coniunctum	so beginnt der konjunktionale **Nebensatz:**	so lautet der Anschluß des beigeordneten **Hauptsatzes:**	so verwende bei **präpositionalem Ausdruck:**
temporal	als, während, wenn, nachdem	(und) dann, (und) dabei	nach, während, bei, in, mit, unter
kausal	weil, da	(und) deshalb	wegen, infolge
konditional	wenn	—	bei

konzessiv	obwohl, wenn auch	(und) doch, aber, trotzdem	trotz
modal	indem; dadurch daß; verneint: ohne daß; ohne zu	(und) so, aber nicht	durch, in, mit, unter, ohne

Beispiele:

temporal: Hannibal Alpes transgressus Romanos ad Trebiam flumen vicit. *Als Hannibal die Alpen überschritten hatte (nach dem Alpenübergang), besiegte er die Römer an der Trebia.*

kausal: Tibi bis mentito non credo. *Weil du zweimal gelogen hast (wegen deiner zweifachen Lüge), glaube ich dir nicht.*

konditional: Naturam ducem sequentes numquam aberrabimus. *Wenn wir der Natur als Führer folgen, werden wir niemals in die Irre gehen.*

konzessiv: Romani ab Hannibale saepe victi tamen pacem non fecerunt. *Obwohl die Römer oft von Hannibal besiegt worden waren, schlossen sie trotzdem keinen Frieden.*

modal: Milites fortiter pugnantes se receperunt. *Die Soldaten zogen sich zurück, indem sie tapfer kämpften.*
Puer nihil dicens discessit. *Der Knabe ging weg, ohne ein Wort zu sagen.*

5. Der sogenannte ablātīvus absolūtus

Begriff: Als ablativus absolutus bezeichnet man einen Ablativ mit einem prädikativen Partizip, der grammatisch nicht abhängig ist von einem Glied des übrigen Satzes. Er scheint losgelöst von der Konstruktion des Satzes und bezeichnet in der Regel einen näheren Umstand der Haupthandlung (Adverbiale Bestimmung).

Troiā deletā Graeci in patriam navigaverunt. *Nach der Zerstörung Trojas fuhren die Griechen in ihre Heimat.*
Civibus fortiter resistentibus urbs capta est. *Obwohl die Bürger tapfer Widerstand leisteten, wurde die Stadt eingenommen.*

Merke: Beim ablativus absolutus bezeichnet das Partizip das **Zeitverhältnis** des Begleitumstandes zur Haupthandlung (vgl. partic. coniunctum).

Sole oriente profecti sumus. *Bei Sonnenaufgang brachen wir auf.*
Sole orto profecti sumus. *Nach Sonnenaufgang brachen wir auf.*

Nominaler ablativus absolutus

Beim ablativus absolutus kann statt eines Partizips auch ein prädikatives Substantiv oder Adjektiv stehen

Caesare duce	*unter der Führung Cäsars (unter Cäsar als Führer)*
me duce	*unter meiner Führung (unter mir als Führer)*
amico auctore	*auf den Rat, auf die Veranlassung des Freundes*
Cicerone consule	*unter Ciceros Konsulat*
Tarquinio rege	*unter der Herrschaft des Tarquinius*

Hannibale vivo	*zu Lebzeiten Hannibals*
nobis invitis	*gegen unseren Willen*
matre inscia	*ohne Wissen der Mutter*

Übersetzung des ablativus absolutus

1. Wenn **keine grammatische Beziehung** eines Ablativs mit Partizip (Substantiv oder Adjektiv) zum übrigen Satz festzustellen ist, fasse ihn als ablativus absolutus auf!

2. Übersetze den ablativus absolutus als **nominativus absolutus in Parenthese**! Mache den Ablativ zum Subjekt und das Partizip zum Prädikat!

3. Stelle den **logischen Zusammenhang** des ablativus absolutus zum übrigen Satz fest!

4. Übersetze den ablativus absolutus durch einen **Nebensatz**, beigeordneten **Hauptsatz** oder **präpositionalen Ausdruck**! (siehe participium coniunctum)

5. Beziehe nie **ein Wort, das innerhalb des ablativus absolutus** steht, grammatisch auf den übrigen Satz!

Beispiele: Caesar vicis Germanorum incensis in Galliam se recepit.

Cäsar — die Dörfer der Germanen sind in Brand gesteckt — zog sich nach Gallien zurück. Als Cäsar die Dörfer der Germanen in Brand gesteckt hatte, zog er sich nach Gallien zurück.

Nullo resistente hostes urbem ceperunt. *Niemand leistete Widerstand —die Feinde nahmen die Stadt ein. Ohne jeden Widerstand nahmen die Feinde die Stadt ein.*

6. Das Gerundium

Begriff: Das Gerundium ist ein aktives Verbalsubstantiv; es vertritt die fehlenden obliquen Kasus des Infinitivs Präsens Aktiv[1]).

Merke: Der Infinitiv Präsens Aktiv kann nur als Subjekt oder Akkusativobjekt verwandt werden.

Beispiele:

Natare me delectat.	*Schwimmen macht mir Freude.*
Natare didici.	*Ich habe schwimmen gelernt.*
Facultas natandi hominibus data est.	*Die Fähigkeit zu schwimmen ist dem Menschen gegeben.*
Piscis ad natandum natus est.	*Der Fisch ist zum Schwimmen geboren.*
Natando corpus firmamus.	*Durch Schwimmen kräftigen wir den Körper.*

Verwendung: 1. **Das Gerundium in den einzelnen Kasus.**

Der **Genitiv** des Gerundiums steht **bei Substantiven** als Attribut und **bei Adjektiven**, die ihre Ergänzung im Genitiv haben (begierig, kundig, eingedenk, teilhaftig, mächtig, voll und deren Gegenteil), ferner bei dem nachgestellten **Ablativ causā = um — willen,** der als Präposition mit dem Genitiv verwandt wird.

---

1) Form: siehe S. 42.

ars scribendi	*die Kunst zu schreiben*
cupidus videndi	*begierig zu sehen*
venandi causa	*um zu jagen (um des Jagens willen)*

Merke: Von einem Substantiv kann im Lateinischen im Gegensatz zum Deutschen **nie ein Infinitiv abhängig** sein, sondern statt dessen **nur der Genetiv des Gerundiums.**

Der Dativ des Gerundiums ist ungebräuchlich.

Der **Akkusativ** des Gerundiums steht **nur mit Präpositionen**, am häufigsten **mit ad zur Bezeichnung eines Zweckes**, besonders bei natus, paratus, aptus, idoneus, facilis, iucundus.

Homo ad cogitandum natus est. *Der Mensch ist zum Denken geboren.*

Der **Ablativ** des Gerundiums steht ohne oder mit Präpositionen, besonders in und dē.

Docendo discimus. *Durch Lehren lernen wir*. In cogitando *beim Nachdenken.*

2. **Das Gerundium mit einem Adverb oder Objekt.**
Da das Gerundium ein Verbalsubstantiv ist, kann es die Funktion eines Verbs und eines Substantivs ausüben. Infolge seines verbalen Charakters kann es mit Adverbien und Objekten verbunden werden.

ars recte scribendi	*die Kunst, richtig zu schreiben*
spes patriam liberandi	*die Hoffnung, das Vaterland zu befreien*
libros legendo	*durch das Lesen von Büchern*

Merke: Die Verwendung des präpositionalen Gerundiums mit Objekt ist nicht möglich. Statt dessen wird die attributive Gerundivkonstruktion verwandt.

in libris legendis *beim Lesen der Bücher*

Merke: Statt des Genitivs des Gerundiums mit Akkusativobjekt steht meistens die attributive Gerundivkonstruktion:

Das von dem Gerundium abhängige Akkusativobjekt tritt in den Kasus des Gerundiums, das Gerundium wird als attributives Gerundivum mit dem Substantiv verbunden (siehe unter Gerundivum).
Spes patriam liberandi = spes patriae liberandae.

7. Das Gerundivum

Begriff: Das Gerundivum ist ein passives Verbaladjektiv, das in der Regel ausdrückt, daß etwas getan werden muß oder soll, verneint, daß etwas nicht getan werden darf[1]).

laudandus	*einer, der gelobt werden muß oder soll*
non laudandus	*einer, der nicht gelobt werden darf*
vir laudandus	*ein Mann, der gelobt werden muß; ein lobenswerter Mann*

Victoria celebranda est.	*Der Sieg muß gefeiert werden.*
Artificium delendum non est.	*Das Kunstwerk darf nicht zerstört werden.*

---
1) Form: siehe S. 42.

Merke: Auch bei Deponentien hat das Gerundivum passive Bedeutung.

Victoria admiranda est. *Der Sieg muß bewundert werden.*
Der Sieg ist bewundernswert.

Konstruktion: Das Gerundivum wird bei transitiven Verben persönlich konstruiert, bei intransitiven Verben nur unpersönlich, d.h., im Neutrum mit der 3. Person Singular von esse.

Audiendi sumus. *Wir müssen gehört werden.*
aber: Parendum est. *Man muß gehorchen.*

Merke: Die Person, die etwas tun muß oder nicht tun darf, steht beim Gerundivum im Dativ (dativus auctoris).

Victoria **nobis** celebranda est. *(Der Sieg ist uns [von uns] ein zu feiernder). Der Sieg muß von uns gefeiert werden. Wir müssen den Sieg feiern.*

Amicus **tibi** deserendus non est. *Der Freund darf von dir nicht im Stich gelassen werden. Du darfst den Freund nicht im Stich lassen.*

Vobis parendum est. *Ihr müßt gehorchen.*

Anmerkung: Wenn von einem Gerundivum noch ein Dativobjekt abhängig ist, wird die handelnde Person nicht durch den dativus auctoris, sondern durch a beim Ablativ ausgedrückt.

Legibus a vobis parendum est. *Ihr müßt den Gesetzen gehorchen.*
Litteris a nobis studendum est. *Wir müssen uns um die Wissenschaften bemühen.*

Verwendung: Das Gerundivum wird verwandt

1. **als Attribut:**

liber legendus — *ein lesenswertes Buch*
Hi homines fortitudine admiranda iuvenis servati sunt. — *Diese Menschen wurden durch die bewundernswerte Tapferkeit eines jungen Mannes gerettet.*

Besonderheit: Die sogenannte attributive Gerundivkonstruktion

a) **Das Gerundivum als Attribut im Genitiv steht meistens statt des Gerundiums im Genitiv mit Akkusativobjekt**[1]).

spes patriae liberandae statt spes patriam liberandi — *die Hoffnung, das Vaterland zu befreien*
signum proelii committendi statt signum proelium committendi — *das Zeichen, den Kampf zu beginnen*

Beachte, daß bei dieser Konstruktion das Gerundivum im Deutschen aktivisch zu übersetzen ist!

Die gleiche Konstruktion ist auch möglich statt eines Ablativs des Gerundiums ohne Präposition, das mit einem Akkusativobjekt verbunden ist.

legendis libris statt libros legendo *durch das Lesen von Büchern*

---

1) Siehe auch unter Gerundium, S. 90.

b) **Die attributive Gerundivkonstruktion steht immer bei präpositionalen Ausdrücken,** besonders mit **in, de** und **ad.**

Cicero in re publica administranda fortissimorum virorum exempla sibi proposuit. *Cicero stellte sich bei der Verwaltung des Staates das Beispiel sehr tüchtiger Männer vor Augen.*

Cicero librum de morte contemnenda scripsit. *Cicero schrieb ein Buch über die Verachtung des Todes.*

2. als **Prädikatsnomen:**

Voluntas tua laudanda est. *Dein Wille muß (soll) gelobt werden.*
Liber tibi legendus non est. *Du darfst das Buch nicht lesen.*

3. als **Prädikativum zur Bezeichnung des Zwecks bei den Verben des Übergebens und Überlassens.**

curare	*besorgen, lassen*	concedere	*überlassen*
dare	*geben*	committere	*überlassen*
tradere	*übergeben*	permittere	*überlassen*
suscipere	*übernehmen*	relinquere	*zurücklassen*
mandare	*anvertrauen*		

Merke: Stehen diese Verben im Aktiv, so steht das Gerundivum im Akkusativ; treten diese Verben ins Passiv, so steht das Gerundivum im Nominativ.

Caesar pontem in flumine faciendum curat. *Cäsar läßt eine Brücke über den Fluß schlagen.*

Urbs militibus diripienda permissa est. *Die Stadt wurde den Soldaten zur Plünderung überlassen.*

V. Modi, Tempora, cōnsecūtiō temporum

1. Modi

Die lateinische Sprache hat wie die deutsche **drei Modi** (Aussageweisen): **Indikativ, Konjunktiv** und **Imperativ.**

Der **Indikativ** ist der **Modus der Wirklichkeit, der Tatsachen.**

Cogito, ergo sum. *Ich denke, also bin ich.*

Der **Konjunktiv** ist der **Modus der Vorstellungen:** des **Begehrens,** der **Möglichkeit** und der **Unwirklichkeit.**

Eamus. *Laßt uns gehen!*
Opto, ut venias. *Ich wünsche, daß du kommst.*
Dicat aliquis. *Es könnte einer sagen.*
Si hoc dicas, erres. *Wenn du das sagen solltest, dürftest du wohl irren.*
Utinam viveret! *Wäre er doch noch am Leben!*
Si viveret, beatus essem. *Wenn er am Leben wäre, wäre ich glücklich.*

Der **Imperativ** ist der **Modus des Befehls.**

Cave canem! *Nimm dich vor dem Hund in acht!*

2. Tempora

1. **Die Tempora des Indikativs bezeichnen**

   1. die **Zeitstufe:** Gegenwart, Zukunft, Vergangenheit (Wann geschieht eine Handlung?)
   2. die **Aktionsart:** Eintritt, Dauer, Abschluß einer Handlung (Wie geschieht eine Handlung?)
   3. das **Zeitverhältnis** einer Nebenhandlung zur Haupthandlung: Gleichzeitigkeit, Vorzeitigkeit, Nachzeitigkeit (In welcher Reihenfolge geschehen mehrere Handlungen?)

Merke: Die lateinische Sprache beachtet die Zeitstufen und das Zeitverhältnis genauer als die deutsche Sprache.

a) **Tempora des Indikativs in Hauptsätzen**

Das **Präsens** wird meist wie im Deutschen gebraucht. Doch verwendet der Lateiner bei historischen Berichten oft das sogenannte erzählende Präsens: **praesens historicum,** um Ereignisse der Vergangenheit lebhaft und unmittelbar darzustellen.

Caesar in Italiam magnis itineribus contendit duasque ibi legiones conscribit. *Cäsar begab sich eilig in großen Tagereisen nach Italien und hob dort zwei Legionen aus.*

Manchmal steht auch der Infinitiv Präsens statt des Indikativs einer Vergangenheit: **historischer Infinitiv.**

Cottidie Caesar Haeduos frumentum flagitare. *Täglich forderte Cäsar von den Häduern Getreide.*

Zukünftige Handlungen werden im Lateinischen immer durch das **Futur I** wiedergegeben, im Deutschen dagegen oft durch das Präsens.

Cras te visitabo. *Morgen besuche ich dich.*

Anmerkung: Das **Futur II** (futurum exactum) steht gewöhnlich in Nebensätzen und bezeichnet die Vorzeitigkeit zu einer zukünftigen Handlung des Hauptsatzes. Im Deutschen verwendet man meistens das Präsens oder Perfekt.

Ut sementem feceris, ita metes. *Wie du säst, wirst du ernten.*

Perfekt und **Imperfekt** bezeichnen nicht nur die Zeit, sondern auch die Aktionsart.

Das **lateinische Perfekt** bezeichnet

1. einmalige, fortschreitende Geschehnisse der Vergangenheit **(historisches Perfekt)**; sie werden im Deutschen durch das Präteritum (Imperfekt) wiedergegeben.

   Veni, vidi, vici. *Ich kam, sah und siegte.*

2. einen Zustand in der Gegenwart, der das Ergebnis einer abgeschlossenen Handlung ist **(präsentisches** oder **resultatives Perfekt).**

   Rex mortuus est. *Der König ist tot.*
   Novi. *Ich (habe kennengelernt und) kenne (jetzt).*

Das **lateinische Imperfekt** bezeichnet einen dauernden **Zustand,** eine **Wiederholung** oder einen **Versuch** in der Vergangenheit (imperfectum de conatu). Es wird im Deutschen immer durch das Präteritum wiedergegeben und oft durch Adverbien oder durch Hilfsverben verdeutlicht.

Vicus ab oppido duo milia passuum aberat. *Das Dorf war zweitausend Schritte von der Stadt entfernt.*

Romae quotannis duo consules creabantur. *In Rom wurden jährlich zwei Konsuln gewählt.*

Amici mihi persuadebant, sed eis non credidi. *Die Freunde versuchten mich zu überreden, aber ich habe ihnen nicht geglaubt.*

Anmerkung: Das **Plusquamperfekt** steht gewöhnlich in Nebensätzen und bezeichnet die Vorzeitigkeit zu einer anderen Handlung der Vergangenheit.

Cum Romam veneram, amicum meum visitabam. *Wenn ich nach Rom kam, besuchte ich immer meinen Freund.*

b) **Tempora des Indikativs in Nebensätzen**

Die **Tempora des Indikativs in Nebensätzen** bezeichnen meist nicht die Zeit an sich, sondern nur das **Zeitverhältnis** der untergeordneten Handlung zur Haupthandlung. Man spricht daher von einem bezogenen (relativen) Tempusgebrauch. Die Handlung des Nebensatzes kann zu der des Hauptsatzes **gleichzeitig, vorzeitig** oder **nachzeitig** sein. (Vgl. consecutio temporum in indikativischen Nebensätzen, S. 95.)

2. Tempora der Partizipien und Infinitive

Auch **Partizipien und Infinitive** bezeichnen keine Zeitstufe, sondern nur das **Zeitverhältnis zum übergeordneten Verb,** das die Zeitstufe bestimmt.

Partizip und Infinitiv Präsens drücken die **Gleichzeitigkeit zum übergeordneten Verb** aus,

Partizip und Infinitiv Perfekt die **Vorzeitigkeit zum übergeordneten Verb,**
Partizip und Infinitiv Futur die **Nachzeitigkeit zum übergeordneten Verb** (vgl. Partizip, S. 86, und Tempora des Infinitivs beim a. c. i., S. 82).

3. **Tempora des Konjunktivs**

In Hauptsätzen drückt der **Konjunktiv Präsens und Perfekt** eine Möglichkeit, ein Begehren oder einen erfüllbar gedachten Wunsch aus.

Credat aliquis. *Es könnte einer glauben.*

Si hoc credideris, erraveris. *Wenn du das glauben solltest, dürftest du dich irren.*

Gaudeamus! *Laßt uns fröhlich sein!*

Ne hoc feceris! *Tu das nicht!*

Di omnia bona tibi dent! *Mögen die Götter dir alles Gute geben!*

Ausnahme: Potentiale Behauptungssätze und deliberative Fragesätze der Vergangenheit stehen im Konjunktiv Imperfekt.

Haud facile discerneres. *Man hätte nicht leicht unterscheiden können.*

Quid facerem? *Was hätte ich tun sollen?*

Der **Konjunktiv Imperfekt und Plusquamperfekt** bezeichnet **in Hauptsätzen** die Unmöglichkeit oder Unwirklichkeit **(Irrealis).**

Utinam pater meus viveret! *Wenn doch mein Vater noch am Leben wäre!*

Quis hoc crederet? *Wer würde das glauben?*

Si hoc dixisses, mentitus esses! *Wenn du das gesagt hättest, hättest du gelogen.*

In Nebensätzen bezeichnen die Tempora des Konjunktivs das Zeitverhältnis zum übergeordneten Verb (vgl. Tempora des Indikativs in Nebensätzen, S. 94, und consecutio temporum in konjunktivischen Nebensätzen, s. u.).

3. Cōnsecūtiō temporum (Zeitenfolge) in Nebensätzen

A. Consecutio temporum in indikativischen Nebensätzen:

1. Steht im **Hauptsatz** das **Präsens,** so steht **im indikativischen Nebensatz**

bei Gleichzeitigkeit Indikativ **Präsens,**
bei Vorzeitigkeit Indikativ **Perfekt.**

Cum domi sum, laetus sum. *Wenn ich zu Hause bin, bin ich froh.*

Cum domum veni, laetus sum. *Wenn ich nach Hause komme (= gekommen bin), bin ich froh.*

2. Steht im **Hauptsatz** eine **Vergangenheit** (Imperfekt, Perfekt, Plusquamperfekt), so steht **im indikativischen Nebensatz**

bei Gleichzeitigkeit Indikativ **Imperfekt, Perfekt** oder **Plusquamperfekt,**
bei Vorzeitigkeit Indikativ **Plusquamperfekt**

Cum domi eram, laetus eram. *Wenn ich zu Hause war, war ich froh.*

Donec ego scripsi, tu legisti. *Solange ich schrieb, hast du gelesen.*

Donec ego scripseram, tu legeras. *Solange ich geschrieben hatte, hattest du gelesen.*

Cum domum veneram, laetus eram. *Wenn ich nach Hause kam (= gekommen war), war ich froh.*

3. Steht im **Hauptsatz** das **Futur I,** so steht **im indikativischen Nebensatz**

bei Gleichzeitigkeit ebenfalls das **Futur I,**
bei Vorzeitigkeit das **Futur II.**

Cum domi ero, laetus ero. *Wenn ich zu Hause bin, werde ich froh sein.*

Cum domum venero, laetus ero. *Wenn ich nach Hause komme, werde ich froh sein.*

B. Consecutio temporum in konjunktivischen Nebensätzen:

(bei Unterordnung ersten Grades)

1. Steht im **Hauptsatz** das **Präsens oder Futur,** so steht **im konjunktivischen Nebensatz**

bei Gleichzeitigkeit Konjunktiv Präsens,
bei Vorzeitigkeit Konjunktiv Perfekt,
bei Nachzeitigkeit die coniugatio periphrastica auf -urus sim.

Merke: Die Nachzeitigkeit wird nur in indirekten Fragesätzen zum Ausdruck gebracht. Finalsätze, die sich in der Regel auf die Zukunft beziehen, werden nicht als nachzeitig, sondern als **gleichzeitig** behandelt, z.B.: opto, ut venias.

Interrogo te, Interrogabo te,	quid agas. quid egeris. quid acturus sis.	*Ich frage dich,* *Ich werde dich fragen,*	*was du treibst.* *was du getrieben hast.* *was du treiben wirst.*

2. Steht im **Hauptsatz** eine **Vergangenheit** (Imperfekt, Perfekt, Plusquamperfekt) so steht **im konjunktivischen Nebensatz**

bei Gleichzeitigkeit	**Konjunktiv Imperfekt**
bei Vorzeitigkeit	**Konjunktiv Plusquamperfekt**
bei Nachzeitigkeit	**die coniugatio periphrastica auf -urus essem.**

Interrogabam te, Interrogavi te, Interrogaveram te,	quid ageres. quid egisses. quid acturus esses.	*Ich fragte dich,* *habe dich gefragt,* *hatte dich gefragt,*	*was du triebst.* *was du getrieben hattest.* *was du treiben wolltest.*

Consecutio temporum in konjunktivischen Nebensätzen:

(bei Unterordnung zweiten Grades)

Für konjunktivische Nebensätze zweiten Grades gelten die gleichen Regeln der consecutio temporum wie für die Nebensätze ersten Grades.

Dic mihi, interrogaverisne matrem, num pater adesset. *Sage mir, hast du Mutter gefragt, ob Vater da ist.*

Consecutio temporum in konjunktivischen Nebensätzen bei Unterordnung unter ein verbum infinitum (Infinitiv, Partizip, Gerundium, Supinum)

Ist ein konjunktivischer Nebensatz von einem verbum infinitum abhängig, so richtet sich seine consecutio temporum nach dem übergeordneten verbum finitum. Nur der Infinitiv Perfekt hat die Wirkung eines verbum finitum der Vergangenheit.

Constitueram ad te venire, ut te adiuvarem. *Ich hatte mich entschlossen, zu dir zu kommen, um dir zu helfen.*

Puto me satis multa verba fecisse, quare pax servanda esset. *Ich glaube, ich habe lange genug darüber gesprochen, warum der Friede gewahrt werden müsse.*

VI. Hauptsätze

Begriff: Hauptsätze sind selbständige Sätze, die unabhängig von einem anderen Satz stehen können.

Arten der Hauptsätze: Man unterscheidet

1. **Behauptungssätze,** 2. **Begehrssätze,** 3. **Fragesätze.**

Beispiele: Amicus venit. *Der Freund kommt.* Amicus veniat. *Der Freund soll kommen.* Quis scripsit? *Wer hat geschrieben?*

Merke: Fragesätze sind ihrem Inhalt nach Behauptungssätze oder Begehrssätze. Beispiele: Kommt der Freund? Soll der Freund kommen?

Modi in Hauptsätzen:

Hauptsätze, die eine **Tatsache** enthalten, stehen im **Indikativ.**

Hauptsätze, die ein **Begehren,** eine **Möglichkeit** oder **Unwirklichkeit** enthalten, stehen im **Konjunktiv.**

Hauptsätze, die einen **Befehl** enthalten, stehen im **Imperativ.**

1. Behauptungssätze

Arten der Behauptungssätze:

Behauptungssätze können als **wirklich** (real), als **möglich** (potential) oder als **unwirklich** (irreal) hingestellt werden.

Beispiele: Puer in aquam cecidit. *Der Junge ist ins Wasser gefallen.* Auxilio celeri servetur. *Durch schnelle Hilfe könnte er wohl gerettet werden.* Sine vestro auxilio summersus esset. *Ohne eure Hilfe wäre er ertrunken.*

a) **Reale Behauptungssätze** stehen im Lateinischen wie im Deutschen im **Indikativ.**

Abweichend vom Deutschen steht im Lateinischen der **Indikativ**

1. bei **Ausdrücken des Könnens** (posse), **Sollens** (esse mit Genitiv oder pronomen possessivum) und **Müssens** (debere, esse mit Gerundivum).

Multa dicere possum, sed taceo. *Ich könnte vieles sagen, aber ich schweige.*

Multa dicere potui, sed tacui. *Ich hätte vieles sagen können, aber ich habe geschwiegen.*

Omnia mihi uno tempore agenda erant, sed brevitas temporis impediebat. *Ich hätte alles zu gleicher Zeit tun müssen, aber bei der Kürze der Zeit war es unmöglich.*

Tuum erat discere. *Es wäre deine Pflicht gewesen zu lernen.*

2. bei **unpersönlichen Ausdrücken**

Aequum est verum dicere. *Es wäre billig, die Wahrheit zu sagen.*

Melius fuit tacere. *Es wäre besser gewesen zu schweigen.*

3. bei **paene und prope mit Indikativ Perfekt**

Paene cecidi. *Beinahe wäre ich gefallen.*

Prope oblitus sum. *Beinahe hätte ich vergessen.*

b) **Potentiale Behauptungssätze** bezeichnen eine **Möglichkeit** oder **gemilderte Behauptung.**

1. **Potentiale Behauptungssätze der Gegenwart** stehen im **Konjunktiv Präsens oder Perfekt** (coniunctivus potentialis).

Dicat (dixerit) aliquis. *Es könnte jemand sagen.*

Non affirmaverim. *Ich möchte nicht behaupten.*

Crediderim. *Ich möchte glauben.*

2. **Potentiale Behauptungssätze der Vergangenheit** stehen im **Konjunktiv Imperfekt.** Sie kommen nur in folgenden Ausdrücken vor:

Diceres, putares, crederes. *Man hätte sagen, meinen, glauben können.*
Vix quisquam crederet. *Es hätte kaum jemand glauben können.*

c) 1. **Irreale Behauptungssätze der Gegenwart** stehen im **Konjunktiv Imperfekt.**

Sine amicitia vita tristis esset. *Ohne Freundschaft wäre das Leben traurig.*

2. **Irreale Behauptungssätze der Vergangenheit** stehen im **Konjunktiv Plusquamperfekt.**

Sine te desperavissem. *Ohne dich wäre ich verzweifelt.*
Libenter venissem. *Gern wäre ich gekommen.*

2. Begehrssätze

Arten der Begehrssätze: Man unterscheidet

1. Begehrssätze, die eine **Aufforderung,** ein **Gebot** oder **Verbot** enthalten.
2. Begehrssätze, die einen **Wunsch** enthalten (Wunschsätze).

Merke: In Begehrssätzen heißt die Verneinung stets nē.

a) **Aufforderung, Gebot, Verbot**

1. Eine **Aufforderung an die 1. Person Plural** steht im **Konjunktiv Präsens** (coniunctivus adhortativus).

Gaudeamus! *Laßt uns fröhlich sein!*
Ne desperemus! *Wir wollen nicht verzweifeln!*

2. Ein **Gebot an die 2. und 3. Person Singular und Plural** steht im **Konjunktiv Präsens** oder im **Imperativ.**

Cautus sis! *Du sollst vorsichtig sein!* (bestimmtes Subjekt) *Man soll vorsichtig sein!* (unbestimmtes Subjekt).
Audiatur et altera pars! *Auch die andere Partei soll gehört werden!*
Videant consules, ne quid detrimenti res publica capiat. *Die Konsuln sollen darauf achten, daß der Staat keinen Schaden leide!*
Audi! Audite! (Imperativ I) *Höre! Hört!*
Esto! Sunto! (Imperativ II) *Er soll sein! Sie sollen sein!*

3. a) Ein **Verbot an die 3. Person Singular oder Plural** steht im **Konjunktiv Präsens** (coniunctivus prohibitivus).

Puer ne telum habeat! *Ein Junge soll keine Waffe haben!*
Donis impii ne placare audeant deos! *Die Gottlosen sollen nicht wagen, mit Geschenken die Götter zu versöhnen!*

3. b) Ein **Verbot an die 2. Person Singular oder Plural** steht im **Konjunktiv Perfekt** (coniunctivus prohibitivus) oder wird durch **noli, nolite mit Infinitiv** umschrieben.

Ne hoc feceris! *Tu das nicht!*
Ne mortem timueritis! *Fürchtet euch nicht vor dem Tod!*

Noli me tangere! *Rühr mich nicht an!*
Nolite lacrimare! *Weint nicht!*

b) **Wunschsätze**

Arten der Wunschsätze: Man unterscheidet

1. **erfüllbar gedachte Wünsche,** 2. **unerfüllbare Wünsche.**

Modus der Wunschsätze: Alle Wunschsätze stehen im **Konjunktiv** (coniunctivus optativus).

zu 1. **Erfüllbar gedachte Wunschsätze** stehen im **Konjunktiv Präsens** für die Gegenwart, im **Konjunktiv Perfekt** für die Vergangenheit, oft eingeleitet mit utinam *wenn doch, o daß doch,* verneint mit nē.

Quod di bene vertant! *Das mögen die Götter zum Guten lenken!*
Utinam ne sero venias! *Hoffentlich kommst du nicht zu spät!*
Utinam ne frustra dixerim! *Hoffentlich habe ich nicht vergeblich gesprochen!*

zu 2. **Unerfüllbare Wunschsätze** stehen im **Konjunktiv Imperfekt** für die Gegenwart, im **Konjunktiv Plusquamperfekt** für die Vergangenheit, **immer** eingeleitet mit **utinam** *wenn doch, o daß doch,* verneint mit utinam nē *wenn doch nicht, o daß doch nicht.*

Utinam viveret! *Wenn er doch noch am Leben wäre!*
Utinam ne piger fuisses! *Wenn du doch nicht faul gewesen wärest!*
Utinam te numquam vidissem! *Hätte ich dich doch nie gesehen!*

3. Unabhängige Fragesätze (Direkte Fragesätze)

Form der Fragesätze: Man unterscheidet

1. **Wortfragen,** 2. **Satzfragen,** 3. **Doppelfragen.**

zu 1. **Wortfragen** werden mit einem **Fragewort** (Fragepronomen oder Frageadverb) eingeleitet und beziehen sich nur auf ein einzelnes Wort.

Quem exspectatis?	Paulum exspectamus.
Quid mihi apportas?	Librum tibi apporto.
Quamdiu in schola eras?	Quinque horas in schola eram.

Anmerkung: Von den echten Wortfragen sind zu unterscheiden die **Scheinfragen** oder **rhetorischen Fragen.** Sie enthalten Behauptungen meistens in der Form einer verneinten Wortfrage, auf die keine Antwort erwartet wird.

Quis non speravit? *Wer hat nicht gehofft? = Jeder hat gehofft.*
Quid turpius est quam mentiri? *Was ist schimpflicher als Lügen?*

zu 2. **Satzfragen** beziehen sich auf den Inhalt des ganzen Satzes und verlangen die Entscheidung „ja“ oder „nein“.

Im Deutschen sind Satzfragen an der Umstellung von Subjekt und Prädikat (Inversion) kenntlich oder am Frageton.

Satzfragen werden im Lateinischen durch die **Fragepartikeln -ne, nōnne, num** eingeleitet.

a) Die Fragepartikel **-ne** läßt die **Antwort „ja" oder „nein" offen.** Sie wird an das betonte Wort angehängt, das an die Spitze des Satzes tritt.

Apportavitne nuntius epistulas? **Hat** *der Bote die Briefe* **gebracht?**

b) Die Fragepartikel **nōnne** (nōn – ne) wird am Anfang des Satzes verwandt, wenn man die **Antwort „ja"** erwartet.

Nonne amicum aegrotum visitavisti? *Hast du nicht den kranken Freund besucht?* oder: *Du hast doch den kranken Freund besucht?*

c) Die Fragepartikel **num** wird am Anfang des Satzes verwandt, wenn man die Antwort **„nein"** erwartet.

Num potest caecus caecum ducere? *Kann ein Blinder einen Blinden führen?*

Num hoc vidisti? *Hast du das etwa nicht gesehen?*

Num amicum tuum deseres? *Du wirst doch nicht deinen Freund im Stich lassen?*

zu 3. **Doppelfragen** stellen zwei oder mehr Möglichkeiten zur Wahl.

Das zweite Glied und alle folgenden Glieder einer Doppelfrage werden durch **an** = *oder* eingeleitet,

das erste Glied kann durch **utrum** oder angehängtes **-ne** eingeleitet werden, aber auch **ohne Fragepartikel** stehen.

Utrum manebimus	**an** proficiscemur?	
Manebimus**ne**	**an** proficiscemur?	*Bleiben wir oder brechen wir auf?*
Manebimus	**an** proficiscemur?	
Manebimus	**an** non?	*Bleiben wir oder nicht?*

Der Konjunktiv in unabhängigen Fragesätzen

Der Konjunktiv steht in unabhängigen Fragesätzen, die begehrenden oder zweifelnden, potentialen oder irrealen Inhalt haben (vgl. unabhängige Behauptungs- und Begehrssätze).

1. In unabhängigen Fragesätzen, die ein Begehren oder einen Zweifel ausdrücken, steht für die Gegenwart der Konjunktiv Präsens, für die Vergangenheit der Konjunktiv Imperfekt (coniunctivus dubitativus oder deliberativus).

Quid faciam? *Was soll ich tun?* Quid facerem? *Was hätte ich tun sollen?*

Loquar an taceam? *Soll ich reden oder schweigen?*

2. In unabhängigen Fragesätzen, die eine potentielle Behauptung enthalten, steht der Konjunktiv Präsens oder Perfekt (coniunctivus potentialis).

Quis hoc credat? *Wer könnte das glauben?*

Quis hoc dixerit? *Wer könnte das sagen?*

3. In unabhängigen Fragesätzen, die eine irreale Behauptung enthalten, steht für die Gegenwart der Konjunktiv Imperfekt, für die Vergangenheit der Konjunktiv Plusquamperfekt (coniunctivus irrealis).

Quis hoc crederet? *Wer würde das glauben?*

Quis hoc credidisset? *Wer hätte das geglaubt?*

VII. Nebensätze (Gliedsätze)

1. Einteilung der Nebensätze

1. **nach ihrer Form,** d.h. nach dem Wort, das den Nebensatz einleitet:

a) **Konjunktionalsätze,** eingeleitet mit einer Konjunktion (Bindewort) wie: ut, si, cum. Bei Begehrssätzen kann die einleitende Konjunktion fehlen.
b) **Fragesätze,** eingeleitet durch Fragewörter.
c) **Relativsätze,** eingeleitet durch Relativpronomina oder -adverbien.

2. **nach ihrer Funktion,** d.h. nach der Aufgabe, die der Nebensatz als Satzteil des Hauptsatzes vertritt:

a) **Subjektsätze:** z.B.: Es ist unbekannt, wer das getan hat = der Täter.
b) **Objektsätze:** z.B.: Wir wissen, wer das getan hat = den Täter.
c) **Attributsätze:** z.B.: Tadle nicht Leute, die abwesend sind = abwesende Leute.
d) **Adverbialsätze:** z.B.: Wir gingen in den Wald, weil es regnete = wegen des Regens.

Adverbialsätze

werden **nach dem logischen Verhältnis zum Hauptsatz** eingeteilt in:

1. **Finalsätze,** soweit sie Zwecksätze sind
2. **Konsekutivsätze** (Folgesätze)
3. **Temporalsätze** (Zeitsätze)
4. **Kausalsätze** (Begründungssätze)
5. **Konditionalsätze** (Bedingungssätze)
6. **Konzessivsätze** (Einräumungssätze)
7. **Adversativsätze** (Gegensatzsätze)
8. **Komparativsätze** (Vergleichssätze)

Anmerkung: Finalsätze, die Begehrssätze sind, sind Objektsätze.

3. **nach dem Grad der Abhängigkeit:**

a) **Nebensatz ersten Grades:** Der Nebensatz ist von einem Hauptsatz abhängig oder ihm untergeordnet.
b) **Nebensatz zweiten Grades:** Der Nebensatz ist von einem Nebensatz ersten Grades abhängig.

Anmerkung: Der übergeordnete Satz heißt auch der regierende Satz.

4. **nach dem Verhältnis der Abhängigkeit:**

a) **äußerlich abhängige Nebensätze:** Sie enthalten eine feststehende (objektive) Tatsache.
b) **innerlich abhängige Nebensätze:** Sie **enthalten Meinungen** (Behauptungen, Wünsche und Fragen) **des übergeordneten Subjekts** und **stehen im Konjunktiv.**
Das **Personal- und Possessivpronomen der 3. Person,** das sich auf das Subjekt des übergeordneten Verbs bezieht, wird **durch das Reflexivpronomen** wiedergegeben (indirektes Reflexivpronomen).

Beachte: Behauptungen, die von verba dicendi oder sentiendi abhängig sind, werden im Lateinischen nicht durch einen Nebensatz, sondern durch den a. c. i. ausgedrückt, der ein Satzteil ist.

2. Abhängige Fragesätze (Indirekte Fragesätze)

Begriff: Abhängige Fragesätze sind Nebensätze, die eine Frage enthalten. Sie sind abhängig von Verben des Fragens, Sagens, Wissens und Denkens.

Konstruktion: Abhängige Fragesätze stehen immer im Konjunktiv, weil sie innerlich abhängig sind. Sie richten sich streng nach der consecutio temporum für konjunktivische Nebensätze.

1. **Abhängige Wortfragen** werden wie die unabhängigen durch **Fragepronomina oder Frageadverbien** eingeleitet.

Quaeris, quid faciam, quid fecerim, quid facturus sim. *Du fragst, was ich mache, was ich gemacht habe, was ich machen werde.*

Nesciebam, quid ageret, quid egisset, quid acturus esset. *Ich wußte nicht, was er trieb, was er getrieben hatte, was er treiben würde.*

2. **Abhängige Satzfragen** werden eingeleitet
durch **-ne** oder **num** = *ob, ob etwa, ob nicht.*

Iudex me interrogavit, latronesne vidissem. *Der Richter fragte mich, ob ich (ob ich etwa, ob ich nicht) die Räuber gesehen hätte.*

Croesus Solonem interrogavit, num quemquam se beatiorem putaret. *Krösus fragte Solon, ob er jemand für glücklicher halte als ihn.*

Nescio (dubito), sitne hoc bonum. *Ich weiß nicht (ich zweifle), ob das gut ist.*

Anmerkung: Mit **nonne** *ob nicht* werden abhängige Fragesätze nur nach quaerere eingeleitet.

Amicus ex me quaesivit, nonne in theatrum iturus essem. *Der Freund fragte mich, ob ich nicht ins Theater gehen würde.*

Merke: Nach verneinten Ausdrücken des Zweifelns steht im Lateinischen ein indirekter Fragesatz mit **quin** *daß.*

Non dubito (dubium non est), quin hoc verum sit. *Ich zweifle nicht, daß das wahr ist. Das ist zweifellos wahr.*

Aber: dubitare mit Infinitiv *zögern, Bedenken tragen* (siehe Infinitiv, S. 81).

3. Bei **abhängigen Doppelfragen** wird **das zweite Glied** mit **an** = *oder* eingeleitet,

das erste Glied kann durch **utrum** oder **-ne** = *ob* eingeleitet werden, aber **auch ohne Fragepartikel** stehen.

Beachte: Im Deutschen wird das erste Glied einer abhängigen Doppelfrage immer mit „ob" eingeleitet.

Considerate, { **utrum** facta **an** dicta pluris sint! / **factane** **an** dicta pluris sint! / facta **an** dicta pluris sint! } *Überlegt, ob Taten oder Worte mehr wert sind!*

Anmerkung: In abhängigen Doppelfragen heißt **necne** = *oder nicht.*

3. Konjunktionalsätze

A. Finalsätze (Begehrs- und Zwecksätze)

Finalsätze stehen im Konjunktiv.

Finalsätze stehen

1. nach den **Verben des Begehrens, Erlaubens, Besorgens und Bewirkens,** eingeleitet mit **ut** = *daß, damit*, verneint mit **nē** = *daß nicht, damit nicht.*

Ein zweiter verneinter Nebensatz wird mit **neve** oder **neu** = *und damit nicht* angeschlossen.

Merke: nē quis *daß niemand*; nē quid *daß nichts.*

Opto, ut taceatis. *Ich wünsche, daß ihr schweigt.*
Oro te, ne me deseras. *Ich bitte dich, mich nicht im Stich zu lassen.*
Vobis non permitto, ut in flumine natetis. *Ich erlaube euch nicht, im Fluß zu schwimmen.*
Cura, ut valeas! *Sorge, daß du gesund bleibst!*
Videant consules, ne quid detrimenti res publica capiat! *Die Konsuln sollen darauf achten, daß der Staat keinen Schaden leide!*
Effice, ne quis mihi noceat! *Bewirke, daß mir niemand schadet!*

Beachte: Der **a. c. i.** steht bei **iubere** *befehlen*, **sinere, pati** *zulassen*, nach **cupere** *wünschen* bei Wechsel des Subjekts, bei **monere** = *erinnern*, **persuadere** = *überzeugen*, **concedere** = *zugeben* (siehe a. c. i., S. 83).

Merke: Nach den **Verben des Beschließens** statuere, constituere, decernere steht bei gleichem Subjekt meist der Infinitiv, bei ungleichem der a. c. i. mit Gerundivum oder ut.

Cives constituerunt urbem defendere, urbem defendendam esse, ut urbs defenderetur. *Die Bürger beschlossen, die Stadt zu verteidigen.*

2. nach den **Verba dicendi zum Ausdruck eines Begehrens.**

Frater scripsit, ut domum redirem. *Mein Bruder schrieb, ich solle nach Hause zurückkehren.*

aber: Frater scripsit patrem esse aegrotum. *Mein Bruder schrieb, Vater sei krank.*

3. nach den **Verba timendi** (timere, vereri, metuere), eingeleitet mit **nē** = *daß*, **nē non** oder **ut** = *daß nicht.*

Timeo (vereor), ne hostis veniat. *Ich fürchte, daß der Feind kommt.*
Timeo (vereor), ne non amicus veniat. *Ich fürchte, daß mein Freund nicht kommt.*
Timeo (vereor), ut hoc sustineas. *Ich fürchte, du hältst das nicht aus.*

Merke: Nach **vereri, timere** in der Bedeutung *„sich scheuen“ steht* der **Infinitiv.**

Vereor te laudare praesentem. *Ich scheue mich, dich in deiner Gegenwart zu loben.*

4. nach den **Verba impediendi,** eingeleitet durch **ne** oder **quominus** = *daß.*

Verba impediendi:

impedire	*hindern, verhindern*	interdicere	*untersagen, verbieten*
obstare officere	*im Wege stehen*	resistere obsistere	*sich widersetzen*
retinere continere	*zurückhalten*	recusare	*sich weigern, verweigern*
deterrere	*abschrecken*	cavere	*sich hüten*

Impedit ira animum, ne possit cernere verum. *Zorn hindert den Geist, die Wahrheit zu sehen.*

Nemo me retinebit, quominus ius vestrum defendam. *Niemand wird mich zurückhalten, euer Recht zu verteidigen.*

Zusatz: Nach den verneinten Verben deterrere, recusare, retinere steht auch quin.

Germani retineri non poterant, quin in nostros tela conicerent. *Die Germanen ließen sich nicht zurückhalten, auf unsere Soldaten Geschosse zu werfen.*

Merke: Nach **prohibere** = *hindern* steht meistens der **a. c. i.,** ebenso bei **vetare** = *verbieten.*

5. nach **beliebigen Verben,** um einen **Zweck** oder eine **Absicht** auszudrücken, eingeleitet mit **ut** = *daß, damit, um zu,* vor einem Komparativ mit **quo** (= ut eo) = *damit, desto, um desto,* verneint mit **nē** = *daß nicht, damit nicht, um nicht zu.*

Do, ut des. *Ich gebe, damit du gibst.*

Edere oportet, ut vivas, non vivere, ut edas. *Man muß essen, um zu leben, nicht leben, um zu essen.*

Legem brevem esse oportet, quo facilius teneatur. *Ein Gesetz muß kurz sein, damit es desto leichter behalten wird.*

Merke: Der **Zweck,** bzw. die **Absicht** einer Handlung kann im Lateinischen verschieden ausgedrückt werden:

1. durch einen **Finalsatz:**

In silvam ibimus, ut venemur. *Wir werden in den Wald gehen, um zu jagen.*

2. durch das **Supinum auf -um nach den Verben der Bewegung:**

In silvam ibimus venatum.

3. durch **causa mit dem Genitiv des Gerundiums:**

In silvam ibimus venandi causa.

4. durch einen **finalen Relativsatz:**

Caesar exploratores praemisit, qui idoneum locum castris deligerent. *Cäsar schickte Späher voraus, die einen geeigneten Platz für das Lager auswählen sollten.*

5. durch das **Gerundivum** nach den Verben des Übergebens und Überlassens:

Caesar legato exercitum in hostes ducendum dedit. *Cäsar ließ das Heer von dem Legaten gegen den Feind führen.*

B. Konsekutivsätze (Folgesätze)

Konsekutivsätze stehen im Konjunktiv. Sie werden eingeleitet mit **ut** = *daß, so daß*, **ut non** = *daß nicht* oder **quin** = *daß nicht*, wenn der Hauptsatz verneint ist.

Auf Konsekutivsätze weisen **im übergeordneten Satz** hin:

Adverbien: ita, sic, tam, tantopere, adeo,
Adjektive: talis, tantus, tot,
Pronomina: is, hic,
ein **Komparativ** mit quam.

Nemo tam prudens est, ut omnia sciat. *Niemand ist so klug, daß er alles weiß.*

Nemo tam prudens est, ut falli non possit. *Niemand ist so klug, daß er nicht getäuscht werden kann (könnte).*

Nihil tam arduum est, quin homines temptent. *Nichts ist so schwierig, daß es die Menschen nicht versuchen.*

Urbs munitior erat, quam ut capi posset. *Die Stadt war zu befestigt, als daß man sie hätte einnehmen können.*

Non multum afuit, quin caderem. *Es hätte nicht viel gefehlt, so wäre ich gefallen.*

Anmerkung: Konsekutivsätze sind nicht an die consecutio temporum gebunden, wenn der Sprechende die Folge für seine Gegenwart feststellt.

Urbs ita deleta est, ut restitui non **possit.** *Die Stadt ist so zerstört, daß sie nicht wiederhergestellt werden kann.*

Konsekutivsätze stehen im Lateinischen auch nach **unpersönlichen Ausdrücken des Geschehens:**

accidit, ut	*es ereignet sich, es trifft sich, daß*
ēvenit, ut	*es ereignet sich, es trifft sich, daß*
fit, ut	*es geschieht, es kommt vor, daß*
ita factum est, ut	*so geschah es, daß*
fieri potest, ut	*es ist möglich, daß*
fieri non potest, ut	*es ist unmöglich, daß*
contingit, ut	*es gelingt, daß; es glückt, daß*
est, ut	*es ist der Fall, daß*
sequitur, efficitur, ut	*es folgt daraus, daß; es ergibt sich, daß*
consuetudo est, ut	*es ist Gewohnheit, daß*
mos est, ut	*es ist Sitte, daß*

Beispiele:

Quī fit, ut nemo sorte sua contentus sit? *Wie kommt es, daß niemand mit seinem Los zufrieden ist?*

Fieri potest, ut redeam. *Es ist möglich, daß ich zurückkehre.*

Accidit, ut ea nocte esset luna plena. *In dieser Nacht war gerade Vollmond.*

Merke: Nach Ausdrücken des Geschehens mit beurteilendem Adverb steht faktisches quod.

Bene accidit, quod venisti. *Es trifft sich gut, daß du gekommen bist.*

C. Temporalsätze (Zeitsätze)

a) **Temporalsätze mit cum**

cum mit Konjunktiv (cum historicum) = als

cum historicum = *als* leitet konjunktivische Nebensätze ein, die eine einmalige Tatsache der Vergangenheit oft mit kausalem Nebensinn enthalten. Es steht bei Gleichzeitigkeit der Konjunktiv Imperfekt, bei Vorzeitigkeit der Konjunktiv Plusquamperfekt.

Cum Persae Atticae appropinquarent, Athenienses urbem reliquerunt. *Als sich die Perser Attika näherten, verließen die Athener ihre Stadt.*

Caesar, cum Rubiconem transisset, hostis iudicatus est. *Als Cäsar den Rubico überschritten hatte, wurde er zum Staatsfeind erklärt.*

cum mit Indikativ

cum temporale = damals als, (zu der Zeit,) **als, dann wenn.**

cum temporale bezeichnet den genauen Zeitpunkt einer einmaligen Handlung oder eines Zustandes des Hauptsatzes. Oft weisen tum, eo die, eo tempore darauf hin.

Cum Augustus imperio Romano praeerat, Christus natus est. *Als Augustus das römische Reich regierte, wurde Christus geboren.*

Tum tua res agitur, paries cum proximus ardet. *Dann geht es um deine Sache, wenn die Wand des Nachbarn brennt.*

Merke: cum — tum *sowohl — besonders aber* (beiordnende Doppelkonjunktion).

cum iterativum = sooft, jedesmal wenn

cum iterativum bezeichnet Handlungen, die sich wiederholen.

Cum tui recordor, gaudeo. *Sooft ich an dich denke, bin ich froh.*

Cum Romam veni, ad amicum meum devertor. *Wenn ich nach Rom komme, kehre ich bei meinem Freund ein.*

cum inversum = als, da

cum inversum mit Perfekt oder Praesens historicum leitet einen Nebensatz ein, der die überraschende Haupthandlung enthält. Die Zeitbestimmung dagegen steht im Hauptsatz, oft eingeleitet mit iam, vix, nondum.

Iam ver appetebat, cum Hannibal castra movit. *Schon nahte der Frühling, da brach Hannibal auf.*

Vix Romani flumen transierant, cum Germani aggrediuntur. *Kaum hatten die Römer den Fluß überschritten, da griffen die Germanen an.*

cum coincidens = indem, dadurch daß, wenn

cum coincidens leitet einen Nebensatz ein, der mit dem Hauptsatz zeitlich und inhaltlich zusammenfällt.

Cum tacent, clamant. *Indem sie schweigen, schreien sie laut.*
Duo cum faciunt idem, non est idem. *Wenn zwei dasselbe tun, ist es nicht dasselbe.*

b) **dum, donec, quoad, quamdiu**

dum = während mit Indikativ Präsens

Dum vitant stulti vitia, in contraria currunt. *Während die Toren Fehler vermeiden, rennen sie in das Gegenteil hinein.*
Dum Caesar ad Vesontionem moratur, magnus timor exercitum Romanum occupavit. *Während Cäsar sich bei Vesontio aufhielt, erfaßte das römische Heer große Furcht.*

dum, donec, quoad, quamdiu = solange als mit Indikativ

Dum spiro, spero. *Solange ich atme, hoffe ich.*
Donec eris sospes, multos numerabis amicos. *Solange du glücklich bist, wirst du viele Freunde haben.*
Quamdiu potuit, fortiter restitit. *Solange er konnte, leistete er tapfer Widerstand.*

dum, donec, quoad = solange bis

Bei rein zeitlicher Bestimmung steht der Indikativ, bei finalem oder potentialem Nebensinn der Konjunktiv.

Mane, dum te voco! *Warte, bis ich dich rufe!*
Magnus clamor erat, donec magister rediit. *Es herrschte großer Lärm, bis der Lehrer zurückkam.*
Caesar exspectavit, dum omnes naves convenirent. *Cäsar wartete, bis alle Schiffe zusammenkämen (damit sie unterdessen zusammenkommen sollten).*

c) **antequam, priusquam**

antequam, priusquam = bevor, eher als mit Indikativ oder Konjunktiv. Nach negativem Hauptsatz steht der Indikativ, bei finalem oder potentialem Nebensinn des Temporalsatzes der Konjunktiv.

Germani non prius fugere destiterunt, quam ad flumen Rhenum pervenerunt. *Die Germanen hörten nicht eher auf zu fliehen, als bis sie zum Rhein kamen.*
Caesar exercitum in fines Belgarum duxit, priusquam hostes ex fuga se eo reciperent. *Cäsar führte das Heer in das Gebiet der Belgier, bevor die Feinde sich auf der Flucht dorthin zurückziehen konnten.*
Antequam amicus de meo adventu audire potuisset, iam adfui. *Bevor der Freund etwas von meiner Ankunft hätte hören können, war ich schon da.*

d) **ubi** (primum), **ut** (primum), **cum** (primum), **simul, simulac, simulatque = sobald als** mit Indikativ Perfekt, **postquam (posteaquam) = nachdem** mit Indikativ Perfekt (im Deutschen Plusquamperfekt) leiten Temporalsätze ein, die eine einmalige, vorzeitige Handlung der Vergangenheit enthalten.

Consul, ubi haec cognovit, senatum convocavit. *Sobald der Konsul das erfuhr, berief er den Senat ein.*

Ut primum potui, ad te profectus sum. *Sobald es mir möglich war, bin ich zu dir gereist.*

Caesar, postquam in Treveros venit, Rhenum transire constituit. *Nachdem Cäsar in das Gebiet der Treverer gekommen war, beschloß er, den Rhein zu überschreiten.*

Zusatz: 1. **postquam = seitdem** beim Indikativ Präsens oder Imperfekt

Postquam res Romanorum prospera videbatur, invidia orta est. *Seitdem die Lage der Römer günstig schien, entstand Neid.*

2. **ubi, ut, cum, simul = sobald als** mit bezogenem Tempus bei wiederholter oder zukünftiger Handlung des übergeordneten Verbs.

Hostes, ubi aliquos ex nave egredientes conspexerant, adoriebantur. *Sobald die Feinde jemand aus einem Schiff aussteigen sahen, griffen sie jedesmal an.*

Simul aliquid audivero, ad te scribam. *Sobald ich etwas höre, werde ich dir schreiben.*

D. Kausalsätze (Begründungssätze)

Kausalsätze werden eingeleitet mit

1. **quod, quia = weil, quoniam, quando = weil ja, da ja**
mit **Indikativ** bei **objektivem Grund** (tatsächlichem Grund),
mit **Konjunktiv** bei **subjektivem Grund** (Meinung des übergeordneten Subjekts).

2. **cum = da, weil, praesertim cum = zumal da** mit **Konjunktiv (cum causale).**

Belgae fortissimi omnium Gallorum sunt, quod a cultu atque humanitate provinciae longissime absunt. *Die Belgier sind die tapfersten von allen Galliern, weil sie von der Zivilisation und Kultur der Provinz am weitesten entfernt sind.*

Athenienses Socratem capitis damnaverunt, quod iuvenes corrumperet. *Die Athener verurteilten Sokrates zum Tode, weil er die Jugend verderbe.*

Helvetii, cum Sequanis persuadere non possent, legatos ad Dumnorigem Haeduum miserunt. *Da die Helvetier die Sequaner nicht überreden konnten, schickten sie Gesandte zu dem Häduer Dumnorix.*

Quae cum ita sint, Catilina abeat in exsilium! *Daher (da das so ist) soll Catilina in die Verbannung gehen!*

Merke: quod nach den Verben des Affekts und den Verben des Lobens und Tadelns geht von der kausalen Bedeutung zur faktischen *(die Tatsache, daß)* über.

Gaudeo, quod scripsisti. *Ich freue mich, daß du (weil du) geschrieben hast.*

Quod hos miseros adiuvisti, laudo. *Daß du diesen Armen geholfen hast, lobe ich.*

E. Konditionalsätze (Bedingungssätze)

Ein konditionales Satzgefüge besteht aus dem bedingenden Nebensatz (eingeleitet mit „wenn") und dem bedingten Hauptsatz (Folgerungssatz). **Bei den Konditionalsätzen gibt es** nach dem Verhältnis zur Wirklichkeit **drei Arten oder Fälle:**

1. **Indefinitus** oder **sogenannter Realis:**

Die Verwirklichung von Bedingung und Folgerung bleibt offen.

Si hoc dicis, erras. *Wenn du das sagst, irrst du dich. (ob du es sagst, bleibt dahingestellt)*

Si hoc dixisti, erravisti. *Wenn du das gesagt hast, hast du dich geirrt.*

Si hoc dices, errabis. *Wenn du das sagst, wirst du dich irren.*

Beim **Indefinitus** steht im Haupt- und Nebensatz der **Indikativ aller Tempora.**

2. **Potentialis:**

Bedingung und Folgerung werden als möglich hingestellt.

Si hoc dicas, erres.
Si hoc dixeris, erraveris. } *Wenn du das sagen solltest, dürftest du wohl irren. (es ist möglich, daß du es sagst)*

Beim **Potentialis** steht im Haupt- und Nebensatz der **Konjunktiv Präsens oder Perfekt.**

Merke: Der Konjunktiv Perfekt hat beim Potentialis keine Bedeutung als Zeitstufe der Vergangenheit (vgl. potentiale Behauptungssätze, S. 98).

3. **Irrealis:**

Bedingung und Folgerung werden ausdrücklich als unwirklich oder unmöglich hingestellt.

a) **Irrealis der Gegenwart:**

Si hoc diceres, errares. *Wenn du das sagen solltest, würdest du dich irren. (aber du sagst es nicht)*

Beim **Irrealis der Gegenwart** steht im Haupt- und Nebensatz der **Konjunktiv Imperfekt.**

b) **Irrealis der Vergangenheit:**

Si hoc dixisses, erravisses. *Wenn du das gesagt hättest, hättest du dich geirrt. (aber du hast es nicht gesagt)*

Beim **Irrealis der Vergangenheit** steht im Haupt- und Nebensatz der **Konjunktiv Plusquamperfekt.**

Irrealis im a. c. i.

Puto te, si hoc diceres (dixisses), erraturum fuisse. *Ich glaube, wenn du das sagtest (gesagt hättest), würdest du dich irren (hättest du dich geirrt).*

Tritt ein irrealer Folgerungssatz in den a. c. i., so steht statt des Konjunktiv Imperfekt oder Plusquamperfekt des Aktivs das Partizip Futur mit fuisse, sonst gewöhnlich die Umschreibung futurum fuisse, ut mit Konjunktiv Imperfekt.

Die Konjunktionen der Konditionalsätze

si	= **wenn;** si quis *wenn einer;* si qui vir *wenn ein Mann;* si quid *wenn etwas;* si quod facinus *wenn eine Tat*
nisi	= **wenn nicht** (verneint den ganzen Satz) Parvi sunt foris arma, nisi est consilium domi.
si non	= **wenn nicht** (verneint ein einzelnes Wort) Maneat, quaeso, duretque gentibus (Germanorum) si non amor nostri, at certe odium sui! (Tacitus, Germania c. 33)
si minus	= **wenn nicht** (in verkürzten Sätzen) Educ tecum etiam omnis tuos, si minus, quam plurimos! (Cicero, 1. kat. Rede § 10)
nisi-non	= **nur;** Nemo nisi tu *nur du*
sin (sin autem)	= **wenn aber** Eine zweite Bedingung wird einer vorhergehenden entgegengestellt. Si timor est verus, discede, ne opprimar, sin falsus, ut tandem aliquando timere desinam! (Cicero, 1. kat. Rede § 18)
quodsi	= **wenn aber** (dient zur Anknüpfung, Satzverbindung) Neque enim umquam alia condicione Romani bella gesserunt. Quodsi ea, quae in longinquis nationibus geruntur, ignoratis, respicite finitimam Galliam! (Caesar, B. G. VII 77, 15–16)
sive-sive (seu – seu)	= **sei es daß – oder daß** Zwei Bedingungssätze werden zur Wahl gestellt. Sive manetis, sive abitis, periculum non est.
si beim Konjunktiv	= **ob** nach Ausdrücken des Erwartens oder Versuchens Helvetii exspectabant, si nostri flumen transirent. Helvetii, si perrumpere possent, conati sunt.

Konditionale Wunschsätze:

Konditionale Wunschsätze werden eingeleitet mit **dum, dummodo, modo = wenn nur.** Sie stehen immer im **Konjunktiv** und werden mit **nē verneint.**

Oderint, dum metuant! *Mögen sie hassen, wenn sie nur Angst haben!*
Industriam tuam probo, modo ne laudis cupidior esses. *Ich erkenne deinen Fleiß an, wenn du nur nicht zu begierig auf Lob wärest!*

F. Konzessivsätze (Einräumungssätze)

Konzessivsätze enthalten eine **gegensätzliche Einräumung zum übergeordneten Satz.** Sie werden eingeleitet durch

1. **quamquam** = *obgleich, obwohl* mit Indikativ

Mater, quamquam aegrotabat, tamen non quievit. *Obwohl die Mutter krank war, gönnte sie sich trotzdem keine Ruhe.*

Merke: quamquam in Hauptsätzen (Adverb) bedeutet „*gleichwohl, trotzdem*".

Quamquam severa illic matrimonia. *Trotzdem ist dort die Ehe streng.* (Tacitus, Germania c. 18)

2. **etsi, tametsi** = *wenn auch,* **etiamsi** = *auch wenn* mit Indikativ oder Konjunktiv wie in Bedingungssätzen.

Etsi me offendisti, tibi ignosco. *Wenn du mich auch beleidigt hast, ich verzeihe dir.*

Id assequi non potuisses, etiamsi voluisses. *Das hättest du nicht erreichen können, auch wenn du es gewollt hättest.*

3. **quamvis** = *wie sehr auch, obwohl*
licet = *mag auch*
ut (concessivum) = *gesetzt (den Fall), daß*
cum (concessivum) = *obgleich, obwohl*
} mit Konjunktiv

Quamvis sint sub aqua, sub aqua maledicere temptant. *Obwohl sie (die Frösche) unter Wasser sind, versuchen sie, unter Wasser zu schimpfen.*

Fremant omnes licet, dicam, quod sentio. *Mögen auch alle murren (es ist erlaubt), ich werde sagen, was ich denke.*

Ut desint vires, tamen est laudanda voluntas. *Wenn auch die Kräfte fehlen, so ist doch der gute Wille zu loben.*

Socrates, cum e carcere effugere posset, tamen noluit. *Obwohl Sokrates aus dem Gefängnis entfliehen konnte, wollte er es trotzdem nicht.*

Qui non vetat peccare, cum possit, iubet. *Wer nicht verbietet zu sündigen, obwohl er es kann, fordert dazu auf.*

Merke: quamvis wird auch als Adverb zur Steigerung mit Adjektiven und Adverbien verbunden.

quamvis egregius homo	*ein noch so hervorragender Mensch*
quamvis audacter	*noch so kühn*

G. Adversativsätze (Gegensatzsätze)

Adversativsätze enthalten einen **gegensätzlichen Vergleich mit dem übergeordneten Satz.** Sie werden eingeleitet mit **cum beim Konjunktiv** = *während* **(cum adversativum).**

Filia sedula est, cum filius piger sit. *Die Tochter ist fleißig, während der Sohn faul ist.*

Hostium erat quinque milium numerus, cum nostri non amplius octingentos equites haberent. *Die Zahl der Feinde betrug 5000, wir dagegen hatten nicht mehr als 800 Reiter.*

H. Komparativsätze (Vergleichssätze)

Komparativsätze erläutern die Aussage des übergeordneten Satzes durch Vergleiche der Art und Weise und des Grades. Sie sind ihrem Wesen nach Relativsätze.

a) **Komparativsätze im Indikativ**

Komparativsätze, die eine Tatsache enthalten, stehen im Indikativ. Sie werden eingeleitet

1. durch **korrelative,** d.h. die Wechselbeziehung ausdrückende **Pronominaladjektive und -adverbien:**

talis	– qualis	*so beschaffen*	– *wie (beschaffen)*
tantus	– quantus	*so groß*	– *wie (groß)*
tantum	– quantum	*so viel*	– *wie (viel)*
tanti	– quanti	*so viele*	– *wie (viele)*
tot	– quot	*so viele*	– *wie (viele)*
totiens	– quotiens	*so oft*	– *wie (oft)*
tantopere	– quantopere	*so sehr*	– *wie (sehr)*
tam	– quam	*so*	– *wie*
(bei Adjektiven und Adverbien)			
ita (sic)	– ut (sicut)	*so*	– *wie*
(bei Verben)			
quo (quanto)	– eo (tanto)	*je*	– *desto*
idem	– qui	*derselbe*	– *wie*

Talis sis, qualis videri cupis. *Sei so, wie du zu scheinen wünschst!*

Tantum scimus, quantum memoria tenemus. *Soviel wissen wir, wie wir im Gedächtnis haben.*

Ut sementem feceris, ita metes. *Wie du säst, so wirst du ernten.*

Homines, quo plura habent, eo plura cupiunt. *Je mehr die Menschen haben, desto mehr begehren sie.*

2. durch **ac, atque** *wie, als* nach Ausdrücken der **Gleichheit und Verschiedenheit.**

Is homo mihi aeque notus est ac tibi. *Dieser Mensch ist mir genauso bekannt wie dir.*

Non aliter scribo ac sentio. *Ich schreibe nicht anders, als ich denke.*

Idem sentio ac tu. *Ich denke genauso wie du.*

Merke: idem atque *derselbe wie* steht nur in verkürzten Vergleichssätzen; bei verschiedenen Verben in Haupt- und Nebensatz heißt es idem qui. Caesar eodem itinere, quo hostes ierant, ad eos contendit. *Cäsar marschierte eilig auf dem gleichen Weg, den die Feinde gezogen waren, gegen sie.*

3. durch **quam** *als* nach **Komparativen** und komparativischen Ausdrücken.

Filius serius rediit, quam parentes exspectaverant. *Der Sohn kehrte später zurück, als es die Eltern erwartet hatten.*

Mori praestat quam haec pati. *Es ist besser, zu sterben, als das zu erleiden.*

Merke: non minus – quam *ebensosehr – wie*
non magis – quam *ebensowenig – wie, ebensosehr – wie*

Te non minus contemno quam odi. *Dich verachte ich ebenso, wie ich dich hasse.*

4. durch **quam** bei einem **Superlativ** (verkürzter Vergleichssatz)

Milites in castra quam celerrime (potuerunt) cucurrerunt. *Die Soldaten eilten so schnell wie möglich ins Lager.*

b) **Komparativsätze im Konjunktiv** (konditionale Vergleichssätze)

Komparativsätze, die eine Annahme enthalten, stehen im Konjunktiv und richten sich nach der consecutio temporum. Sie werden eingeleitet mit **quasi, tamquam, velut si, ut si, proinde ac si** = *als ob, wie wenn*

Praeteriit, quasi me non vidisset. *Er ging vorüber, als ob er mich nicht gesehen hätte.*

Me odit, tamquam inimicus sim. *Er haßt mich, als ob ich sein persönlicher Feind wäre.*

I. Das faktische quod

Begriff: Das faktische **quod** = *(die Tatsache), daß; was das anbetrifft, daß; wenn* leitet einen Nebensatz ein, der eine Tatsache enthält; sie erläutert den Inhalt des Hauptsatzes oder einzelne Satzteile.

Bei faktischem quod steht der **Indikativ,** nur bei innerlicher Abhängigkeit der Konjunktiv.

Das **faktische quod** steht

1. nach **Verben des Tuns und Geschehens mit beurteilendem Adverb** oder allgemein beurteilenden Ausdrücken.

Bene fecisti, quod mansisti. *Du hast recht getan, daß du geblieben bist.*

Feliciter evēnit, quod amicus in urbe erat. *Es traf sich glücklich, daß der Freund in der Stadt war.*

Merke: Nach unpersönlichen Ausdrücken des Geschehens ohne Adverb steht das konsekutive ut (siehe Konsekutivsätze, S. 105).

2. nach den **Verben des Affekts** (Übergang zu kausalem quod).

Gaudeo, quod scripsisti. *Ich freue mich, daß (weil) du geschrieben hast.*

Sero Athenienses paenitebat, quod Socratem capitis damnaverant. *Zu spät reute es die Athener, daß sie Sokrates zum Tode verurteilt hatten.*

Merke: Nach den Verben des Affekts steht öfter der a. c. i. (siehe S. 84).

3. nach **Verben des Lobens, Tadelns und Dankens** (Übergang zu kausalem quod).

Laudo vos, quod hos miseros adiuvistis. *Ich lobe euch, daß (weil) ihr diesen Armen geholfen habt.*

Gratiam tibi habeo, quod fratrem meum servavisti. *Ich bin dir dankbar, daß (weil) du meinen Bruder gerettet hast.*

4. als **Erläuterung zu einem Demonstrativpronomen oder Substantiv** im Hauptsatz.

Homines hoc uno bestiis maxime praestant, quod rationem habent. *Die Menschen sind den Tieren gerade dadurch am meisten überlegen, daß sie Vernunft haben.*

Caesar sua senatusque in Ariovistum beneficia commemoravit, quod rex a senatu, quod amicus appellatus esset, quod munera amplissima missa. *Cäsar erwähnte die Auszeichnungen, die er selbst und der Senat Ariovist erwiesen hatten, daß er König genannt worden sei und Freund, daß man ihm sehr ehrenvolle Geschenke geschickt habe.*

5. als **Erläuterung zum gesamten Inhalt des Hauptsatzes,** der oft nachgestellt ist.

Quod castra movi, factum est inopia pabuli. *Daß ich das Lager verlegt habe, geschah aus Futtermangel.*

Quod hominem tam potentem offendisti, periculosum existimo. *Daß du einen so mächtigen Menschen verletzt hast, halte ich für gefährlich.*

4. Relativsätze

Form: Relativsätze werden eingeleitet mit relativen Pronomina (qui, quicumque, quantus, qualis) und relativen Adverbien (ubi, quō, quā).

Begriff: Relativsätze sind Attributsätze, die ein Nomen des übergeordneten Satzes, das sogenannte Beziehungswort, erläutern.

Merke: Das Beziehungswort kann im Lateinischen auch ausgelassen werden, besonders, wenn es sich um ein Pronomen handelt. Der Relativsatz ist dann ein scheinbarer Subjekt- oder Objektsatz. Quae nocent, docent.

Konstruktion des Relativpronomens:

Das **Relativpronomen** richtet sich im **Genus und Numerus** nach seinem **Beziehungswort** im übergeordneten Satz, im **Kasus** aber nach seiner **Funktion als Satzteil des Relativsatzes.**

Puer, qui sedulus est, laudatur. *Der Junge, der fleißig ist, wird gelobt.*

Fabulae, quas avia narrat, pulchrae sunt. *Die Geschichten, die Großmutter erzählt, sind schön.*

Nobiles, quorum iura Solo minuerat, contenti non erant. *Die Adligen, deren Rechte Solon eingeschränkt hatte, waren unzufrieden.*

Relativer Satzanschluß:

Wenn ein Relativpronomen statt eines Demonstrativpronomens einen Hauptsatz oder Konjunktionalsatz einleitet, spricht man von relativem Satzanschluß. Dadurch soll eine enge Verbindung mit dem vorhergehenden Satz hergestellt werden.

Caesar equitatum praemittit. Qui alieno loco cum equitatu Helvetiorum proelium committunt et pauci de nostris cadunt. Quo proelio sublati Helvetii nostros proelio lacessere coeperunt.

Cäsar schickte die Reiterei voraus. Diese begann auf ungünstigem Gelände mit der Reiterei der Helvetier ein Gefecht, und einige von unseren Reitern fielen. Durch dieses Gefecht wurden die Helvetier ermutigt und begannen, unsere Leute zum Kampf zu reizen.

Merke folgende formelhafte Wendungen: qua de causa *aus diesem Grunde*; qua re, quam ob rem *deswegen*; quae cum ita sint *unter diesen Umständen*; quibus rebus cognitis *auf diese Nachrichten hin.*

Relativsätze im Indikativ

Relativsätze, die eine Tatsache enthalten oder einen verallgemeinernden Inhalt haben – also von verallgemeinernden Relativpronomina oder -adverbien eingeleitet werden – stehen im **Indikativ.**

Gallia est omnis divisa in partes tres, quarum unam incolunt Belgae. *Gallien in seiner Gesamtheit gliedert sich in drei Teile, wovon einen die Belgier bewohnen.*

Quidquid id est, timeo Danaos et dona ferentes. *Wie dem auch sei, ich fürchte die Danaer, auch wenn sie Geschenke bringen.*

Relativsätze im Konjunktiv

Relativsätze mit finalem, konsekutivem, kausalem oder konzessivem Nebensinn stehen im **Konjunktiv.**

a) **Finale Relativsätze:**

Lacedaemonii legatos Athenas miserunt, qui Themistoclem absentem accusarent. *Die Spartaner schickten Gesandte nach Athen, die Themistokles während seiner Abwesenheit anklagen sollten.*

b) **Konsekutive Relativsätze:**

Quis erit tam audax, qui te defendere audeat? *Wer wird so verwegen sein, daß er (= der) es wagt, dich zu verteidigen?*

Non is sum, qui mortis periculo terrear. *Ich bin nicht der Mann, der sich durch Todesgefahr schrecken läßt.*

Nihil est tam arduum, quin (quod non) homines temptent. *Nichts ist so schwierig, daß es die Menschen nicht versuchen.*

Merke: Konsekutive Relativsätze stehen besonders

1. **nach unbestimmten Ausdrücken:**

Sunt, qui dicant. *Es gibt Leute, die sagen.*
Saepe reperiuntur, qui credant. *Oft findet man Menschen, die glauben.*
Nemo est, qui te non metuat. *Es gibt niemand, der dich nicht fürchtet.*
Non est, quod queraris. *Du hast keinen Grund, dich zu beklagen.*

2. **nach den Adjektiven dignus, indignus, aptus, idoneus.**

Dignus es, qui lauderis. *Du verdienst es, gelobt zu werden. (Du bist soviel wert, so daß du gelobt werden kannst.)*

c) **Kausale Relativsätze,** oft verstärkt durch quippe = *natürlich, offenbar*:

O me stultum, qui consilia parentum secutus non sim! *O ich Tor, der ich den Ratschlägen meiner Eltern nicht gefolgt bin!*

d) **Konzessive Relativsätze:**

Quis maiorum suorum, quos numquam viderit, non cum caritate

aliqua meminit? *Wer denkt nicht an seine Vorfahren mit einer gewissen Verehrung, die er doch (obwohl er sie) niemals gesehen hat?*

Anmerkung: Relativsätze, die eine Aussage einschränken, stehen ebenfalls im Konjunktiv.

Frater tuus, quem quidem audiverim, nondum revertit. *Dein Bruder ist noch nicht zurückgekehrt, soweit ich wenigstens gehört habe.*

5. Die indirekte Rede (ōrātiō obliqua)

Begriff: Die indirekte Rede gibt eine wörtliche Rede (oratio recta) **als Bericht einer dritten Person wieder. Die Aussage wird als Meinung des übergeordneten Subjekts hingestellt und dadurch innerlich abhängig.**

Da in der indirekten Rede alle Sätze von einem vorhandenen oder zu ergänzenden verbum dicendi abhängig sind, gelten folgende Regeln für ihre **Konstruktion:**

1. **Hauptsätze:**

   Behauptungssätze stehen im **a. c. i.,** auch die sogenannten rhetorischen Fragen.

   Fragesätze und **Begehrssätze** stehen im **Konjunktiv.**

2. **Alle Nebensätze** stehen im **Konjunktiv.**

3. Für die **Tempora** gelten die Regeln der **consecutio temporum.**

4. **Pronomina:** Da die sprechende (erste) Person der direkten Rede in der oratio obliqua zur dritten Person wird, wird für alle Personal- und Possessivpronomina, die sich auf das der gesamten Rede übergeordnete Subjekt beziehen, das Reflexivpronomen verwandt. Für die zweite Person der direkten Rede, die ebenfalls in der indirekten Rede zur dritten Person wird, steht ille, für die dritte Person der direkten Rede is.

Anmerkung: Im Deutschen stehen alle Sätze der indirekten Rede nach Möglichkeit im Konjunktiv I.

Oratio recta	**Oratio obliqua**
Orator ad cives dixit: „Iam diu haec pericula providi. Quis vobis aderit, nisi ipsi summa ope nitemini? Estisne memores fortunae uxorum liberorumque? Omnes ordines concordes sint neque obliviscantur maiores, quorum opes minores fuerunt, saepe res adversiores fortiter superavisse.“	Orator ad cives dixit: se iam diu haec pericula providisse. Quem illis adfuturum esse, nisi ipsi summa ope niterentur? Memoresne essent fortunae uxorum liberorumque. Omnes ordines concordes essent neve obliviscerentur maiores, quorum opes minores fuissent, saepe res adversiores fortiter superavisse.

6. Konjunktionen der Nebensätze

A. **Finalsätze** (Begehrs- und Zwecksätze)

ut mit Konjunktiv	= **daß, damit, um zu**
Opto, ut venias.	*Ich wünsche, daß du kommst.*
Edo, ut vivam.	*Ich esse, um zu leben.*
nē mit Konjunktiv	= **daß nicht, damit nicht**
Oro te, ne abeas.	*Ich bitte dich, nicht wegzugehen.*
nē nach den verba timendi	= **daß**
Timeo, ne veniat.	*Ich fürchte, er kommt.*
ut nach den verba timendi	= **daß nicht**
Timeo, ut veniat.	*Ich fürchte, daß er nicht kommt.*
nē oder **quōminus** nach den verba impediendi	= **daß**
Impedio, ne (quominus) fugiat.	*Ich hindere ihn zu fliehen.*
quō vor einem Komparativ = ut eō	= **damit desto**
Magister exempla narrabat, quo facilius discipuli rem intellegerent.	*Der Lehrer erzählte Beispiele, damit die Schüler die Sache um so leichter begriffen.*

B. **Konsekutivsätze** (Folgesätze)

ut mit Konjunktiv	= **daß, so daß**
Nemo tam prudens est, ut omnia sciat.	*Niemand ist so klug, daß er alles weiß.*
ut nōn mit Konjunktiv	= **daß nicht**
Nemo tam prudens est, ut falli non possit.	*Niemand ist so klug, daß er nicht getäuscht werden kann (könnte).*
quin nach verneintem Hauptsatz	= **daß nicht**
Nihil tam arduum est, quin homines temptent.	*Nichts ist so schwierig, daß es die Menschen nicht versuchen.*

C. **Temporalsätze** (Zeitsätze)

cum mit Konjunktiv (historicum)	= **als**
Cum hostes appropinquarent, milites in castra properaverunt.	*Als sich die Feinde näherten, eilten die Soldaten ins Lager.*
cum mit Indikativ (temporale)	= **damals als**
Cum Caesar in Galliam venit, duae factiones ibi erant.	*Als Cäsar nach Gallien kam, gab es dort zwei Parteien.*
cum mit Indikativ (iterativum)	= **sooft, (jedesmal) wenn**
Cum tui memineram, gaudebam.	*Jedesmal, wenn ich an dich dachte, freute ich mich.*
cum mit Indikativ (inversum)	= **als, da**
Vix Romani flumen transierant, cum Germani aggressi sunt.	*Kaum hatten die Römer den Fluß überschritten, da griffen die Germanen an.*

cum mit Indikativ (coincidens)	= **indem, dadurch daß**
Cum tacent, clamant.	*Indem sie schweigen, rufen sie laut.*
dum mit Indikativ Präsens	= **während**
Dum Troiani dormiunt, urbs a Graecis incensa est.	*Während die Trojaner schliefen, wurde die Stadt von den Griechen angezündet.*
dum, dōnec, quoad, quamdiū mit Indikativ des bezogenen Tempus	= **solange als**
Dum spiro, spero.	*Solange ich atme, hoffe ich.*
Donec eris sospes, multos numerabis amicos.	*Solange es dir gut geht, wirst du viele Freunde haben.*
dum, dōnec, quoad mit Indikativ oder Konjunktiv	= **solange bis**
Mane, dum redeo!	*Bleibe, bis ich zurückkehre!*
Magnus clamor erat, quoad magister venit.	*Es herrschte lautes Geschrei, bis der Lehrer kam.*
Caesar exspectavit, dum omnes naves convenirent.	*Cäsar wartete, bis alle Schiffe zusammenkämen.*
antequam, priusquam	= **bevor**
Noli loqui, priusquam interrogatus es!	*Sprich nicht, bevor du gefragt bist!*
cum (prīmum), **ubi** (prīmum), **ut** (prīmum), **simul, simulac, simulatque** mit Indikativ Perfekt	= **sobald als**
Ubi me conspexit, laetus me salutavit.	*Sobald er mich erblickte, begrüßte er mich froh.*
postquam (posteaquam) mit Indikativ Perfekt	= **nachdem**
Caesar, postquam in Treveros venit, Rhenum transire constituit.	*Nachdem Cäsar in das Gebiet der Treverer gekommen war, beschloß er, den Rhein zu überschreiten.*

D. Kausalsätze (Begründungssätze)

quod, quia	= **weil**
quoniam, quando	= **weil ja, da ja**
(bei objektivem Grund mit Indikativ, bei subjektivem Grund mit Konjunktiv)	
Quod mentitus es, punieris.	*Weil du gelogen hast, wirst du bestraft werden.*
Athenienses Socratem capitis damnaverunt, quia iuvenes corrumperet.	*Die Athener verurteilten Sokrates zum Tode, weil er die Jugend verderbe.*

cum mit Konjunktiv (causale)	=	**da, weil**
praesertim cum		*zumal da*
quippe cum		*da ja*
Cum peritus sis, me adiuvare potes.		*Da du erfahren bist, kannst du mir helfen.*

E. Konditionalsätze (Bedingungssätze)

si	=	**wenn**
Si hoc putas, erras.		*Wenn du das glaubst, irrst du dich.*
nisi (nī)	=	**wenn nicht**
Nisi adiuvisses, servatus non essem.		*Wenn du nicht geholfen hättest, wäre ich nicht gerettet worden.*
si nōn, si minus	=	**wenn nicht**
Si non omnes, at certe optimi tibi assentientur.		*Wenn nicht alle, aber wenigstens die Besten werden dir zustimmen.*
sin	=	**wenn aber**
Si timor est verus, discede, ne opprimar; sin falsus, ut tandem aliquando timere desinam.		*Wenn die Furcht berechtigt ist, gehe weg, damit ich ihr nicht erliege; wenn sie aber unbegründet ist, damit ich endlich einmal keine Furcht mehr habe.*
quodsi	=	**wenn aber**
Quodsi industria tua constans esset, omnes superares.		*Wenn dein Fleiß beharrlich wäre, würdest du alle übertreffen.*
sive – sive (seu – seu)	=	**sei es daß – oder daß**
Sive manetis, sive abitis, periculum non est.		*Ob ihr bleibt oder weggeht, Gefahr besteht nicht.*

Konditionale Komparativsätze (Vergleichssätze)

tamquam, quasi, velut si, ut si, proinde ac si mit Konjunktiv	=	**gleich als ob, wie wenn**
Homines laetabantur, quasi omnibus curis liberati essent.		*Die Menschen freuten sich, als ob sie von allen Sorgen befreit wären.*

Konditionale Wunschsätze

dum, dummodo, modo (verneint durch nē) mit Konjunktiv	=	**wenn nur**
Oderint, dum metuant!		*Mögen sie hassen, wenn sie nur Angst haben!*

F. Konzessivsätze (Einräumungssätze)

quamquam mit Indikativ	=	**obgleich, obwohl**
Quamquam non intellego, tamen credo.		*Obwohl ich es nicht einsehe, glaube ich es trotzdem.*
etsi, tametsi	=	**wenn auch**
Etsi me offendisti, tibi ignosco.		*Wenn du mich auch beleidigt hast, ich verzeihe dir.*

etiamsi	=	**auch wenn**
quamvis mit Konjunktiv	=	**wie sehr auch, obwohl**
Quamvis sint sub aqua, sub aqua maledicere temptant.		*Obwohl sie unter Wasser sind, versuchen sie doch, unter Wasser zu schimpfen.*
ut mit Konjunktiv	=	**gesetzt daß, wenn auch**
Ut desint vires, tamen est laudanda voluntas.		*Wenn auch die Kräfte fehlen, so ist doch der gute Wille zu loben.*
licet mit Konjunktiv	=	**mag auch**
cum mit Konjunktiv (concessivum)	=	**obgleich, obwohl**
Qui non vetat peccare, cum possit, iubet.		*Wer nicht verbietet zu sündigen, obwohl er es kann, fordert dazu auf.*

G. Adversativsätze (Gegensatzsätze)

cum mit Konjunktiv (adversativum)	=	**während**
Alter filius sedulus est, cum alter pigerrimus sit.		*Der eine Sohn ist fleißig, während der andere sehr faul ist.*

H. Das faktische quod

quod mit Indikativ	=	**(die Tatsache), daß; was das anbetrifft, daß; wenn**
Feliciter evenit, quod amicus in urbe erat.		*Es traf sich glücklich, daß der Freund in der Stadt war.*
Quod castra movi, factum est inopia pabuli.		*Daß ich das Lager verlegt habe, geschah aus Futtermangel.*

7. Mehrdeutige Konjunktionen

cum mit Konjunktiv	
cum historicum	*als*
cum causale	*da, weil*
cum concessivum	*obgleich, obwohl*
cum adversativum	*während* (Gegensatz)
cum mit Indikativ	
cum temporale	*damals als; zu der Zeit, als*
cum iterativum	*sooft, (jedesmal) wenn*
cum inversum	*als, da*
cum coincidens	*indem, dadurch daß*
cum (primum) mit Indikativ Perfekt	*sobald als*
ut mit Indikativ	
ut in Komparativsätzen	*wie*
ut (primum) mit Indikativ Perfekt	*sobald als*

ut mit Konjunktiv	
ut in Finalsätzen	*daß, damit, um zu*
(ut nach den Verba timendi	*daß nicht*)
ut in Konsekutivsätzen	*daß, so daß*
ut in abhängigen Fragesätzen	*wie*
ut in Konzessivsätzen	*gesetzt daß, wenn auch*
nē mit Konjunktiv	
nē in Finalsätzen	*daß nicht, damit nicht, um nicht zu*
(nē nach den verba timendi und impediendi	*daß*)
Merke: Angehängtes -ne in abhängigen Fragesätzen	*ob, ob nicht*
quīn mit Konjunktiv	
quīn nach verneinten verba impediendi	*daß*
quīn in Konsekutivsätzen	*daß nicht*
quīn in abhängigen Fragesätzen nach non dubito (dubium non est)	*daß*
(quīn in konsekutiven Relativsätzen =	qui, quae, quod non)
quod	
quod in Kausalsätzen	*weil*
quod in Nebensätzen, die eine Tatsache enthalten (faktisches quod)	*(die Tatsache), daß; was das anbetrifft, daß; wenn*
quod als Relativpronomen	*das*

Merke: quod = aliquod (Pronomen indefinitum)

dum	
dum mit Indikativ Präsens	*während* (temporal)
dum mit Indikativ des bezogenen Tempus	*solange als*
dum mit Indikativ oder Konjunktiv des bezogenen Tempus	*solange bis*
dum, dummodo, modo mit Konjunktiv in konditionalen Wunschsätzen	*wenn nur*

Übungen

A) Lautlehre

1. Alphabet

1. Von wem haben die Römer *die lateinische Schrift* entlehnt?
2. Sind *die großen oder die kleinen Buchstaben* ursprünglich?
3. Wann haben die Germanen die lateinische Schrift übernommen?

2. Aussprache

1. Wie wurde *c* von den Römern gesprochen?
2. Seit wann wird c auch wie z gesprochen?
3. Vor welchen Vokalen spricht man heute noch c wie z? Beispiele.
4. Wie war die Aussprache des *h*?
5. Wann wird *i* wie j gesprochen? Beispiele.
6. Wie spricht man *s* vor Konsonanten aus? Beispiele.
7. Wie wurde *t vor i* in der Antike ausgesprochen? Beispiele.
8. Welchen Lautwert hatte ursprünglich *v*?
9. Wie hat man seit der Zeit des Augustus die beiden Lautwerte unterschieden? Beispiele.
10. Wann wird u wie v gesprochen? Beispiele.

3. Einteilung der Laute

1. Wie teilt man die Laute ein?
2. Sind die lateinischen *Vokale* lang oder kurz?
3. Wie bezeichnet man die Länge eines Vokals, wie die Kürze?
4. Welche lateinischen *Diphthonge* kennst du? Beispiele.
5. Welche Quantität (Sprechdauer) haben Diphthonge?
6. Wann werden die Vokale der Diphthonge ae und oe getrennt ausgesprochen?
7. Welche beiden Arten von *Konsonanten* unterscheidet man?
8. In welche drei Gruppen teilt man die *Verschlußlaute* ein und welche Buchstaben gehören zu den einzelnen Gruppen?
9. Wie bezeichnet man b, d, g im Gegensatz zu p, t, c(k) deutsch und lateinisch?
10. Welche *Dauerlaute* sind liquid, welche nasal?

4. Quantität (Sprechdauer) der Silben

1. Wann ist eine Silbe *naturlang*? Beispiele.

2. Wann ist eine Silbe *positionslang*? Beispiele.
3. Gilt *qu* als lang oder kurz? Beispiel.
4. Vor welchen Konsonanten ist der Vokal immer lang? Beispiele.

5. Betonung

1. *Welche Silbe* ist für die Betonung lateinischer Wörter *entscheidend?*
2. Wie werden zweisilbige Wörter betont? Beispiel.
3. Wie werden drei- und mehrsilbige Wörter betont? Beispiele.
4. Auf welche Silbe zieht angehängtes -que oder -ne (Fragepartikel) den Akzent? Beispiele.
5. Welche Silbe eines lateinischen Wortes wird nie betont?

6. Lautwandel

Lautwandel der Vokale

1. Was versteht man unter *Ablaut*?
2. Was ist der Unterschied zwischen qualitativem und quantitativem Ablaut? Beispiele.
3. Was versteht man unter *Vokalschwächung*? Beispiele.
4. *Wann wird kurzes i* in Mittelsilben *zu e* abgeschwächt? Beispiel.
5. Wann tritt *Vokalkürzung* ein? Beispiele.
6. Wann werden Vokale gedehnt? Beispiel.
7. Was versteht man unter *Vokalschwund?* Beispiel.
8. Was versteht man unter *Elision?* Beispiele.
9. Wie wird die Elision in der Dichtung angewandt? Beispiele.
10. Was versteht man unter *Kontraktion?* Beispiele.

Lautwandel der Konsonanten

1. Was versteht man unter *Rhotazismus?* Beispiel.
2. Was versteht man unter *Assimilation?* Beispiele.
3. Was versteht man unter *Dissimilation?* Beispiel.
4. Wozu werden *Dentallaute* (d, t) *vor s?* Beispiel.
5. Wozu werden *Doppeldentale*? Beispiel.
6. Nenne Beispiele und Regel für *Konsonantenschwund!*
7. Wozu wird ein *Guttural* (g, c) *mit s?* Beispiele.
8. Was für eine muta muß vor einem stimmlosen Laut stehen? Beispiele.
9. Nenne Beispiele und Regel für die *Reduplikation!*
10. Wozu werden pater, frater, decem, caput, hostis durch *die germanische Lautverschiebung*?

B) Formenlehre

I. Wortarten

1. Welche *drei Grundwortarten* unterscheidet man?
2. Welche Wortarten gehören zu den *Nomina?* (lateinische und deutsche Bezeichnung).
3. Welche Wortarten gehören zu den *Partikeln?* (lateinische und deutsche Bezeichnung).
4. Welche Wortart kennt die lateinische Sprache nicht?
5. Welcher Unterschied besteht zwischen Nomina und Verben einerseits und Partikeln andererseits?
6. Wie nennt man die *Flexion* (Beugung) *der Nomina,* wie die *Flexion der Verben?*

II. Das Nomen

1–4

1. Wodurch wird die *Form des lateinischen Nomens* bestimmt?
2. Wie viele *Kasus* gibt es im Lateinischen, wie heißen sie, wie werden sie abgekürzt und auf welche Fragen antworten sie?
3. Welche *Numeri* unterscheidet man?
4. Wie viele *Genera* hat die lateinische Sprache, wie heißen sie und wie werden sie abgekürzt?
5. Wie ist das *Genus eines Substantivs* bestimmt?
6. *Welche Substantive* sind nach dem natürlichen Geschlecht *Maskulina?*
7. *Welche Substantive* sind nach dem natürlichen Geschlecht *Feminina?*
8. *Welche Wortarten* gelten als *Neutra?*
9. Woran erkennt man in der Regel *das grammatische Geschlecht?*
10. In welche *Bestandteile* kann man Nomina zerlegen?
11. An welchem Kasus erkennt man den *Stamm eines Nomens*? Beispiel: equus.
12. Wie nennt man den letzten Buchstaben des Stammes?
13. Wie faßt man Stammauslaut und Endung zusammen? Beispiel: equōrum.
14. Wie heißt der restliche Bestandteil? Beispiel: equōrum.
15. An welchem Kasus erkennt man Wortstock und Ausgang? Beispiel: equus.
16. Welches Genus haben agricola der Bauer, incola der Einwohner, puella das Mädchen, uxor die Gattin, Rhodanus die Rhone, Dānuvius die Donau, zephyrus der Westwind, aquilō der Nordwind, fāgus die Buche, salix die Weide, errāre das Irren?

17. Zerlege folgende Formen in Stamm und Endung: dominam, dominōs, in Wortstock und Ausgang: dominae, dominī, arma!

III. Die Deklinationen

1–2 Die a- und o-Deklination

1. Wie heißen Stamm und Wortstock von flamma die Flamme?
2. Welchem Kasus ist der Vokativ gleich?
3. Welche Kasus der a-Deklination haben den Ausgang a, bzw. ā, ae, īs?
4. Welches *Genus haben die Substantive der a-Deklination?*
5. Welche *drei Gruppen von Substantiven der o-Deklination* unterscheidet man? Beispiele?
6. Wie heißt die *Genusregel* für die Substantive *der o-Deklination?*
7. Welche Substantive der o-Deklination sind *Feminina?*
8. In welchen Kasus unterscheiden sich die Ausgänge der Substantive auf -us, -er und -um?
9. Welche Ausgänge haben diese drei Gruppen im Nominativ und Akkusativ Singular und Plural?
10. Welche Endung haben die *Neutra* aller Deklinationen im Nominativ und Akkusativ Plural?
11. Welchen *Ausgang* haben alle vokalischen Deklinationen im *Ablativ Singular?*
12. Welche beiden Kasus im Plural stimmen bei den einzelnen Deklinationen stets überein?
13. In welchen Kasus haben die Substantive der o-Deklination die Ausgänge ō, ī, īs, a?
14. Welche besondere Form haben die Substantive der o-Deklination auf -us im *Vokativ Singular?* Beispiel: amīcus.
15. Welche beiden Gruppen von *Adjektiven der o/a-Deklination* unterscheidet man?
16. In welchem Kasus und Genus unterscheiden sich die Ausgänge der Adjektive auf -us und -er?
17. *Nach welchem Wort richtet sich immer das Adjektiv?*
18. Bestimme und übersetze die Formen:
    1. amīca, corōnā, rīpam, īnsulās, mēnsae (3), rosārum, stēllīs (2);
    2. discipulum, oppidum (2), lupōs, fluviī (2), populō (2), virīs (2), sīgna (2), magistrōrum, Mārce;
    3. domina bona (2), fīliae sēdulae (4), agricolam robustum, convīvās laetōs, stēllā clārā, portīs māgnīs (2);
    4. populus Rōmānus, amīcī fīdī (3), in hortum nostrum, in agrō lātō, castra tūta (2), mūrōs longōs, dīs iūstīs (2), līberōrum contentōrum, librī bonī (3), officium iūcundum (2), verba multa (2), puer parve, serve piger;
    5. in Aegyptō antīquā, fāgī altae (2), Rhodum pulchram, humum asperam, Corinthō opulentae.

3. Die u- und e-Deklination

1. Welche Substantive der *u-Deklination* sind *Maskulina,* welche sind *Neutra?*
2. Welche Substantive der u-Deklination sind *Feminina?*
3. Welche Kasus der Maskulina haben den *Ausgang -us* bzw. *-ūs?*
4. Welcher Kasus der Neutra hat den Ausgang -ūs?
5. Welchen Ausgang haben die Neutra im Singular außer im Genitiv?
6. Welche beiden Kasus bildet domus, ūs f das Haus nach der o-Deklination?
7. Wie heißt die *Genusregel* für die Substantive *der e-Deklination?*
8. Welche beiden Substantive der e-Deklination sind Maskulina? Besonderheit!
9. Welche Kasus der e-Deklination haben den Ausgang -ēs und -eī?

10.1. Bilde zu

exercitus Rōmānus	Gen. Sg., Nom. Pl., Akk. Pl.,
sēnsus iūstus	Dat. u. Abl. Sg.,
magistrātus impavidus	Akk. Sg. u. Akk. Pl.,
portus tūtus	Akk. Sg. u. Gen. Pl.,
cornū sinistrum	Gen. Sg., Gen., Pl., Nom. u. Akk. Pl.,
manus dextra	Abl. Sg. u. Abl. Pl.,
domus alta	Abl. Sg. u. Akk. Pl.,
Īdūs Martiae	Abl. Pl.

10.2. Bilde zu

spēs bona	Nom. Pl. u. Akk. Pl.,
rēs pūblica	Gen. Sg. u. Gen. Pl.,
rēs ardua	Dat. Sg. u. Dat. Pl.,
diēs fēstus	Abl. Sg. u. Abl. Pl.,
diēs cōnstitūta	Akk. Sg. u. Abl. Sg.

Was bedeutet: in rēbus secundīs, in rēbus adversīs?

4–9 Konsonantische, i- und gemischte Deklination

1. Auf welche *Lautgruppen* endet der Stamm der Substantive *der konsonantischen Deklination?*
2. Was gilt bei der konsonantischen Deklination für *Wortstock* und *Stamm?*
3. Welche Substantive gehören zu den *Maskulina der konsonantischen Deklination,* welche zu den *Neutra?*
4. Wie wird Iuppiter dekliniert?
5. Welche Substantive gehören zu den *Feminina* der *i-Deklination,* welche zu den *Neutra?*
6. Welchen Ausgang haben die *Substantive der i-Deklination* im Ablativ Singular und Genitiv Plural?
7. Welcher *Flußname* und welcher *Stadtname* wird nach *der i-Deklination* dekliniert?
8. Welche Bedeutung haben vīrēs und virī? Dekliniere beide Substantive im Plural!
9. Welche Substantive gehören zur *gemischten Deklination?*
10. Was versteht man unter gleichsilbig?

11. Welche *Ausgä ge* haben die Substantive der gemischten Deklination im *Singular* und *Plural?*
12. Welchen Ausgang haben *parentēs, pater, māter, frāter, iuvenis* und *canis* im *Genitiv Plural?* Wie heißt also der Genitiv Plural dieser Substantive?
13. Welche *Substantive der konsonantischen Deklination* sind *Maskulina?* Ausnahme!
14. Welche *Substantive der konsonantischen, gemischten* und *i-Deklination* sind *Feminina?*
15. Welche *Ausnahmen* von der Genusregel für die Feminina sind dir bekannt?
16. Welche *Substantive der konsonantischen und i-Deklination* sind *Neutra?*
17. Welche drei Gruppen der *Adjektive* gehören zur *i-Deklination?*
18. In welchen *Kasus* unterscheiden sich die drei Gruppen der Adjektive der i-Deklination in ihren Formen?
19. Welche *Adjektive* gehören zur *konsonantischen Deklination?*
20. Welchen *Ausgang* hat bei diesen Adjektiven der *Ablativ Singular, Nominativ Plural Neutrum* und der *Genitiv Plural?* Beispiel!
21. Welche Ausgänge hat das *Partizip Präsens Aktiv?*

22.1. Bilde zu

pāstor bonus	Dat. Sing. u. Nom. Pl.,
virgō modesta	Abl. Sing. u. Abl. Pl.,
vōx māgna	Akk. Sing. u. Akk. Pl.,
virtūs clāra	Gen. Sing. u. Nom. Pl.,
ops celeris	Akk. Sing. u. Abl. Sing.,
flūmen rapidum	Dat. Sing. u. Nom. Pl.,
rōbur ingēns	Akk. Sing. u. Akk. Pl.,
corpus sānum	Dat. Sing. u. Abl. Sing.,
Iuppiter summus	Dat. Sing. u. Abl. Sing.,
vīs rudis	Abl. Sing. u. Nom. Pl.,
mare īgnōtum	Akk. Sing. u. Akk. Pl.,
animal terribile	Abl. Sing. u. Nom. Pl.,
exemplar vetus	Gen. Sing. u. Gen. Pl.,
vallis fertilis	Dat. Sing. u. Abl. Sing.,
clādes gravis	Gen. Sing. u. Akk. Pl.,
ars īnsīgnis	Abl. Sing. u. Gen. Pl.,
parentēs nōbilēs	Gen. Pl. u. Akk. Pl.

22.2. Ergänze den Ausgang des adjektivischen Attributs im Nominativ Singular und bilde zu

arbor alt-	Dat. Sing. u. Abl. Sing.,
fīnis Rōmān-	Nom. Pl. u. Abl. Pl.,
collis ardu-	Akk. Sing. u. Nom. Pl.,
piscis mūt-	Dat. Sing. u. Dat. Pl.,
sermō brev-	Abl. Sing. u. Gen. Pl.,
dēns ac-	Akk. Sing. u. Akk. Pl.,
fōns celeb-	Gen. Sing. u. Nom. Pl.,
caput prūd-	Abl. Sing. u. Akk. Pl.,
iūs cīvīl-	Gen. Sing. u. Gen. Pl.,

os dūr-	Dat. Sing. u. Nom. Pl.,
iter difficil-	Abl. Sing. u. Abl. Pl.,
cor sapi-	Akk. Sing. u. Akk. Pl.

IV. Steigerung (Komparation) der Adjektive

1–3

1. Welche *Stufen* unterscheidet man bei der Steigerung?
2. Was versteht man unter *Elativ?*
3. Wie bildet man den *Komparativ?* Beispiele: clārus, fortis.
4. Nach welcher *Deklination* wird der Komparativ dekliniert?
5. Wie bildet man den *Superlativ?* Beispiel: clārus.
6. Welche Adjektive bilden den *Superlativ* auf *-errimus,a,um?* Beispiele.
7. Wie werden Adjektive gesteigert, die *vor dem Ausgang -us* einen *Vokal* haben? Beispiel: arduus.
8. Wie heißt der Superlativ zu *facilis, difficilis, similis, dissimilis, humilis?*

9.1. Bilde im Komparativ und Superlativ zu

mūrus longus	Nom. Sing.,
homō fēlix	Gen. Sing.,
fēmina prūdēns	Nom. Pl.,
imāgō pulchra	Dat. Sing.,
avis celeris	Akk. Sing.,
pāstor bonus	Nom. Pl.,
verbum malum	Abl. Sing.,
mare māgnum	Gen. Pl.,
grex parvus	Akk. Pl.,
pecūnia multa	Abl. Pl.

9.2. Bilde im Komparativ und Superlativ zu

mōns arduus	Nom. Pl.,
cōnsilium idōneum	Akk. Pl.,
rēs dubia	Gen. Sing.,
labor facilis	Dat. Sing.,
iter difficile	Akk. Sing.,
mōs similis	Gen. Pl.,
pōns humilis	Abl. Sing.,
prōverbium vetus	Nom. Pl.

9.3. Übersetze: pars extrēma, ab amīcō intimō, in Italiā īnferiōre, dī summī, nocte proximā, tempus posterius, Gallia citerior, Gallia ulterior, aqua dēterrima.

V. Das Adverb (Umstandswort)

1–2

1. Was ist ein *Adverb?*

2. Was ist ein *Prädikatsnomen?*
3. Welche nähere Bestimmung steht immer beim *Hilfsverb esse?*
4. Wie bildet man das Adverb bei den *Adjektiven der o/a-Deklination* und den *Adjektiven der i-Deklination* im *Positiv?* Beispiele: clārus, pulcher, fortis, celer, prūdēns.
5. Welcher Form ist das *Adverb im Komparativ* gleich? Beispiele: clārus, fortis.
6. Wie bildet man das *Adverb im Superlativ?* Beispiele: clārus, fortis.
7. Wie heißt das *Adverb zu bonus, malus, facilis, difficilis, audāx, alius?*
8. Wie heißt das *Adverb von diū* lange, *magnopere* sehr und *saepe* oft im Komparativ und Superlativ?
9. Bilde das Adverb im Positiv, Komparativ und Superlativ zu beātus, longus, miser, ācer, celer, gravis, utilis, cōnstāns, vehemēns!
10. Was heißt: quam celerrimē, longē celerrimē, multō celerius?
11. Übersetze ins Deutsche!

    1. Rōbustus est lupus, rōbustior est ursus, rōbustissimus est leō. 2. Celerēs sunt equī, celeriōrēs sunt canēs, celerrimae sunt avēs. 3. Animālia minōra interdum celeriōra sunt quam māiōra. 4. Soror tua tibī simillima est, sed minor est quam tū (oder: sed tē minor est). 5. Nihil melius est libertāte, nihil peius est servitūte et bellō. 6. In Alpibus montēs māximē arduī sunt; summus mōns Alpium in Galliā est. 7. Iam temporibus antīquīs nautae audācissimī ad extrēmās partēs Eurōpae nāvigāvērunt. 8. Iūdex iūstē et sapienter iūdicāvit. 9. Puer ad rīpam ulteriōrem fluviī celeriter et audācter natāvit. 10. Māiōrēs nostrī simplicius et modestius vīxērunt quam nōs; fēlīciōrēs nōbīs erant. 11. Legiō decima fortissimē et cōnstantissimē pugnāvit. 12. Quam celerrimē domum properāvimus; multō celerior fuī quam Paulus; Mārcus autem longē celerrimus fuit.

VI. Prōnōmina (Fürwörter)

1–8

1. Welche Formen können *mē, tē* und *sē* sein?
2. Welche Formen können *nōs* und *vōs* sein?
3. Welche Formen können *meī, tuī, nostrī, vestrī* sein?
4. Welche Formen können *nostrum* und *vestrum* sein?
5. Wie werden die Genitive des Personalpronomens nostrī, vestrī und nostrum, vestrum grammatisch verwandt? Beispiele: amor nostrī; nemo vestrum.
6. Welche Form können *eī* und *ea* bzw. *eā* sein?
7. Wann wird im Lateinischen das Possessivpronomen *suus* verwandt, wann die Genitive *eius, eōrum, eārum?*
8. Übersetze ins Deutsche!

    1. Studium vestrum mihī gaudiō est; itaque vōbīs librōs dōnābō. 2. Quis

vestrum nōbīscum mūsēum vīsitābit? 3. Rōmānī māgnum imperium sibī comparāvērunt. 4. Rānae aquā sē occultāvērunt. 5. Dominus noster benīgnus est; nōs eum amāmus, eī libenter obtemperāmus. 6. Graecī Troiānōs superāvērunt; Vergilius poēta fortūnam eōrum narrāvit. 7. Ursula amīca mea est; ego amīca eius sum. 8. Agricolae agrōs suōs arant; agrī eōrum fēcundī sunt.

9. Was für ein Pronomen kann *is, ea, id* sein?
10. Welche Form kann *haec, hoc* bzw. *hōc, hīs* sein?
11. Welche Form kann illa bzw. illā, illī, illīs sein?
12. Wie wird *iste* dekliniert?
13. Was heißt *ipse, ipsa, ipsum,* und wie wird es dekliniert?
14. Wie wird *ipse* bei einem anderen Demonstrativpronomen übersetzt, z. B. *hōc ipsō annō?*
15. Was bedeutet *īdem, éadem, idem*? Wie wird es dekliniert, und welche Besonderheiten sind zu beachten?
16. Welche gemeinsame Bedeutung haben *hic, haec, hoc, iste, ista, istud, is, ea, id?*
17. Was für ein Pronomen ist *quis, quid*? Was für ein Pronomen ist *quī, quod?*
18. Welche Form kann *quī, quae, quod, quibus* sein?
19. Was bedeuten *is, quī; ea, quae* (Pl. Neutrum)?
20. Was für Pronomina sind *quīcumque,* quaecumque, quodcumque und *quisquis,* quidquid?
21. Nenne die Bedeutung von: *aliquis,* aliquid; *quisquam,* quicquam; *quīdam,* quaedam, quiddam; *quisque,* quaeque, quidque, *quīvīs,* quaevīs, quidvīs; *quīlibet,* quaelibet, quidlibet!
22. Wann steht statt *aliquis* nur *quis?* Beispiel.
23. Was bedeutet *quisque* in Verbindung mit *einem Superlativ,* z. B. optimus quisque?
24. Was bedeuten *quīdam, quidem, nē - quidem?*
25. Was versteht man unter *Pronominaladjektiven?*
26. Welchen Ausgang haben *Genitiv und Dativ Singular* dieser Pronominaladjektive?
27. Was bedeutet *aliī - aliī?*
28. Übersetze: Alius aliud dīxit.
29. Nenne die Bedeutung von *tantus* - quantus, *tantī* - quantī, *tot* - quot, *totiēns* - quotiēns, *tālis* - quālis!
30. Wie werden nūllus und nēmō verwandt?
31. Übersetze!

   1. Hoc opus celeriter perfēcimus, ille labor autem difficilior erit. 2. Rōmānī discipulī eōrundem Graecōrum erant, quōs ōlim vīcerant. 3. Eīs servīs, quī mihī multōs annōs fīdē servīvērunt, lībertātem dōnābō. 4. Labōrēs, quōs tēcum in itinere tolerāvī, amīcitiam nostram fīrmāvērunt. 5. Mātrēs, quārum līberī in summō perīculō erant, deōs implōrāvērunt. 6. Quīcumque hīs verbīs crēdet, dēcipiētur. 7. Quidquid bonum est, dī

nōn sine industriā praebent. 8. Sī quī liber tibī placēbit, libenter tibī emam. 9. Cūrā, mī fīlī, nē cuilibet, sed optimō cuique placeās! 10. Tibī sōlī crēdō, quod semper vērum dīxistī. 11. Alter cōnsul pugnā cecidit, alter ab hostibus captus est. 12. Nūllō aliō tempore plūrēs hominēs servitūte oppressī sunt quam nostrō saeculō.

VII. Zahlwörter (Numerālia)

1–3

1. Welche *Kardinalzahlen* werden *dekliniert?*
2. Wann steht bei *mīlia* der genitīvus partītīvus? Beispiel.
3. Wie werden die lateinischen *Zahlwörter miteinander verbunden?* Beispiele.
4. Wie werden 28, 29, 38, 39 usw. ausgedrückt?
5. Bei welchen *Zeitangaben* verwendet der Lateiner *Ordinalzahlen?* Beispiele.
6. Übersetze:

1. 2, 12, 20, 200, 2000; 8, 18, 80, 800, 8000.
642 Schiffe, 1440 Schüler, 8975 Bücher, 5000 Einwohner.
2. im Jahre 70 n. Chr. Geburt; im Jahre 59 vor Chr. Geburt; im Jahre 333 v. Chr., im Jahre 410 n. Chr., im Jahre 1648 n. Chr., im Jahre 1981 n. Chr.
3. Annō a. Chr. n. septingentēsimō quīnquagēsimō tertiō urbs Rōma condita est. Quārto et tertiō a. Chr. n. saeculō Rōmānī tōtam Italiam expugnāvērunt. Deinde tria bella ā Rōmānīs cum Carthāginiēnsibus gesta sunt. Hannibal bellō Pūnicō secundō annō a. Chr. n. ducentēsimō sextō decimō Rōmānōs ad Cannās dēvīcit. Quīnquāgintā mīlia mīlitum Rōmānōrum hāc pugnā cecidērunt, vīgintī mīlia captī sunt. Tamen annō a. Chr. n. centēsimō quadrāgēsimō sextō Carthāgō a Pūbliō Cornēliō Scipiōne dēlēta est.

VIII. Das Verb (Zeit- oder Tätigkeitswort)

1–3

1. Wie viele *Personen,* welche *Numeri,* welche *Modi,* welche *Tempora,* welche *genera verbī* werden bei der Konjugation eines lateinischen Verbs unterschieden?
2. Was versteht man unter *verbum fīnītum* und *verbum īnfīnītum?*
3. Welche *Stämme* unterscheidet man beim lateinischen Verb, und welche Formen werden von ihnen gebildet?
4. *Wie viele Konjugationen* gibt es in der lateinischen Sprache? Wonach werden sie unterschieden?
5. *In welchen Formen unterscheiden sich die einzelnen Konjugationen?*
6. Welche 5 Arten der *Bildung des Perfektaktivstammes* unterscheidet man?

7. Wie wird der *Perfektpassiv- oder Supinstamm* gebildet?
8. In welche Bestandteile kann man Verbalformen zerlegen?
9. Wie heißen die *Personalendungen* im Aktiv und Passiv?
10. Wie unterscheiden sich die Formen des Präsensstammes im Aktiv und Passiv?
11. *Bildegesetz* des *Indikativ Präsens Aktiv und Passiv.*
12. Welche Regel ist für kurzes i in unbetonten Mittelsilben zu beachten?
13. Bildegesetz des *Indikativ Imperfekt Aktiv und Passiv.*
14. Bildegesetz des *Futur I Aktiv und Passiv.*
15. Bildegesetz des *Konjunktiv Präsens Aktiv und Passiv.*
16. Bildegesetz des *Konjunktiv Imperfekt Aktiv und Passiv,* Faustregel.
17. Wie heißen die Ausgänge des *Indikativ Perfekt Aktiv?*
18. Bildegesetz des *Konjunktiv Perfekt Aktiv.*
19. Wie werden die Formen des *Indikativ und Konjunktiv Plusquamperfekt* und des *Futur II Aktiv* gebildet?
20. Wie werden die Formen des *Indikativ und Konjunktiv Perfekt, Plusquamperfekt und Futur II Passiv* gebildet?

4. Die Konjugationen

1. Bestimme und übersetze:
   laudat, laudābant, laudābitis, laudantur, laudābar, laudābitur; laudem, laudēminī, laudārēmur, laudārēs;
   laudā, laudāte, laudārī.
   monēs, monētur, moneantur, monēbantur, monēbiminī, monērem, monērēris, monē, monērī.
   regō, regor, regimus, regēmus, regāmus, regerēmus, regēbant, regebātur, regātur, rege, regī.
   audit, audiuntur, audiātur, audiēris, audīrēs, audīrēris, audiēbam, audiēbantur, audīte, audīrī.
   capit, capiet, capiat, caperis, capiēris, caperēs, caperer, capiminī, capiēminī, capiar, capiebāris, cape, capī.
2. Bestimme und übersetze:
   laudāvērunt, monuit, rēxistis, audīverant, cēperam, laudāvisset, monuisse, rēxerint, cēperō, cēperim.
   laudātus est, monitī sint, rēctī eramus, audīta esset, captum erit; laudātus esse, rēctūrus esse, audītum īrī.
3. Was bezeichnen *Supinum I und II?*
4. Wie viele *Partizipien* unterscheidet man im Lateinischen, und wie werden sie gebildet? Beispiele von laudāre.
5. Wie wird das Gerundivum gebildet, und was bezeichnet es? Beispiel von monēre.
6. Wie wird das Gerundium gebildet, und was bezeichnet es? Beispiel: Genitiv des Gerundiums von regere.
7. Welche Formen bildet das Gerundium, und welche Ausgänge sind bei ihm möglich?

5. Die Deponentien (Verba dēpōnentia)

1. Was sind Deponentien?
2. Was versteht man unter Semideponentien?
3. Bestimme und übersetze folgende Formen:
   cōnātur, cōnēmur, cōnābantur, cōnābuntur, cōnārer, cōnāre, cōnātī essēmus, cōnantēs, cōnandum est, voluntās cōnandī.
   verētur, verērētur, vereantur, verēbāmur, verēberis, veritus est, dī verendī.
   loqueris, loquēris, loquāris, loquerēminī, loquebātur, locūtī erant, discipulīs loquentibus, loquendum nōn est, occāsiō loquendī.
   partiuntur, partientur, partiēbāmur, partīrēris, partiar, partītī essēmus, partiendum est, partiendō.
   patitur, patiāmur, patiēris, paterentur, patiēbantur, patere, passus est, fortūna hominum patientium, dolōrēs patiendī, fortiter patiendō.

6–7 Unregelmäßige und unvollständige Verben (Verba anōmala et dēfectīva)

1. Welche beiden Präsensstämme gibt es von esse? Wann wird der Stammauslaut s zu r?
2. Bestimme und übersetze folgende Formen:
   es, est, este, estis, estō, esset, erunt, erant, sint, sunt, fuērunt, fuerant, fuisset, fuerimus;
   absum, aderam, dēerit, interessēmus, praesit, obfuit, superfuerat.
3. Welcher Kasus steht bei den Komposita von esse? Beispiele.
4. Welche Veränderungen des Stammauslautes sind bei posse und prōdesse zu beachten?
5. Übersetze folgende Formen:
   prōdest, potest, prōsunt, possunt, prōsit, possit, prōderimus, poterunt, potuērunt, prōdesset, posset, prōfuistī, potuistis, prōfuissent, potuerāmus.
6. Übersetze folgende Formen: vīs, (vīs,f), volunt, volent, velint, vellet, nōlet, nōllet, mālō, mālēbat, mālīs, nōluērunt, voluissēs, nōluerit (2), māluerāmus, nōlī crēdere, nōlīte tacēre.
7. Welche Besonderheit ist bei fers, fert, fertis, ferris, fertur zu beachten?
8. Übersetze folgende Formen: fer, fers, fert, ferte, fertis, feret, ferret, ferat, feruntur, ferantur, ferentur, ferrentur, ferēbāmus, ferentēs, tulistī, tulerant, tulissēmus, lātum est, lātī erant, fortūna ferenda est;
   afferimus, abstulit, sē contulērunt, differunt, dīlātum est, efferātur, intulisse, offerēbātur, perferunt, rettulissent, praeferrī, sustulerat, sublātī sunt.
9. Unterscheide: tollit, tollet, tolleret, toleret, tolerat, tolerāret, tollitur, tolerābitur.
10. Vor welchen Vokalen lautet der *Stamm von īre* e statt i?
11. Welche Formen von īre werden im Passiv gebildet?
12. Übersetze folgende Formen: ī, iī, īs, it, iit, īte, ītis, īstis, īmus, iimus, eāmus, ībimus, īret, ībam, īssēmus, ierat, ierō, fīliō abeuntī, cōnsilium

abeundī, eundum est.
abeunt, adiērunt, exit, inibit, interīrent, pereat, praetereō, redīssem, subierāmus, trānseāmus, vēnierant.

13. Unterscheide: venit, vēnit (2), vēniit, veniunt, vēneunt, venērunt, vēniērunt.

14. Von welchem Verb werden die Formen des Präsensstammes im Passiv durch fierī ersetzt?

15. Welche Komposita von facere bilden ihr Passiv mit fierī?

16. Übersetze folgende Formen: fit, fītis, fīat, fīet, fīēbās, fierēmus; certiōrēs factī sumus; saepe fit, ut; ita factum est, ut; fierī potest, ut.

17. Was für Formen bilden meminisse und ōdisse, und welche Bedeutung haben sie?

18. Übersetze folgende Formen: meminērunt, meministī, meminerās, meminerit (2), mementō; ōdit, ōderāmus, ōderint (2), ōdissent.

19. Übersetze ins Deutsche!
1. Sī Alexander exercituī praeerit, Persās superābimus. 2. Sī fēminae miserae adfueris, praemium tibī dabō. 3. Oppidum nōn longē ā silvā aberat. 4. Homō bonus amīcīs suīs semper prōderit, numquam autem oberit. 5. Cōnsilia amīcōrum meōrum mihī saepe prōfuērunt, quamquam mē interdum vituperāvērunt. 6. Paulus convīviō interesse nōn potuit, quod aegrōtus factus erat. 7. Sī mihī librōs apportāre voluissēs, potuissēs. 8. Nisī nōbīs lībertātem praebēre vultis, mortuī quam vestrī servī esse mālumus. 9. Nōlī dēspērāre, quamquam multīs perīculīs oppressus es! 10. Saepe difficilius est, rēs secundās quam rēs adversās perferre. 11. Cum haec calamitās allāta esset, rēs pūblica nostra auxilium obtulit. 12. Germānī multum ā Gallīs differēbant, ut Caesar rettulit. 13. Quandō ex urbe redībis? Tibī obviam ībō. 14. Multī incolae, quī nōn abierant, īgnibus Vesūviī periērunt. 15. Ita factum est, ut tria oppida interīrent et multa saecula sub terrā latērent. 16. Quidquid Midās manibus tangēbat, aurum factum est. 17. Nisī amīcī nostrī statim certiōrēs fīent, plērīque abībunt. 18. Cūr nōs ōdistis et beneficiōrum nostrōrum (beneficia nostra) nōn iam meministis?

8. Stammformen der häufigsten Verben

1. *Verben der a- und e-Konjugation*

Übersetze folgende Formen: cubāmus, domitī sunt, sonat, vetuērunt, secārem, adiūvit, lavantur, dedit, cōnstat, īnstābit, sē praestitit.
dēlēvērunt, flēverat, complēvissent, arcuit, coercērent, exercētur, adhibeant, prohibitī sunt, tē praebēs, dēbēmus, meruistī, nocēbit, placet, tacēte, terrēbant, perterritus est, docēbunt, tenērent, pertinet, sustinuissem, cēnsēmus, carēbam, dolēbat, egent, flōreat, horrent, iacet, latēbat, pāreant, appāruit, studēbant, timerētur, valēte,
ārdent, rīdēbō, persuāsit, mānserat, iubētur, auctum est, lūceat, lūgēbāmus, cavē, favēbat, movētur, commōvit, permōtus sum, vōvī, obsēdērunt, possidēbitis, videant, invidēbant, prōvīdistī, pendērent, respondit, respondet.

2. *Verben der konsonantischen Konjugation*

v- und u-Perfekt: arcessīvistis, lacessuntur, peterent, cōnsulātum petīvit,

auxilium ab amīcō petam, repetātur, quaereris, sinēbat, dēsiērunt, cernī, crēvit (2), dēcernite, seritur, spernēris, nōsce tē ipsum, īgnōvissem, cōgnitī sunt, quiēscat, cōnsuēverat,
alitur, coluērunt, incolunt, cōnsulueramus, serēbant, dēsertī sumus, disserunt, disseruērunt, genitus est, pōnitur, dispōnī, exposuī, oppōnēmus, prōpōnātis.
s-Perfekt: dīcit, dīcet, dīcat, ēdīxērunt, interdictum est, dūcite, dūcēris, adductus, trādūxerat, corrigam, corrēctum est, dīrigī, ērēctum erat, pergēmus, surrēxit, tegerent, tēctī sunt, prōtegēbant, afflīguntur, afflīctī erant, cōnflīxissent, flexistī, flexī essent.
fīximus, fīxus est, fīnximus, fictum est, coniungāminī, exstinguitis, distīnxisse, trahe, veherem, fluit, cōnstruāmus, īnstrūxit, vīxisse, cēdēmus, accēdit, concessistī, discessērunt, prōcēdāmus, successerat, clausum est, interclūsī erant, dīvidī, vāde mēcum, ēvāserit, invādunt, laederēmus, lūsī, illūsī estis.
mitteris, āmitterēs, admitterer, committerēris, dīmīsī, intermittētur, omittō, permīseram, prōmīsissent, nūpsit, scrīptum est, dēscrīpsit, cōnscrīptī sunt, praescrībētur, prōscrībantur, contemnī, sūmātis, cōnsūmētur, mersī, spargitis, gessērunt, ūstum erat, premēbantur, oppresserit.
Dehnungsperfekt: ēgimus, cōgit, exigunt, in potestātem Rōmānōrum redāctī sunt, subāctī erant, ēdistī, ēmimus, adimitur, redemptī sumus, frangite, fūdit, lēgistis, colligātis, dēligī, dīligite, intellēxeram, neglegēbant, relīquimus, rumperent, corruptus esset, vīcisse, convictus est, cōnsēdērunt.
Reduplikationsperfekt: caderet, cecidērunt, cecīdērunt, accidit (2), incidēs, occidit (2), occīdit (2), concīderant,
canāmus, cucurristī, occurrimus (2), succurrēmus, dēduntur, ēdidit, prōditī sumus, redde, trāditur, vēndidissem, abdiderant, addit, urbs condita est, crēdidistī, perdidērunt,
discitis, fefellit, pepercerat, pepulerint (2), appulsī sunt, impellerētur, reppulit, pendet, poposcit, cōnstitērunt, dēsistēbant, exsistent, restiteramus, tangī, attingunt, contigit, tendunt, contendērunt, ostende.
Stammperfekt: metuēbat, minuit (2), statuimus (2), cōnstitūtum est, īnstituistī, restituātur, tribuitur, attribūtum est, distribuētur, solvātur, absolūtus est,
accendunt, ascendunt, incēnsī sunt, dēscende, dēfendī (2), offenderētur, comprehēnsus esset, reprehenderis, vertērunt, āverte, conversī sunt, animadverteram.

3. *Verben der lang- und kurzvokalischen i-Konjugation*

audiēs, exaudī, oboediēbat, cūstodiātur, dormīvimus, ērudītī sunt, expediendum est, impedīrent, fīniētur, lēniēbat, castra mūnīta sunt, nūtriuntur, pūnītus est, saevivērunt, scīmus, nesciō, serviam (2), vestītus, sepultus est, aperīte, salient, hauserat, sānxērunt, vinxerant, vincīrī, sēnsistī, cōnsentiēbant, dissentīmus, venīte, vēnī, adveniat, circumventī essent, convēnissent, ēvēnit, inventum est, pervenīrent, subvēnerant, repertī sunt, comperit (2),
cupimus, rapiet, dīripuērunt, ēreptī sunt, cōnspēxeram, dēspiceris, īnspiciātur, perspicerent, prōspēxit, accipiās, dēcipiēris, excēpimus, incipe, coepērunt, praeceptum est, sē recēperant, suscipe,
fēcisse, patefacient, patefīant, satisfacit, afficī, cōnficiētur, dēfēcērunt,

efficitur, interfectī sunt, perfēcerō, praefectus est, reficerētur, fodiant, fugerent, effūgit, iacimus, coniēcit, dēiectī essent, iniēcerat, obicit, subicī, traicerentur.

4. *Deponentien*

a- und e-Konjugation: arbitrantur, āspernābātur, auxilientur, cōnābimur, contemplātī sumus, cūnctāminī, dominābitur, glōriātī erant, grātulāmur, hortātus est, imitēris, interpretābor, indīgnābar,
laetāre, minātus est, mīrātī sumus, admīrārētur, miserāmur, morantēs, populābantur, opinābar, recorder, tutāberis, vagābuntur, vēnantur, venerantur, vēnēmur, venerēmur, vēnārēmur, venerārēmur, versātus est; fatentur, cōnfiteor, professus est, medērētur, meritus est, miserēre, pollicitī essent, ratī sumus, tuēbantur, intueātur, vidētur.

konsonantische Konjugation: locūtus est, colloquāmur, sequēris, cōnsecūtī sumus, īnsequuntur, persequerentur, prōsequantur, subsequēbātur, fruiminī (2), fūnctus es, lābuntur, lābentur, collāpsus est, nītantur, complexī sunt, queritur, (quaeritur!), questī sunt, (quaesītī sunt), uterētur, adeptī erant, reminīscimur, nancīsceris, nāscētur, nōlī oblīvīscī, profectī erant, ulcīscere, vēscēris.

i-Konjugationen: blandīris, largīrētur, mentītī sunt, mēnsī sunt, moliātur, partiēmur, potītī essent, sortīre, assentiar (2), experīrēmur, ortus est, adoriuntur,
aggredientur, congrediēbantur, ēgressus est, ingrediuntur, prōgrederentur, trānsgressī sunt, moritur, patientēs.

Semideponentien: audent, ausus est, gaudeat, gavīsī sunt, solēbat, solitus erat, fīdunt, cōnfīdāmus, cōnfīsus essem, diffīdēbant, revertētur, revertit, reversus.

C) Satzlehre

I. Satzteile

1–6

1. Welche Wortarten können *Prädikat* sein? Beispiele.
2. Woraus kann das *Subjekt* bestehen? Beispiele.
3. Wie stimmt *das verbale Prädikat* mit dem Subjekt überein? Beispiele.
4. Wonach richtet sich *das substantivische Prädikatsnomen?* Beispiel.
5. Wonach richtet sich *das adjektivische Prädikatsnomen?* Beispiele.
6. Nach wem richtet sich *das Prädikatsadjektiv,* wenn die Personen des Subjekts verschiedenen Geschlechts sind? Beispiel.
7. In welchem Genus muß *das Prädikatsadjektiv* stehen, wenn das Subjekt ein nicht deklinierbares Wort ist? Beispiel.
8. Wonach richtet sich *das pronominale Subjekt?* Beispiel.
9. Was ist *ein Attribut?*

10. Wonach richtet sich *das adjektivische Attribut?* Beispiele.
11. In welchem Kasus steht *das substantivische Attribut,* und welche Stellung kann es bei seinem Beziehungswort haben? Beispiele.
12. Was ist *eine Apposition?* Beispiele.
13. Wonach richtet sich *das Prädikatsnomen?*
14. Wann steht *das Prädikatsnomen im Nominativ,* wann *im Akkusativ?* Beispiele.
15. Wann kann *das Prädikatsnomen im Dativ* stehen? Beispiel.
16. Was ist ein *Prädikativum?* Beispiele und Erläuterungen.
17. Welche Wörter werden als *Prädikativa* verwandt? Beispiele.
18. Wie übersetzt man die prädikativen Ausdrücke: prīmā nocte, prīmā lūce, in summō monte?
19. *Übersetze ins Deutsche:* 1. Mentīrī turpe est. 2. Dīvitiae saepe perniciōsae sunt. 3. Uterque cōnsul cecidit. 4. Avunculus et amita aegrōtī sunt. 5. Idem velle et idem nōlle, ea vēra amīcitia est. 6. Pōpulī pulchrae caesae sunt. 7. Horātius poēta multa carmina scrīpsit. 8. Rōmānī Minervae deae sacrificābant. 9. Sēnātus Cicerōnem patrem patriae nōmināvit. 10. Caesar māximus imperator Rōmānōrum putātur. 11. Hominis est hūmānum esse. 12. Vōbīs nōn licet neglegentibus esse. 13. Cicerō dīxit:„Iuvenis rem pūblicam dēfendī, senex nōn dēseram.“ 14. Gallī cīvēs nōbilissimōs lēgātōs ad Caesarem mīsērunt. 15. Multī mīlitēs aegrōtī et vulnerātī ē bellō revertērunt. 16. Comitēs Ulixis maestī in lītore maris sedēbant. 17. Caesar prīmus Rōmānus Rhēnum flūmen trānsgressus est. 18. Hannibal īrātus et invītus ex Italiā exiit. 19. Inimīcī tuī tē absentem accūsāvērunt. 20. Cīvēs frequentēs in forum convēnerant. 21. Lēgātus prīmā lūce summum montem occupāvit.
20. Wie wird der einfache Satz beim Prädikat erweitert?
21. Was sind *Objekte?* In welchen Kasus und auf welche Fragen stehen sie?
22. Was bezeichnen *adverbiale Bestimmungen?* In welchen Kasus und auf welche Fragen stehen sie?
23. Wie wird der einfache Satz beim Subjekt und bei allen Substantiven erweitert?
24. Welche Wörter können *Attribute* sein?

II. Kasuslehre

1. Akkusativ

1. Welche *Funktionen* hat der Akkusativ?
2. Was versteht man unter *transitiven und intransitiven Verben?* Wie bilden sie das Passiv?

A. Der Akkusativ als Objekt

1. 1. Nūlla ars nātūram adaequāre potest. 2. Mortem effūgimus, quod nōs adiūvistī. 3. Nōlīte inimīcōs vestrōs ulcīscī, sed eōs semper cavēte! 4. Hiēms autumnum celeriter sequitur, vēr autem lentē hiemem.

5. Quem vīrēs dēfēcērunt, is facile animō dēficit. 6. Post clādem Cannēnsem multī sociī ā Rōmānīs dēfēcērunt.

2. 1. Cīvēs prōvinciae magistrātum, quī sē iniūstissimum praebuerat, querēbantur. 2. Iūdex cōnstantiam Chrīstiānōrum mīrātus est. 3. Parentēs fortūnam līberōrum dolēbant. 4. Hominēs stultī vitia aliōrum hominum rīdent. 5. Sequanī etiam Ariovistum absentem horrēbant.

3. 1. O, mē fēlīcem, qui tandem in patriam revertī. 2. O tempora, o mōrēs!

4. 1. Ariovistus Gallōs victōs sēdēs et frūmentum flāgitāvit. 2. Servī Graecī puerōs Rōmānōs linguam Graecam docēbant. 3. Gallī cōnsilia Rōmānōs celābant.

5. 1. In rēbus secundīs modestum, in rēbus adversīs fortem et strēnuum tē praestā! 2. Populus dīvitēs semper beātōs putat. 3. Eum ducem reddēmus, quem māximē idōneum cōgnōverimus. 4. Cīvēs Cicerōnem cōnsulem iūre creāvērunt. 5. Catilīna ā senātū hostis iūdicātus est. 6. In summō perīculō senātus virum strēnuum dictātōrem dīxit. 7. Urbs, quam Rōmulus condiderat, Rōma nōmināta est.

B. Der Akkusativ als adverbiale Bestimmung

1. Hōc annō Neāpolim et Pompēiōs proficīscēmur. 2. Rhodum, in īnsulam Graeciae, nāvigāvissēmus, nisī aegrōtī factī essēmus. 3. Multī hominēs in portum convēnērunt, quod māgnae nāvēs ē terrīs longinquīs appulsae erant. 4. Aestāte Rōmānī rūs ībant, autumnō Rōmam revertēbantur. 5. Cum Rōmānī Rhēnum trānsgressī essent, Germānī in silvās sē abdidērunt. 6. Cum victōria Athēnās nūntiāta esset, cīvēs in forum convēnērunt. 7. Alexander vīgintī annōs nātus rēx factus est. 8. Frāter meus septem annōs in Italiā morātus est. 9. Mūrus arcis ducentōs passūs longus et trīgintā pedēs altus erat.

2. Dativ

Welche *Funktionen* hat der Dativ?

A. Der Dativ als Objekt

1. 1. Medicī omnibus morbīs medērī nōn possunt. 2. Magistrātus dīvitiīs et potentiae nōn studuit, sed salūtī patriae prōvīdit. 3. Germānī ā puerīs labōribus et dūritiae studēbant. 4. Tē ipse māximē vexāvistī, quod nōbīs invīdistī. 5. Hannibal Antiochō rēgī persuāsit, ut cum exercitū in Graeciam proficīscerētur. 6. Nōbīs persuāsum est tē innocentem esse. 7. Imperātor Augustus artificibus et poētīs favēbat. 8. Persae, cum Athēnās expugnāvissent, nē templīs quidem deōrum pepercērunt. 9. Patre invītō Thusnelda Arminiō nūpsit. 10. Multī Athēniēnsēs Themistoclis glōriae invidēbant.

2. 1. Cicerō in senātū dīxit: „Patrēs cōnscrīptī, cōnsulite vōbīs, prōspicite patriae, mihī parcere ac dē mē cōgitāre dēsinite!“ 2. Cūr parentēs tuōs nōn cōnsuluistī, quī tibī semper prōvidēbant? 3. Īrae tuae temperā, nē servus lubīdinum tuārum fīās!

3. 1. Avō meō vīlla pulchra est; semper mihī gaudiō est, ibi fēriās agere. 2. Nioba „Mihī“, inquit, „septem fīliī et septem fīliae sunt.“ 3. Fēminae Germānōrum pugnae intererant. 4. Dumnorix equitātuī praeerat, quem Haeduī Rōmānīs auxiliō mīserant.

4. 1. Nōn tibī sōlī, sed etiam patriae nātus es. 2. Factum tuum omnem metum bonīs et omnem spem malīs sustulit. 3. Līberī mātrī ancorae vītae suntō! 4. Aliī vīvere debēs, sī vīs tibī vīvere.
5. 1. Patria civibus dēfendenda est. 2. Industria tua mihī laudanda est. 3. Nūllae urbēs Germānōrum populīs habitābantur.

B. Der Dativ als adverbiale Bestimmung des Zwecks

1. 1. Caesar quattuor legiōnēs ex Italiā celeriter auxiliō arcessīvit. 2. Caesar ab Ariovistō postulāvit, ut locum colloquiō dēligeret. 3. Imperātor, postquam ūnam legiōnem castrīs praesidiō relīquit, contrā hostēs profectus est. 4. Oppidō ab hostibus obsessō celeriter auxiliō vēnimus.
2. 1. Amīcitia nōbīs praesidiō et auxiliō, nōn dētrīmentō sit! 2. Superbia vestra vōbīs perniciēī, inimīcīs autem ūsuī erit. 3. Victōriae Mariī reī pūblicae Rōmānae salūtī fuērunt. 4. Tua valētūdō īnfirma mātrī tuae māgnae cūrae est. 5. Fortitūdō legiōnis decimae cēterīs cōpiīs exemplō erat. 6. Fortūna Croesī rēgis nōbīs documentō est, quod nēmō ante mortem beātus est. 7. Hannibal Rōmānōs ōderat et eīs odiō erat.
3. 1. Verba tua tibī glōriae data sunt. 2. Quidquid aliīs vitiō tribuis, nōlī dare tibī ipse laudī! 3. Cicerōnī honōrī tribuendum est, quod salūs pūblica eī summa lēx erat. 4. Tibī crīminī datur, quod amīcīs tuīs in perīculō nōn adfuistī. 5. Quod cōnsilium parentum tuōrum contempsistī, tibī stultitiae tribuitur.

3. Ablativ

1. Welche *Funktion* hat der Ablativ?
2. Welche *adverbialen Bestimmungen* stehen *im Ablativ?*

A. Der ablātīvus sēparātīvus

1. Auf welche Fragen steht der *ablātīvus sēparātīvus,* und was bezeichnet er?
2. 1. Multīs rēbus egēmus, quae māiōribus nostrīs nē nōtae quidem erant. 2. Incendiō hominēs pauperēs rēbus māximē necessāriīs prīvātī sunt. 3. Achillēs īrā nōn dēstitit, quamquam Agamemnō iniūriam suam cōnfessus erat. 4. Mors hominēs omnibus malīs līberat. 5. Virī fortēs patriam ā tyrannō līberāre cōnātī sunt. 6. Hominēs numquam metū līberī erunt. 7. Imperium Rōmānum līmite diū ā Germānīs tūtum erat.
   8. Rōmānī Tarquinium Rōmā expulsum reditū prōhibuērunt. 9. Caesar, cum Brundisiō in Graeciam nāvigāret, ā pīrātīs captus est. 10. Amīcus meus mihī Syrācūsīs, ex māgnā urbe Siciliae, scrīpsit. 11. Aeneas Trōiā Carthāginem fūgit, Carthāgine in Lātium nāvigāvit.
   12. Terra lūnā māior est, sed sōle minor. 13. Opiniōne celerius Germānī Rōmānōs in cornū sinistrō aggressī sunt, quod dextrō īnfirmius erat. 14. Nihil servitūte pēius est, nihil lībertāte pulchrius. 15. Pauperēs saepe dīvitibus contentiōrēs sunt; quis piīs fēlicior est? 16. Sī urbem nostram ab occāsū servāveris, quis tē clārior, quis tē māior in terrīs erit? 17. Cicerō patriam sibī cāriōrem vītā suā dīxit.
   18. Plērīque Belgae ā Germānīs ortī sunt. 19. Fortūna levis nōn est, ā parentibus clārīs nātum esse. 20. Multī virī ōrdine humilī nātī industriā et cōnstantiā summōs honōrēs assecūtī sunt.

B. Der ablātīvus locātīvus

1. Auf welche Fragen steht der *ablātīvus locātīvus,* und was bezeichnet er?

2. 1. Cum Athēnīs reverterer, frātrī meō Neapolī occurrī. 2. Cūr herī domī mānsistī? 3. Postquam Trōia dēlēta est, Ulixes decem annōs terrā marīque errāvit. 4. Caesar domī bellīque virum ēgregium sē praestitit. 5. Ut Rōmae cōnsulēs, sīc Carthāgine quotannīs rēgēs creābantur. 6. Multīs locīs patriae nostrae virīs clārīs monumenta cōnstructa sunt. 7. Tōtō orbe terrārum lingua Latīna nōta est.
8. Cūstōdēs in turrī cōnstitērunt, ut regiōnem melius observāre possent. 9. Cīvēs urbis obsessae omnem spem in auxiliō sociōrum posuērunt. 10. Saeculō a. Chr. n. septimō et sextō Graecī in Siciliā et Italiā īnferiōre cōnsēdērunt. 11. Bellō novissimō in oppidō nostrō multae domūs dēlētae sunt. 12. Tribus diēbus Rōmam perveniēmus. 13. Caesar paucīs annīs tōtam Galliam subēgit. 14. In rēbus arduīs aequam mentem servāre mementō!

C. Der ablātīvus sociātīvus

1. Was bezeichnet der *ablātīvus sociātīvus?*

2. 1. Belgae cum omnibus copiīs ad castra Caesaris properāvērunt. 2. Catilīna cum paucīs comitibus Rōmā in castra ad Manlium profectus est. 3. Caesar iterum lēgātōs ad Ariovistum cum hīs mandātīs mīsit. 4. Diviciacus Caesarem multīs cum lacrimīs complexus est.
5. Antīquīs temporibus Rōmānī cum sapientiā et iūstitiā imperiō suō fūnctī sunt. 6. Praestat cum dignitāte cadere quam cum īgnōminiā servīre. 7. Annō a. Chr. n. ducentēsimō prīmō Carthāginiēnsēs cum Rōmānīs condiciōnibus dūrissimīs pācem fēcērunt. 8. Iniūriās hostium aequō animō tolerāre nōn possumus. 9. Stellae cursum mīrābilī celeritāte perficiunt. 10. Cīvēs oppidum eā condiciōne dedidērunt, ut vītae omnium incolārum parcerētur.
11. Germānī ingentī māgnitūdine corporum, caerūleīs oculīs et flāvīs comīs erant. 12. Helena, rēgīna Spartae, fēmina singulārī pulchritūdine erat. 13. Catilīna familiā nōbilī ortus ingēniō malō pravōque erat.

D. Der ablātīvus īnstrūmentālis

1. Auf welche Fragen steht der *ablātīvus īnstrūmentālis,* und was bezeichnet er?

2. 1. Multa animālia dentibus vel cornibus sē dēfendunt. 2. Concordiā rēs parvae crēscunt, discordiā etiam māximae dīlābuntur. 3. Quamquam hostēs summā vī aggrediēbantur, militēs castrīs sē tenēbant. 4. Caesar Rhēnum flūvium cum complūribus legiōnibus ponte trānsgressus est. 5. Oppida pulcherrima patriae nostrae ab hostibus īgne dēlēta sunt. 6. Themistoclēs rēgem Persārum per nūntium certiōrem fēcit. 7. Rōmānī imperātōrēs honōribus dīvīnīs affēcērunt. 8. Cīvēs hominēs pauperēs urbe recēpērunt et omnibus rēbus necessāriīs affēcērunt. 9. Multī Chrīstiānī ab imperātōre Nerōne suppliciō affectī sunt.
10. Hominēs rēbus secundīs gaudent et rēbus adversīs dolent. 11. Reprehenderis, quod virtūtibus tuīs nimis glōriāris. 12. Pater victōriā fīliī laetus erat et virtūte eius superbus erat. 13. Imperātor Augustus eventibus Germānōrum maestissimus erat. 14. Timōre perterritī incolae urbis in silvās fūgērunt. 15. Nōn amōre impulsī, sed īrā et odiō commōtī

ēgistis. 16. Spē lībertātis adductī summa perīcula superāvimus. 17. Agricola equum tribus mēnsibus ante parvō ēmit, hodiē eum plūrimō vendidit. 18. Hae mercēs minimō vēniērunt. 19. Melius ēmissēs, si plūris ēmissēs. 20. Hic mercātor eadem vestimenta multō minōris vendit quam ille. 21. Bellum novissimum vītā plūrimōrum hominum cōnstitit. 22. Multae voluptātēs dolōribus posteriōribus emuntur.
23. Quō diūtius manēbis, eō māius gaudium nostrum erit. 24. Quantō attentius agētis, tantō īnfirmiōrēs hostēs erunt. 25. Paucīs diēbus post captīvī ē carcere līberātī sunt. 26. Hieme diēs complūribus hōrīs breviōrēs noctibus sunt. 27. Dānuvius multō longior et lātior Rhēnō est.
28. Meā sententiā hunc librum minimō ēmistī. 29. Quamquam frāter tuus minor nātū est, tibī māgnitūdine par est. 30. Hannibal Rōmānōs vīcit, quī numerō multō superiōrēs erant. 31. Hic discipulus omnibus aliīs celeritāte et cōnstantiā praestat. 32. A castrīs Rōmānōrum oppidum Rēmōrum nomine Bibrax aberat mīlia passuum octō.

3. *Bei welchen Adjektiven* steht der *ablātīvus īnstrūmentālis?*

4. *Bei welchen Verben* steht der *ablātīvus īnstrūmentālis* anstelle eines Objektkasus?

5. 1. Quīcumque sorte suā contentus est, fēlīx est. 2. Summā laude dignus es, quia amīcum tuum ē perīculō servāvistī. 3. Auxiliō vestrō cōnfīsus hunc labōrem suscipiam. 4. Iī amīcitiā indignī sunt, quī eam ūtilitātis causā petunt. 5. Quod labōre assuētī nōn estis, fortūnam vestram queriminī. 6. Discipulus summō ingēniō praeditus numquam sē contentus erat.
7. Potentiā tuā cum clēmentiā ūsus es. 8. Quōusque tandem, Catilīna, patientiā nostrā abūtēris? 9. Senex, quī mūneribus suīs optimē fūnctus erat, ōtio cum dignitāte fruēbātur. 10. Rōmānī tribus saeculīs tōtō orbe terrārum potītī sunt. 11. Germānī māximā ex parte lacte, cāseō, carne vēscēbantur. 12. Auxilium nostrum frūstrā implōrās; vīribus tuīs ipse nītere! 13. Contentīs hominibus rēbus paucīs opus est, dīvitibus hominibus plērumque multa opus sunt.

4. Genitiv

Welche *Funktionen* hat der Genitiv?

A. Der Genitiv als Objekt

1. Saepe tuī meminī et verbōrum tuōrum (verba tua) oblivīscī nōn possum. 2. Grātī hominēs beneficiōrum acceptōrum reminīscuntur. 3. Populus Rōmānus clādis Cannēnsis numquam oblītus est. 4. Croesus, cum in rogō stāret, dē verbīs Solōnis recordātus est. 5. Scrīptōrēs Rōmānī iuventūtem saepe dē virtūtibus māiōrum admonēbant.
6. Imperātor Nerō Chrīstiānōs incendiī Rōmae arguit et morte multāvit. 7. Illī hominēs iūre hōrum scelerum nefāriōrum damnātī sunt. 8. Miltiadēs, cum Parum īnsulam expugnāre nōn posset, prōditiōnis accusātus est. 9. Capitis nōn damnātus, sed māgnā pecūniā pūnītus est. 10. Chrīstiānī neque facinoris neque flāgitiī convictī sunt.
11. Cum tē pigritiae tuae pudeat et stultitiae tuae paeniteat, tibī īgnōscō. 12. Magistrum saepe discipulōrum pigrōrum pigēbat. 13. Nostrā memoriā multōs hominēs vītae taedet. 14. Chrīstus dīxit: „Mē miseret populī." 15. Populum Rōmānum paenitēbat, Cicerōnem exsiliō multāvisse.

16. Cum reum sceleris pudēret, hominēs eius miserēbat.

B. Der Genitiv als Attribut

1. Was bezeichnet der *genitīvus obiectīvus,* und bei welchen Wortarten steht er?
2. Was bezeichnet der *genitīvus partītīvus,* und bei welchen Ausdrücken steht er?
3. 1. Initium sapientiae est timor Deī. 2. Parentum cūra fīliī vulnerātī māgna erat. 3. Studium litterārum discipulō pigrō displicuit; etiam timor poenae animum eius nōn incitāvit. 4. Memoria scholae vōbīs grāta erit. 5. Cupiditās glōriae et dīvitiārum iam multōs hominēs perdidit. 6. Admīrātiō virōrum māgnōrum interdum celerrimē in odium mūtāta est. 7. Omnem spem salūtis in fortitūdine pōnite! 8. Amōre līberōrum impulsī parentēs multōs labōrēs suscipiunt.
   9. Quod pecūniae avidī estis, vītam cūrārum plēnam agitis. 10. Vulgus rērum novārum cupidum erat. 11. Hunc anulum tibī dōnō, ut semper sīs memor meī. 12. Veterānī reī mīlitāris perītissimī erant. 13. Homō sōlus ratiōnis et linguae particeps est. 14. Alcibiadēs lubīdinum potēns nōn erat. 15. Multī nōbilēs coniūrātiōnis Catilīnae cōnsciī erant.
   16. Cicerō amāns patriae et appetēns glōriae erat. 17. Quīcumque officiī neglegēns et labōrum fugiēns est, neque sibī neque aliīs prōdest. 18. Sōcratēs vēritātis et virtūtis amantissimus erat; id eī perniciēī erat. 19. Mīlitēs labōrum patientēs itineribus māgnīs angustiās assequī contendērunt.
   20. Pugna Cannēnsis populō Rōmānō māxima omnium clādium fuit. 21. Quīnquāgintā mīlia mīlitum hāc pugnā cecidērunt. 22. Cōnsulum alter cecidit, alter cum parvā manū equitum effūgit. 23. Numquam Rōmae tantum timōris erat quantum post hanc pugnam. 24. Nēmō nostrum diem et hōram mortis scit. 25. Cicerō clārissimus omnium ōrātōrum Rōmānōrum est. 26. Māgnus numerus domuum incendiō dēlētus est. 27. Duōs ex vōbīs lēgātōs ad imperātōrem hostium mittō. 28. Cicerō māior nātū duōrum fīliōrum erat, quōrum alter Mārcus, alter Quīntus appellātus erat.

C. Der Genitiv als Attribut und Prädikatsnomen

1. 1. Thesaurī rēgis ā lātrōnibus raptī sunt. 2. Date Caesarī, quod Caesaris est, et Deō, quod Deī est. 3. Quae anteā patris erant, nunc nostra sunt. 4. Frāter meus vīllam pulchram, quae mercātōris dīvitis erat, parvō ēmit. 5. Parentum est līberōs bene ēducāre, līberōrum est parentibus pārēre. 6. Tuum est corpus et animum exercēre. 7. Stultōrum hominum est vitia sua nōn intellegere. 8. Iuvenis est senem verērī. 9. Ingeniī nōbilis est iniūriam īgnōscere. 10. Reī pūblicae māgnī interest cīvēs concordēs esse.
   11. Hannibal puer decem annōrum patrem in Hispaniam secūtus est. 12. Graecī classe trecentārum nāvium Persās apud Salamīnem vīcērunt; classis Persārum erat quadringentārum nāvium. 13. Virī māgnī ingeniī et virtūtis ēgregiae hanc rem pūblicam creāvērunt. 14. Legiōnēs, quae mīlitum virtūtis probātae erant, legiōnēs veterānae appellābantur.
   15. Germānī nihil plūris quam fīdem aestimābant. 16. Sōcratēs dīvitiās et potentiam parvī putābat, virtūtem autem plūrimī. 17. Hominēs litterās saepe minōris quam dīvitiās dūcunt. 18. Mercēs, quae parvō cōnstant, saepe parvī sunt. 19. Fāma bona plūris est quam pecūnia. 20. Cicerō dīxit:

„Nihil in vītā plūris faciendum est glōriā et virtūte, omnia perīcula mortis et exsiliī parvī pendenda sunt."

2. Was bedeutet *esse mit Genitiv, esse mit Dativ, esse mit doppeltem Dativ?* Beispiele.
3. Welcher andere Kasus bezeichnet auch mit Attribut eine Eigenschaft?
4. Welcher Unterschied besteht zwischen dem *genitīvus pretiī* und dem *ablātīvus pretiī?*

III. Präpositionen (Verhältniswörter)

1-3

1. Welche *drei Bedeutungen* können Präpositionen haben?
2. Welche Präpositionen stehen *beim Ablativ?*
3. Welche Präpositionen stehen *beim Ablativ und Akkusativ?*
4. *Bei welchem Kasus stehen alle anderen Präpositionen?*

5.1. 1. Hannibal ā Carthāginiēnsibus ex Italiā in Āfricam revocātus est. 2. Dē altā turrī hostēs tēla in urbem iactābant. 3. Caesar dē tertiā vigiliā cum tribus legiōnibus ē castrīs profectus est. 4. Cicerō librum dē amīcitiā scrīpsit. 5. Nihil sine māgnō labōre vīta dat hominibus. 6. Decōrum est prō patriā morī. 7. Helvētiī prō multitūdine hominum angustōs fīnēs habēbant. 8. Māter prae gaudiō lacrimābat. 9. Avēs sub tēctō vīllae nīdum fēcērunt. 10. Puerī in silvam sub dēnsās arborēs properāvērunt. 11. Sub vesperum portae oppidī clausae sunt. 12. Rōma antīqua in sinistrā rīpā Tiberis sita erat. 13. Ad Thermōpylās cum Persa quīdam dīxisset: „Sōlem prae multitūdine sagittārum nōn vidēbitis", ex Lacedaemōniīs ūnus „In umbrā igitur", inquit, „pugnābimus."

5.2. 1. Per aspera ad astra! 2. Caesar ūsque ad castra hostium accessit. 3. Ad trīgintā mīlia cīvium in forum convēnērunt. 4. Caesar adversus senātūs cōnsultum exercitum suum nōn dīmīsit. 5. Adversus agrum Vāticānum campus Martius situs erat. 6. Apud Helvētiōs longē nōbilissimus fuit Orgetorīx. 7. Nēmō ante mortem beātus appellārī potest. 8. Omnēs collēs, quī circum (circā) urbem sitī sunt, ā nostrīs mīlitibus occupātī sunt. 9. Circā merīdiem domum revertēmur. 10. Caesar Germānōs, quī citrā (cis) Rhēnum incolēbant, ex sēdibus expulit et trāns (ultrā) Rhēnum cōnsīdere coēgit. 11. Gallī cis et trāns Alpēs cōnsēderant. 12. Contrā vim mortis nōn est medicāmen in hortīs. 13. Benevolentia Cicerōnis ergā incolās Siciliae māgna erat. 14. Rōmānī mortuōs extrā moenia sepelīre dēbēbant. 15. Īnfrā frontem oculī sunt; suprā oculōs frōns est. 16. Inter Germāniam et Italiam Alpēs sunt. 17. Inter malōs hominēs amīcitia esse nōn potest. 18. Intrā pōmērium cīvēs tūtī et līberī erant. 19. Caesar intrā septem annōs tōtam Galliam subēgit. 20. Atticus iūxtā viam Appiam ad quīntum lapidem sepultus est. 21. Ob tuum metum a plērīsque contemneris. 22. Quam ob rem cōnsul senātum convocāvit. 23. Centum diēs penes hostēs fuī. 24. Per tōtam urbem errāvī et tē quaesīvī. 25. Cicerō properē per fēminam dē īnsidiīs, quae parābantur, certior factus est. 26. Post urbem montēs oriuntur. 27. Ulixēs post vīgintī annōs Ithacam revertit. 28. Ariovistus cōpiās suās praeter castra Rōmānōrum trādūxit.

29. Reus praeter vincula pecūniā multātus est. 30. Prope Tiberim mausolēum imperātōris Augustī cōnstructum erat. 31. Propter frīgus frūmentum in agrīs mātūrum nōn erat. 32. Secundum nātūram vīvere oportet. 33. Iter tam praeceps erat, ut aliī super aliōs praecipitārentur. 34. Imperātor Trāiānus imperium Rōmānum super Dānuvium prōtulit et Dāciam expugnāvit. 35. Dux hostium cum exercitū suprā caput est. 36. Germānī trāns Rhēnum incolēbant. 37. Caesar paulō ultrā eum locum castra posuit. 38. Certī fīnēs sunt, ultrā citrāque quōs rēctum cōnsistere nequit. (Horaz)

IV. Gebrauch der Nominalformen des Verbs

1. Der Infinitiv

1. Was ist der *Infinitiv* und wie wird er verwandt?
2. Bei welchen Verben steht der *Infinitiv als Objekt?*
3. Bei welchen Verben und Ausdrücken steht der *Infinitiv als Subjekt?*
4. Wonach richtet sich das *Prädikatsnomen beim Infinitiv?*
5. In welchem Kasus steht das Prädikatsnomen beim Infinitiv, wenn kein Beziehungswort im Nominativ vorhanden ist?
6. In welchen Kasus tritt das Prädikatsnomen bei licet, wenn bei diesem Verb ein Objekt steht?
7. 1. Nēmō sine virtūte beātus esse potest. 2. Multī hominēs neque legere neque scrībere possunt. 3. Ille vir īre nōn vult, sed stāre nōn potest. 4. Haec beneficia oblīvīscī nōn debētis. 5. Helvētiī nostrum āgmen novissimum aggredī coepērunt. 6. Ōrātor cum populō agere perrēxit. 7. Sōcratēs Athēniēnsēs ad virtūtem vocāre nōn dēstitit. 8. Germānī in flūminibus lavārī solēbant. 9. Dignum et iūstum est Deum colere et adōrāre. 10. Hominem innocentem interficere nefās est. 11. Praestat īgnōscere quam ulcīscī. 12. Scholae meminisse iuvābit. 13. Līberī esse volumus ut patrēs nostrī. 14. Caesar in minimō municipiō prīmus esse mālēbat quam Rōmae secundus. 15. Mālumus in perīculum venīre quam īgnāvī esse. 16. Difficile est in rēbus secundīs modestum esse. 17. Sapientiae est fortūnā suā contentum esse. 18. Germānīs summa laus erat fīdōs esse. 19. Omnium cīvium est patriae amantēs et industriōs esse. 20. Vōbīs licet incolumibus discēdere. 21. Tibī nōn licet in hāc rē ōtiōsō esse.

2. Der a. c. i. (accūsātīvus cum īnfīnītīvō)

1. Welche *drei Satzteile* müssen *beim a. c. i.* vorhanden sein?
2. Was bezeichnet der *Subjektsakkusativ?*
3. Wozu wird der Subjektsakkusativ bei der deutschen Übersetzung, wozu der Infinitiv?
4. In welchem Kasus steht das *Prädikatsnomen beim a. c. i.?*
5. Worauf bezieht sich das *Reflexivpronomen beim a. c. i.,* und wie wird es wiedergegeben?

6. Was gibt der *Infinitiv des a. c. i.* zeitlich zum übergeordneten Verb an?

7. Wann steht der *Infinitiv Präsens* beim a. c. i., wann der *Infinitiv Perfekt,* wann der *Infinitiv Futur?*

8. Bei welchen Verben steht der *a. c. i. futūrī* abweichend vom Deutschen?

9.1. 1. Crēdō tē rēctē fēcisse. 2. Magistrum nostrum aegrōtum esse audīvimus. 3. Tē fīlium Deī esse cōgnōvimus. 4. Achillēs vītam suam brevem futūram esse scīvit. 5. Nūntius Athēniēnsēs vīcisse rettulit. 6. Frāter meus sē Athēnīs fuisse scrīpsit. 7. Discipulī sē pūnītum īrī opinābantur. 8. Stultī hominēs sē omnia scīre arbitrantur. 9. Sōcratēs sē nihil scīre scīvit. 10. Fēmina pauper nēminem sibī adesse posse exīstimat. 11. Puellae librum sibī displicēre dīxērunt. 12. Caesar sē posse ūllī iter per prōvinciam dare negat.

13. Spērō tē mox reditūrum esse. 14. Xerxēs Graeciam facile victum īrī spērāvit. 15. Pater sē fīliō sēdulō praemium datūrum esse prōmīsit. 16. Sociī sē quam celerrimē auxiliō ventūrōs esse pollicitī sunt. 17. Hannibal sē numquam amīcum populī Rōmānī futūrum esse iūrāvit. 18. Mē hoc scelus nōn commīsisse iūrō. 19. Hostēs sē omnēs captīvōs interfectūrōs esse minātī sunt. 20. Dominus sē servum perfidum graviter pūnītūrum esse minātus est.

21. Fīlius patrī scrīpsit, ut sibī pecūniam mitteret; sē enim librōs dīversōs ēmisse. 22. Ariovistus Caesarem admonuit Rōmānōs iam saepe ā Germānīs victōs esse. 23. Imperātor mīlitēs monuit, ut fortiter pugnārent. 24. Mihī persuāsum est tē vērum dīxisse. 25. Themistoclēs Athēniēnsibus persuāsit, ut classem centum nāvium aedificārent. 26. Concēdō mē errāvisse. 27. Tibī nōn concēdō, ut abeās. 28. Vīdī vōs herī in oppidum īsse. 29. Videant cōnsulēs, nē quid dētrīmentī rēs pūblica capiat. 30. Amīcus, cum mē ex nāve ēgredientem vidēret, ad mē properāvit et mē complexus est.

9.2. 1. Gaudeō tē salvum domum revertisse. 2. Omnēs hominēs vēr vēnisse laetantur. 3. Amīcum meum tam celeriter profectum esse doleō. 4. Quod aliōs numquam adiūvistī, nōlī mīrārī nēminem tē adiuvāre. 5. Colōnī sē ex patriā expellī indīgnābantur. 6. Belgae exercitum populī Rōmānī in Galliā hiemāre molestē ferēbant. 7. Athlēta sē Rhodī omnēs aemulōs vīcisse glōriātus est. 8. Captīvī sē iniūstē tractāri querēbantur.

9.3. 1. Caesar Germānōs Rhēnum trānsīre nōluit. 2. Alexander medicōs sibī quam celerrimē medērī iussit. 3. Rōmānī servōs inter cēnam tacēre iussērunt. 4. Manlius fīlium suum, quod contrā imperium in hostem pugnāverat, necārī iussit. 5. Cōnsul captīvōs vexārī et interficī vetuit. 6. Magistrī discipulōs librōs malōs legere vetant. 7. Caesar Helvētiōs per prōvinciam Rōmānam iter facere passus nōn est. 8. Suēbī vīnum ad sē importārī nōn sinunt.

9.4. 1. Carthāginiēnsēs cum Rōmānīs pācem facere volunt. 2. Vōs autem captīvōs reddere cupiunt. 3. Mālō ipse Carthāginem redīre quam vōs captīvōs trādere. (Konsul Marcus Atilius Regulus vor dem römischen Senat, 250 v. Chr.) 4. Cupiō mē esse clēmentem, sed nōlō mē in tantīs reī pūblicae perīculīs dissolūtum vidērī. 5. Caesar nōluit eōs fīnēs, unde Helvētiī discesserant, vacāre. 6. Siculī sē ab omnibus dēsertōs quam abs tē dēfēnsōs esse mālunt.

9.5. 1. Cīvēs, quī lēgibus nōn pārent, pūnīrī oportet. 2. Rem pūblicam ā sapientibus et iūstīs virīs regī opus est. 3. Sī iūdicia nūlla sunt, vim dominārī necesse est. 4. Vīrēs multōrum animālium māiōrēs quam hominum esse appāret. 5. Graecī pulcherrima artificia creāvisse cōnstat. 6. Omnēs hominēs līberōs esse fās est. 7. Multōs hominēs bonōs ā malīs interfectōs esse nōtum est. 8. Hominēs iūstōs ab iniūstīs interficī nefās est. 9. Praestat nōs per virtūtem morī quam hanc vītam inhonestam diūtius agere.

9.6. 1. Cicerō, quem optimē dē rē pūblicā meritum esse cōnstat, ab Antōniō prōscrīptus et interfectus est. 2. Gallia, quam suīs lēgibus ūtī senātus voluit, lībera esse dēbet. 3. Themistoclēs, quem Graeciam ā Persīs servāvisse cōnstat, patriā expulsus et ā rēge Persārum receptus est.

3. Der sogenannte n. c. i. (nōminātīvus cum īnfīnītīvō)

1. *Wann steht* statt des a. c. i. *der sogenannte n. c. i.?*

2. 1. Cerēs Proserpinam fīliam tōtō orbe terrārum frūstrā quaesīvisse dīcitur. 2. Rōmulus et Remus ad Tiberim expositī esse dīcuntur. 3. Nūntium trīstissimum audīvisse vidēminī. 4. Facile ab illō homine fallācī dēceptus esse vidēris. 5. Nōn omnēs beātī sunt, quī beātī esse videntur. 6. Hostēs arma trādere iussī sunt. 7. Magistrātūs Rōmānī cīvem Rōmānum vincīre vetitī erant. 8. Platō scrībēns mortuus esse fertur. 9. Tarquinius Superbus ultimus rēx Rōmānōrum fuisse trāditur. 10. Aber: Rōmam nūntiātum est cōnsulem pugnā victum esse.

4. Das Partizip

1. *Was für ein Wort ist das Partizip?*
2. *Nach welchem Wort richtet sich das Partizip?*
3. Was muß man deshalb bei einem Partizip immer zuerst feststellen?
4. Was bezeichnet das *Tempus des Partizips?*
5. Was für ein Zeitverhältnis drücken Partizip Präsens, Perfekt und Futur aus?
6. Was bezeichnet das Partizip Perfekt einiger Deponentien?
7. Wie nennt man die *Verbindung des Partizip Futur Aktiv mit dem Hilfsverb esse,* und was drückt sie aus? Beispiele.
8. Was versteht man unter einem *participium coniūnctum?*
9. In welchem logischen Verhältnis zum gesamten Satz kann das participium coniūnctum stehen?
10. 1. Aedificia ardentia servārī nōn poterant. 2. Clāmor fēminārum lacrimantium nihil prōfuit. 3. Cīvēs cōnsulem redeuntem laetī salūtāvērunt. 4. Fīliī thēsaurum occultātum in agrō nōn invēnērunt. 5. Urbēs dēlētae ā cīvibus renovātae sunt. 6. Crās librōs prōmissōs tibī mittam. 7. Vōbīs culpam cōnfessīs īgnōscō. 8. Germānī in pugnam itūrī cantābant. 9. Ambulātūrus eram; subitō amīcus meus appāruit. 10. In Italiam profectūrus et clāra monumenta Rōmānōrum vīsūrus sum.

    11. Lacedaemoniī in Thermopylīs fortiter pugnantēs prōditiōne superātī sunt. 12. Caesar ā senātū in Galliam missus Helvētiōs et Ariovistum vīcit. 13. Puerī diū in silvā vagātī domum revertērunt. 14. Nautae in

Graeciam nāvigātūrī tempestāte retentī sunt. 15. Scipiō exercitum in Āfricam traductūrus dīs immolāvit. 16. Ulixēs domum reversus ā nūllō cōgnitus est. 17. Hominī semper vērum dīcentī fīdem habēmus. 18. Germānī līmitem multīs castellīs et turribus munītum dēlēvērunt. 19. Tibī bis mentītō nōn iam crēdimus. 20. Nātūram ducem sequentēs numquam aberrābimus. 21. Rōmānī ab Hannibale saepe victī tamen nōn dēspērāvērunt. 22. Puer nihil dīcēns discessit. 23. Mīlitēs ab hostibus captī līberātī sunt.

5. Der sogenannte ablātīvus absolūtus

1. *Was versteht man unter einem ablātīvus absolūtus?*
2. Welche Regeln muß man bei der *Übersetzung des ablātīvus absolūtus* beachten? Beispiel.
3. Was bezeichnet das Tempus des Partizips beim ablātīvus absolūtus?
4. Wann spricht man von einem *nominalen ablātīvus absolūtus?*
5. Übersetze folgende Ausdrücke: Alexandrō duce; tē duce; mē auctōre; Agrippā cōnsule; parentibus vīvīs; mē invītō; vōbīs īnsciīs.
6. 1. Hieme appropinquante avēs in terrās calidiōrēs āvolant. 2. Themistocle auctōre Persae clāssem Graecam apud Salamīnem aggressī sunt. 3. Trōiānīs dormientibus Graecī ex equō līgneō dēscendērunt et urbem incendērunt. 4. Graecīs domūs incendentibus et incolās necantibus Aenēās ex urbe effūgit. 5. Captīvīs dīmissīs pāx cum hostibus facta est. 6. Latrōnēs pecūniam rapuērunt nūllō resistere audente. 7. Rēgibus expulsīs Rōmae cōnsulēs creābantur. 8. Sōle occidente nautae in portum revertērunt. 9. Fīliō reversō laetitia parentum māgna erat. 10. Caesare occīsō rēs pūblica restituī nōn poterat. 11. Caesar Gallīs victīs exercitum in hiberna dūxit. 12. Rōmānīs Rhēnum trānsgressīs Germānī in silvās sē recēpērunt. 13. Tē auctōre illum librum legam. 14. Mē invītō cōnsilium captum est. 15. Hannibale duce Carthāginiēnsēs māgnās victōriās pepererunt. 16. Rēge mortuō bellum cīvīle ortum est. 17. Tiberiō imperātōre Chrīstus crucī fīxus est. 18. Parentibus vīvīs fēlīcēs erāmus. 19. Nōbīs īnsciīs hoc cōnsilium prōditum est. 20. Cicerōne cōnsule coniūrātiō Catilīnae dētēcta est.

6. Das Gerundium

1. *Was ist das Gerundium und welche Funktion hat es?*
2. Wie kann der Infinitiv Präsens Aktiv verwandt werden?
3. Welche *Ausgänge* sind nur *beim Gerundium* möglich?
4. Bei welchen Wortarten steht *der Genitiv des Gerundiums?*
5. Wie wird der *Akkusativ des Gerundiums* verwandt?
6. Wie wird der *Ablativ des Gerundiums* verwandt?
7. Warum kann das *Gerundium mit Objekten und Adverbien* verbunden werden? Beispiele.
8. Welche *Konstruktion* kann man *statt des Gerundiums mit Akkusativobjekt* verwenden, und welche Veränderungen treten dabei ein? Beispiel.

9. 1. Tuum studium discendī admīrābile est. 2. Ars tacendī facilis nōn est. 3. Vester modus vīvendī mihī nōn placet. 4. Homō nōn ad edendum et dormiendum, sed ad cōgitandum et agendum nātus est. 5. Multī hominēs clārum ōrātōrem videndī et audiendī cupidī erant. 6. Lēgātī Gallōrum ad Caesarem vēnērunt auxilium petendī causā. 7. Germānī equitandī et vēnandī perītissimī erant. 8. Rōmānī scrībere per Graecōs didicērunt. 9. Avis ad volandum, piscis ad natandum nātus est, corpus hominis ad eundum creātum est. 10. Aurēs ad audiendum, oculī ad videndum, mēns hominis ad cōgitandum nāta est. 11. Marius pārendō et perīcula fortiter superandō mīlēs strēnuus et imperātor clārus factus est. 12. Diū dormiendō officium tuum neglēxistī. 13. Vigilandō, agendō, bene cōnsulendō auxilia deōrum parantur. 14. In migrandō patriam nostram optimē cōgnōscimus. 15. Scrīptōrēs superiōrēs in disserendō rūdēs erant. 16. Occāsiō multās rēs emendī (multārum rērum emendārum) tibī nōn prōfuit, sed nocuit. 17. Spēs praemium cōnsequendī (praemiī cōnsequendī) omnēs discipulōs incitāvit. 18. Rōmānī lēgātōs ōrāculum Delphicum cōnsulendī causā (ōrāculī Delphicī cōnsulendī causā) mīsērunt.

7. Das Gerundivum

1. Nenne *Begriff und Funktion* des Gerundivums! Beispiel von līberāre. Welche Bedeutung hat das *Gerundivum bei Deponentien?* Beispiel: exempla bona imitanda sunt.
3. Wie wird das *Gerundivum bei transitiven und intransitiven Verben* konstruiert? Beispiele: audiendī estis; tacendum est.
4. In welchem *Kasus* steht *die Person, die etwas tun muß* oder nicht tun darf, beim Gerundivum?
5. Wann steht beim Gerundivum statt des datīvus auctōris der ablātīvus auctōris mit ā?
6. Welcher Satzteil kann das Gerundivum sein?
7. Wann steht die sogenannte *attributive Gerundivkonstruktion?* Beispiele: cōnsilium captīvōrum līberandōrum; in librō legendō.
8. Bei welchen Verben steht das *Gerundivum als Prädikativum?*
9. *Wie unterscheiden sich Gerundium und Gerundivum in Form, Wortart und Funktion?*
10. 1. Discipulī docendī sunt. 2. Lēgēs observandae sunt. 3. Cōnsilium tuum contemnendum nōn est. 4. Virtūte admīrandā exercitūs nostrī patria servāta est. 5. Haec animālia vēnanda nōn sunt. 6. Hominēs innocentēs persequendī nōn sunt. 7. Beneficia oblīvīscenda nōn sunt. 8. Cunctandum nōn est; celeriter adiuvandum est.

    9. Puerīs corpus exercendum est. 10. Amīcī nōbīs in rēbus adversīs dēserendī nōn sunt. 11. Nōn mors, sed īgnōminia mīlitī timenda est. 12. Vōbīs tacendum et labōrandum est. 13. Nōbīs spērandum et cōnfīdendum est. 14. Ā mē parentibus epistula scrībenda est. 15. Ā cīvibus lēgibus pārendum est. 16. Ā discipulīs litterīs sēdulō studendum est.

    17. Ceterum cēnseō Carthāginem esse dēlendam. 18. Putāmus hunc prōditōrem capitis damnandum esse. 19. Caesar multīs dē causīs statuit sibī esse Rhēnum trānseundum. 20. Omnibus persuāsum est patriam servitūte līberandam esse.

21. Tua pigritia vituperanda tibī ipsī māximō damnō est. 22. Rēs intolerandae tollendae sunt. 23. Cōnsilium nostrum urbis expugnandae hostibus prōditum est. 24. Spēs pācis cōnservandae numquam omittenda est. 25. Schola tibī facultātem hārum linguārum discendārum dat. 26. Cīvēs suī servandī causā in montēs fūgērunt. 27. Lēgātī Ubiōrum vēnērunt suī expurgandī causā. 28. Dēsīderium captīvōrum patriae videndae māgnum erat. 29. Studium vestrum hārum difficultātum superandārum ab omnibus laudātum est.
30. In rē pūblica administrandā salūs pūblica suprēma lēx estō! 31. In ponte aedificandō mīlitibus multae difficultātēs superandae erant. 32. In tuīs litterīs legendīs saepe nostrae iuventūtis pulchrae meminī. 33. Catō librum dē agrīs colendīs scrīpsit. 34. Senātus diū dē prōditōribus pūniendīs cōnsuluit. 35. Philosophī antīquī multa dē rēbus humānīs contemnendīs scrīpsērunt. 36. Athēniēnsēs ad bellum gerendum parātī nōn erant. 37. Verba tua ad inimicōs plācandōs idōnea nōn sunt.
38. Caesar lēgātō cōpiās in hiberna dūcendās trādidit. 39. Caesar pontem in Rhēnō faciendum cūrāvit. 40. Liber, quem mihī legendum dedistī, mihī valdē placuit. 41. Imperātor mīlitibus urbem diripiendam concessit. 42. Dominus servō domum cūstōdiendam mandāvit. 43. Fabricius prōditōrem perfidum ad castra hostium redūcendum cūrāvit. 44. Rōmānī līberōs suōs servīs Graecīs educandōs commīsērunt.

V. Modi, Tempora, cōnsecūtiō temporum

1. Modi

1. Welche Modi hat die lateinische Sprache?
2. Welche *Funktion* haben die lateinischen Modi?
   Beispiele: Vīta nostra brevis est. Audiātur et altera pars. Fortāsse quaerat aliquis. Utinam vīveret! Semper vērum dīc! Patent portae, proficīscere!

2. Tempora

1. Welche *Funktion* haben die Tempora des Indikativs?
2. Was versteht man unter dem historischen Infinitiv?
3. Welche *Aktionsart* hat der *Indikativ Perfekt und Imperfekt?*
   Beispiele: 1. Vēnī, vīdī, vīcī. 2. Naufragī servātī sunt. 3. Saepe in litore maris ambulābāmus. 4. Oppidum in colle summō situm erat. 5. Cicero Catilīnam ex urbe pellēbat.
4. Was bezeichnet der *Konjunktiv Präsens und Perfekt in Hauptsätzen,* was der *Konjunktiv Imperfekt und Plusquamperfekt in Hauptsätzen?*
5. Was bezeichnen die *Tempora des Indikativs und Konjunktivs in Nebensätzen?*

3. Cōnsecūtiō temporum (Zeitenfolge) in Nebensätzen

1. *cōnsecūtiō temporum in indikativischen Nebensätzen*

1.1. Welche Tempora können im indikativischen Nebensatz stehen, wenn im *Hauptsatz* das *Präsens* steht?

1.2. Welche Tempora können im indikativischen Nebensatz stehen, wenn im *Hauptsatz* eine *Vergangenheit* steht?

1.3. Welche Tempora können im indikativischen Nebensatz stehen, wenn im *Hauptsatz* das *Futur I* steht?

1.4. Als welche Zeitstufe gilt der Imperativ?

1.5. Cum tuī meminī, gaudeō. 6. Hic vir, quī captīvōs līberāvit, ab omnibus laudātur. 7. Quotiēns līberī aviam vīsitābant, vīnum apportābant. 8. Caesar mortuus in cūriā iacuit, dōnec trēs servī eum domum rettulērunt. 9. Croesus Solōnem, cuius sapientiam saepe audīverat, invitāvit. 10. Rōmānī, ubi perīcula prōpulerant, sociīs atque amīcīs auxilia portābant. 11. Sī nātūram ducem sequēmur, numquam aberrābimus. 12. Sī quid novī audīverō, statim vōs certiōrēs faciam. 13. Captīvōs retinēte, dōnec populus Rōmānus victōriam pepererit!

2. *cōnsecūtiō temporum in konjunktivischen Nebensätzen*

2.1. Welche Tempora können in konjunktivischen Nebensätzen stehen, wenn im *Hauptsatz Präsens oder Futur* steht?

2.2. Welche Tempora können in konjunktivischen Nebensätzen stehen, wenn im *Hauptsatz* eine *Vergangenheit* (Imperfekt, Perfekt, Plusquamperfekt) steht?

2.3. In welchen konjunktivischen Nebensätzen wird die Nachzeitigkeit zum Ausdruck gebracht?

3. 1. Deus imperat, ut semper iūstī et benīgnī sīmus. 2. Hortum meum mūrō fīrmābō, ut bēstiae arceantur. 3. Dīc mihī, ubi herī fueris! 4. Nēmō scit, quandō moritūrus sit. 5. Līberī servum ōrābant, nē equum verberāret. 6. Agricolae, cum agrōs arāvissent, fatīgātī erant. 7. In Siciliam nāvigāvimus, ut templa Graecōrum viderēmus. 8. Cum Rōmam advēnissem, ab amīcīs meīs hospitāliter receptus sum. 9. Mihī nōn scrīpsistī, quandō reversūrus essēs.

VI. Hauptsätze

1. Was sind *Hauptsätze?*

2. Welche *Arten von Hauptsätzen* unterscheidet man? Beispiele: Amīcus venit. Amīcus veniat. Quis venit?

3. Was sind *Fragesätze* ihrem Inhalt nach? Beispiele: Quis saltat? Saltēmusne?

4. In welchem *Modus* stehen Hauptsätze, die eine *Tatsache,* ein *Begehren,* eine *Möglichkeit,* eine *Unwirklichkeit* oder einen *Befehl* enthalten?

1. Behauptungssätze

1. Welche Arten von *Behauptungssätzen* gibt es? Beispiele: Māter aegrōtat. Vīta eius auxiliō celerī medicī servētur. Sine auxiliō medicī mortua esset.

2. In welchem Modus stehen *reale Behauptungssätze?*

3. *Bei welchen Ausdrücken steht* abweichend vom Deutschen *in lateinischen Behauptungssätzen der Indikativ?*
4. Was bezeichnen *potentiale Behauptungssätze?*
5. In welchem *Modus und Tempus* stehen potentiale Behauptungssätze der Gegenwart und der Vergangenheit?
6. In welchem Modus und Tempus stehen *irreale Behauptungssätze* der Gegenwart und der Vergangenheit?
7. 1. Multa vocabula dīcere possum, quae orīgine Graecā sunt. 2. Sōcratēs ē carcere effugere potuit. 3. Multa mihī discenda erant, sed tempus irreparābile effūgit. 4. Catilīna iam prīdem ad mortem dūcī oportēbat. 5. Tuum erat reum innocentem dēfendere. 6. Discipulī erat diligentius pēnsum absolvere. 7. Multa et clāra artificia Athēnīs creāta sunt; longum est omnēs memorāre artificēs, quī ibi vīxērunt. 8. Ūtilius fuit labōrāre quam voluptātibus sē dēdere. 9. Melius fuit vītia tua cōnfitērī quam excūsātiōnēs prōferre. 10. Paene Capitōlium ā Gallīs expugnātum est. 11. Nōn multum āfuit, quīn sērius venīrem. 12. Prope pōns hostibus viam Rōmam dedit. 13. Brūtum nōn minus amō quam tū, paene dīxī, quam tē.

   14. Homērus poēta numquam nimis laudētur. 15. Nōn affīrmāverim tē omnia rēctē fēcisse. 16. Dīcat aliquis hunc labōrem necessārium nōn esse. 17. Germānōs indigenās esse crēdiderim. (Tacitus) 18. Putārēs tempestātem omnēs domōs dēlēre. 19. Haud facile discernerēs, utrum Semprōnia pecūniae an fāmae minus parceret. 20. Cōnfectō proeliō cernerēs, quanta audācia in exercitū Catilīnae fuisset.

   21. Sine nive segetēs dētrīmentum caperent. 22. Sine auxiliō tuō hanc calāmitātem nōn tolerāvissem. 23. Vōbīs adfuissēmus, tempus autem nōbīs dēfuit.

2. Begehrssätze

1. Welche Arten von *Begehrssätzen* unterscheidet man?
2. Wie heißt die *Verneinung* in Begehrssätzen?
3. In welchem *Modus und Tempus* stehen Begehrssätze, die eine *Aufforderung an die 1. Person Plural* enthalten? Beispiele: Patriam dēfendāmus! Nē hostēs timeāmus!
4. In welchem Modus und Tempus stehen Begehrssätze, die ein *Gebot an die 2. und 3. Person* Singular oder Plural enthalten? Beispiele: Attentī este! Iūdex iūstus sit! Lēgēs observentur!
5. In welchem Modus und Tempus stehen Begehrssätze, die ein *Verbot an die 3. Person* Singular oder Plural enthalten? Beispiel: Amīcus nē perfidus sit!
6. Wie werden im Lateinischen Begehrssätze ausgedrückt, die ein *Verbot* an die 2. Person Singular oder Plural enthalten? Beispiele: Nē fūgeritis! Nōlī mē tangere!
7. Welche Arten von *Wunschsätzen* unterscheidet man?
8. In welchem Modus und Tempus stehen *erfüllbar gedachte Wünsche?* Beispiele: Requiēscat in pāce! Utinam nē hunc labōrem frūstrā cōnātus sīs!
9. In welchem Tempus und Modus stehen *unerfüllbare Wünsche?*

   Beispiele: Utinam pater meus hunc diem vīdisset! Utinam nē hoc dīxissēs!

10. 1. Cōnfīdāmus Deō summō neque timeāmus potentiam hominum! 2. Alterī semper īgnōsce, numquam tibī! 3. Quārē sēcēdant improbī, sēcernant sē ā bonīs, ūnum in locum sē congregentur, mūrō dēnique ā nōbīs sēcernantur! Dēsinant īnsidiārī domī suae cōnsulī! Sit dēnique īnscrīptum in fronte ūnīus cuiusque, quid dē rē pūblicā sentiat! (Cicero an Catilina und seine Anhänger) 4. Hominēs nē oblīvīscantur vītam brevem esse. 5. Quidquid agis, prūdenter agās et respice fīnem! 6. Nē animō dēfēceris! Nē omnem spem dēposueris! 7. Nōlī turbāre circulōs meōs! 8. Nōlīte oblīvīscī, quanta beneficia parentibus vestrīs dēbeātis! 9. Utinam omnēs incolae patriae nostrae līberī fīant! 10. Utinam nē in orbe terrārum morbī nēve bella essent! 11. Utinam tacuissēs neque hunc hominem potentem offendissēs!

3. Unabhängige Fragesätze (Direkte Fragesätze)

1. Welche Arten von *Fragesätzen* unterscheidet man?
2. Was sind *Wortfragen,* und womit werden sie eingeleitet? Beispiele: Quis hoc dīxit? Quando veniēs?
3. Was versteht man unter *rhetorischen oder Scheinfragen?* Beispiel: Quis nōn dubitāvit?
4. Was sind *Satzfragen,* und mit welchen Fragepartikeln werden sie gekennzeichnet? Beispiele: Vīdistīne frātrem meum? Nōnne hoc iam Graecī scīvērunt? Num negāre audēs?
5. Wann verwendet man die Fragepartikeln -ne, nōnne, num?
6. Was sind *Doppelfragen,* und mit welchen Fragepartikeln werden sie eingeleitet? Beispiele: Utrum hoc ipse scīvistī an aliī tibī dīxērunt? Vērumne hoc an falsum est? Rīdēs an lacrimās?
7. Wann steht *in unabhängigen Fragesätzen* der *Konjunktiv?* Beispiele: Quid faciam? Quem cōnsulerem? Quis dē fīde tuā dubitet? Quis hunc fīnem opinātus esset?
8. 1. Quis vestrum septem collēs Rōmae nōvit? 2. Quis es? Unde venis? Quō vādis? Quem ad fīnem in terrā es? 3. Quō ūsque tandem, Catilīna, abūtēre patientiā nostrā? 4. Quī fit, ut nēmō sorte suā contentus sit?

   5. Potesne ēnumerāre novem Mūsās? 6. Placetne tibī lingua Latīna? 7. Nōnne ēdidicistī duodecim deōs Olympicōs? 8. Nōnne ēmorī praestat quam hanc vītam miseram atque inhonestam tolerāre? 9. Num putās animam simul cum corpore perīre? 10. Num dubitās id mē imperante facere, quod iam tuā sponte faciēbās? (Cicero an Catilina)
   11. Utrum mēcum trāns montēs migrābis an sōlus ad mare proficīscēris? 12. Fuistīne herī in urbe an domī mānsistī? 13. Vestra an nostra culpa est?

   14. Quid faciāmus? Pugnēmus an fugiāmus? 15. Quō Themistoclēs sē cōnferret, cum ex oppidīs Graeciae exclūsus esset? 16. Quis dīcat sē esse sine vitiīs? 17. Quis putāvisset hās difficultātēs tantās esse?

VII. Nebensätze (Gliedsätze)

1. Einteilung der Nebensätze

1. Wie teilt man die Nebensätze nach ihrer *Form* ein, d. h. nach dem Wort,

das den Nebensatz einleitet?

2. Wie teilt man die Nebensätze nach ihrer *Funktion* ein, d. h. nach der Aufgabe, die der Nebensatz als Glied des Hauptsatzes vertritt?
3. Welche Arten der *Adverbialsätze* unterscheidet man? Nenne jeweils den lateinischen und deutschen Begriff!
4. Was für Sätze sind *Finalsätze, die Begehrssätze sind?* Nenne ein deutsches Beispiel!
5. Wie teilt man die Nebensätze nach dem *Verhältnis der Abhängigkeit* ein?
6. Was enthalten *äußerlich abhängige Nebensätze?*
7. Was enthalten *innerlich abhängige Nebensätze,* und in welchem *Modus* stehen sie?
8. Wie wird in innerlich abhängigen Nebensätzen das *Personal-* und *Possessivpronomen der 3. Person* wiedergegeben, das sich auf das Subjekt des übergeordneten Verbs bezieht?
9. Wie werden im Lateinischen *Behauptungen* ausgedrückt, *die von verba dīcendī oder sentiendī abhängig sind?*

2. Abhängige Fragesätze (Indirekte Fragesätze)

1. Von welchen *Verben* sind *indirekte Fragesätze* abhängig?
2. In welchem *Modus* stehen im Lateinischen abhängige Fragesätze, und wie verhalten sie sich zur *cōnsecūtiō temporum?*
   Beispiele: Dīc mihī, quid herī fēceris, quid hodiē faciās, quid crās factūrus sīs! Nesciēbam, ubi herī fuissēs, ubi hodiē essēs, ubi crās futūrus essēs.
3. Wie werden abhängige *Wortfragen* eingeleitet?
4. Wie werden abhängige *Satzfragen* eingeleitet?
   Beispiele: Dīc mihī, amīcumne meum vīderis! Croesus Solōnem interrogāvit, num quemquam sē beātiōrem putāret.
5. Nach welchem Verb werden *abhängige Satzfragen mit nōnne* eingeleitet?
   Beispiel: Hamilcar ex Hannibale quaesīvit, nōnne sēcum in Hispāniam profectūrus esset.
6. Was steht nach *verneinten Ausdrücken des Zweifelns* im Lateinischen?
   Beispiel: Nōn dubitō, quīn tuum cōnsilium rēctum sit.
7. Was bedeutet *dubitāre mit Infinitiv?*
8. Wie wird *das erste und zweite Glied einer abhängigen Doppelfrage* eingeleitet? Beispiele: 1. Cōnsīderāte, utrum facta an dicta plūris sint! 2. Dīcere nōn possum, vērumne hoc an falsum sit. 3. Nescīmus, imperātor vulnerātus sit an ceciderit.
9. Was heißt *necne* in abhängigen Doppelfragen?
10. 1. Philosophi disputant, quid cōgnōscere, quid spērāre possīmus, quid faciāmus. 2. Explōrātōrēs imperātōrem certiōrem fēcērunt, quantae cōpiae hostium essent et quō locō sē cōnsēdissent. 3. Potesne mihī dīcere, quō soror mea ierit! 4. Nescīmus, quando moritūrī sīmus. 5. Nē quaesīveris, quem fīnem tibī dī dederint! 6. Caesar Gallōs interrogāvit, cūr sibī frūmentum nōn mīsissent.

    7. Affīrmāre nōn possum, reusne vērum dīxerit. 8. Veturia, māter Corio-

lānī, fīlium interrogāvit, num in animō habēret, patriam ferrō īgnīque dēlēre. 9. Epamīnōndās, cum graviter vulnerātus esset, prīmō ex Thēbānīs quaesīvit, nōnne vīcissent. 10. Solō tacitus in convīviō sedēbat. Tum Periander, rēx Corinthī, interrogāvit, eīne verba dēessent. Solō respondit, num stultī tacēre possent.
11. Dubium nōn est, quīn omnēs hominēs malī infēlīcēs sint. 12. Nōn dubitō, quīn virtus praesidium optimum animī sit et futūra sit. 13. Solō Croesō respondit: „Numquam dubitāvī, quīn dīvitiae hominēs beātōs nōn redderent; itaque tē beātum nōmināre dubitō."
14. Cōnsiderāte, utrum hunc virum dē rē pūblicā bene meritum patriae reddere an hostibus trādere mālītis! 15. Dīc, vēnerimne ad amīcum an ad inimīcum! 16. Cīvēs discordēs erant, urbem dēfenderent an hostibus trāderent. 17. Quaerō, utrum hic homō clēmēns ac misericors an inhūmānissimus et crūdēlissimus esse videātur. 18. Germānī mātrēs familiārum cōnsulēbant, utrum proelium committerent necne.

3. Konjunktionalsätze

A. Finalsätze (Begehrs- und Zwecksätze)

1. In welchem *Modus* stehen alle Finalsätze, und wie richten sie sich nach der *cōnsecūtiō temporum?*
2. Mit welchen *Konjunktionen* werden *Finalsätze nach den Verben des Begehrens, Erlaubens, Besorgens und Bewirkens* eingeleitet? Beispiele: Optō, ut veniās. Ōrō tē, nē abeās. Tibī permittō, ut hoc faciās. Cūrā, ut bene vīvās! Sōl effēcit, ut omnēs arborēs flōrērent.
3. Welche Konstruktion steht bei *iubēre* befehlen, *sinere, patī* zulassen, *cupere* wünschen, *monēre* erinnern, ermahnen, *persuādēre* überzeugen, überreden, *concēdere* zugeben, erlauben, *vidēre* sehen, darauf achten, daß? [1])
4. Welche Konstruktionen sind nach den *Verben des Beschließens* statuere, cōnstituere, dēcernere möglich? Beispiel: Athēniēnsēs cōnstituērunt, lībertātem Graeciae classe dēfendere, ut lībertās Graeciae classe dēfenderētur, lībertātem Graeciae classe dēfendendam esse.
5. Wann steht nach den *verba dīcendī* ein *Finalsatz?* Beispiel: Rēgī ab ōrāculō respōnsum erat, ut fīlium cavēret.
6. Mit welchen Konjunktionen werden *Finalsätze nach den verba timendī* eingeleitet? Beispiele: Timeō, nē sērius veniam. Timēbāmus, ut (nē nōn) venīrētis.
7. Wann steht nach *verērī und timēre* der *Infinitiv?*
8. Mit welchen Konjunktionen werden *Finalsätze nach den verba impediendī* eingeleitet? Beispiele: Sōcratēs recusāvit, nē misericordiam iūdicum implōrāret. Nēmō mē impediet, quōminus tē comiter.
9. Nach welchen Verben stehen *Finalsätze, die einen Zweck oder eine Absicht ausdrücken,* und mit welchen Konjunktionen werden sie eingeleitet? Beispiele: Amā, ut amēris! Claudite portās, nē fūrēs irrumpant! Magister exempla narrābat, quō facilius discipulī rem intellegerent.

[1]) siehe a. c. i., 9.1.21-29, S. 32.

10. Wie kann ein Zweck oder eine Absicht im Lateinischen ausgedrückt werden?

11. 1. Orpheus deōs īnferōrum ōrābat, ut sibī Eurydicēn redderent. 2. Lāocoōn Trōiānōs monuit, nē dōnum Graecōrum acciperent. 3. Plēbs Rōmāna assecūta est, ut omnia iūra aequa essent. 4. Omnēs cīvēs bonī optant, ut rēs pūblica vīvat, crēscat, flōreat. 5. Dent operam cōnsulēs, nē quid dētrīmentī rēs pūblica capiat! 6. Marcellus mīlitibus imperāvit, nē quis Archimēdem interficeret.
7. Medicus mihī dīxit, ut cottidiē ambulārem. 8. Ariovistus Suēbīs persuāsit, ut Rhēnum trānsīrent. 9. Caesar optāvit, ut Ariovistus in Germāniam reverterētur. 10. Ariovistus sē ā Gallīs arcessītum esse respondit. 11. Frūstrā Caesar Ariovistō persuādēre cōnābātur Galliam esse prōvinciam Rōmānam.
12. Post clādem Cannēnsem Rōmānī timēbant, nē Hannibal statim Rōmam urbem aggrederētur. 13. Hannibal autem urbem munītissimam oppugnāre veritus est. 14. Senātus metuit, ut urbs obsessa impetum sustinēre posset. 15. Hominēs avārī semper timent, nē sibī pecūnia rapiātur.
16. Rōmānī impedīre nōn poterant, nē Saguntum ab Hannibale expugnārētur. 17. Chrīstiānī recūsāvērunt, nē dīs immolārent. 18. Maiōribus nostrīs numquam superbia obstābat, quōminus īnstitūta aliēna imitārentur. 19. Minīs tuīs dēterrērī nōn possumus, quīn vēritātem et iūs dēfendāmus.
20. Multī in theātrum eunt, nōn ut spectent, sed ut spectentur ipsī. 21. Lēgum servī sumus, ut līberī esse possīmus. 22. Hannibal venēnum sūmpsit, nē vīvus in manūs Rōmānōrum incideret. 23. Athēniēnsēs ex urbe fūgērunt, nē ā Persīs caperentur. 24. Librum prōmissum tibī iam hodiē mittam, quō māius gaudium tuum sit.

B. Konsekutivsätze (Folgesätze)

1. In welchem *Modus* stehen Konsekutivsätze?
2. Mit welchen *Konjunktionen* werden Konsekutivsätze eingeleitet? Beispiele: Nēmō tam prūdēns est, ut omnia sciat. Nēmō tam prūdēns est, ut fallī nōn possit. Nēmō tam fortis est, quīn perīculō mortis terreātur.
3. Was für *Wörter* können *im übergeordneten Satz* auf einen Konsekutivsatz hinweisen?
4. Wann richten sich Konsekutivsätze *nicht nach der cōnsecūtiō temporum?* Beispiel: Verba tua mē ita perturbāvērunt, ut respondēre nōn possim.
5. Nach welchen *unpersönlichen Ausdrücken* stehen im Lateinischen Konsekutivsätze?
6. Welche Bedeutung haben: accidit, ut; ēvenit, ut; fit, ut; fierī potest, ut; contingit, ut; est, ut; cōnsuetūdō est, ut.
7. Welche Konstruktion steht nach einem *Ausdruck des Geschehens mit beurteilendem Adverb?* Beispiel: Bene accidit, quod vēnistī.
8. 1. Periclēs tantā prūdentiā erat, ut Athēniēnsēs cōnsiliīs eius trīgintā annōs pārērent. 2. Numerus stēllārum tanta est, ut nēmō eās narrāre possit. 3. Athēniēnsis quīdam tam dīves fuisse dīcitur, ut nummōs nōn numerāret, sed mētīrētur. 4. Cicerō prūdentior erat, quam ut dolīs et īnsidiīs Catilīnae dēciperētur. 5. Homō ad altiōra nātus est, quam ut

servus corporis sit. 6. Rōmānī numquam castra collocāvērunt, quīn vallō fossāque firmārent.

7. Saepe accidit, ut vitia aliōrum ācrius videāmus quam nostra. 8. Contigit Pompēiō, ut brevissimō tempore cūncta maria ā pīrātīs līberāret. 9. Fierī potest, ut errāverim. 10. Fierī nōn potest, ut verbīs tuīs cōnfīdam. 11. Rārō est, ut hominēs potentēs modestī sint. 12. Apud Gallōs cōnsuetūdō est, ut ex viatōribus exquīrant, quod quisque eōrum dē quāque rē audīverit aut cōgnōverit.

C. Temporalsätze (Zeitsätze)

a) Temporalsätze mit cum

1. Welche Bedeutung hat *cum historicum* im Deutschen, was für Temporalsätze leitet es ein, mit welchem Modus und Tempus wird es verbunden?
2. Welche Bedeutung hat *cum temporāle* im Deutschen, mit welchem Modus wird es verbunden, und was für Nebensätze leitet es ein?
3. Welche Bedeutung hat *cum iterātīvum* im Deutschen, mit welchem Modus wird es verbunden, und was für Nebensätze leitet es ein?
4. Welche Bedeutung hat *cum inversum* im Deutschen, mit welchem Modus wird es verbunden, und was für Nebensätze leitet es ein?
5. Welche Bedeutung hat *cum coincidēns* im Deutschen, mit welchem Modus wird es verbunden, und was für Nebensätze leitet es ein?
6. 1. Cum classis Persārum ad Salamīnem victa esset, Xerxēs in Asiam revertit. 2. Cum Alexander Māgnus mortuus esset, ducēs dē rēgnō inter sē pugnāvērunt. 3. Cum pāx restitūta esset, Augustus templum Iānī clausit.

   4. Cum populus Rōmānus Cicerōnem cōnsulem creāvit, rēs pūblica in māgnō perīculō erat. 5. Bēstiae tum bibunt, cum sitiunt. 6. Cum Caesar in Galliam vēnit, alterīus factiōnis prīncipēs erant Haeduī, alterīus Sequanī. 7. Ex victōriā Caesaris cum multa mala, tum certē tyrannus exsistet. (Cicero) 8. Fortūna cum in reliquīs rēbus, tum in bellō plūrimum potest.

   9. Graecī ad hospitēs dēvertēbantur, cum in oppida aliēna veniēbant. 10. Cum caelum contemplāmur, māgnitūdinem et potentiam Deī admīrāmur. 11. Cum in morbum incidimus, cōgnōscimus, quantī valetūdō aestimanda sit. 12. Ager, cum multōs annōs quiēvit, ūberiōrēs frūctūs efferre solet.

   13. Vix nūntius in forum advēnerat et dīxerat „vīcimus", cum mortuus collāpsus est. 14. Alexander vix in flūmen dēscenderat, cum membra rigēre coepērunt. 15. Dum Rōmānī hostibus resistēbant, paucī cecidērunt; vix autem salūtem fugā petīvērunt, cum plērīque occīsī sunt. 16. Iam Rōmānī pācem facere volēbant, cum Appius Claudius in senātum vēnit et cōnsultum prohibuit. 17. Vix agmen novissimum extrā mūnītiōnēs prōcesserat, cum Gallī committere proelium nōn dubitāvērunt.

   18. Cum tacēs, culpam tuam cōnfitēris. 19. Cum pācem servāvistī, patriae plūrimum prōfuistī. 20. Saepe ōrātōrem vituperāmus, cum ōrātiōne fīnītā tacēmus. 21. Apollō, cum „nōsce tē ipsum" dīcit, hoc dīcit: „nōsce animum tuum".

b) dum, dōnec, quoad, quamdiū

1. Welche Bedeutungen kann *dum* haben? Beispiele: Dum Trōiānī dor-

miunt, urbs ā Graecīs incēnsa est. Dum spīrō, spērō. Manēbat, dum redieram.

2. Welche Bedeutungen kann *dōnec* haben?
3. Welche Bedeutungen haben *quoad* und *quamdiū?*
4. Wann werden *dum, dōnec, quoad* mit dem Konjunktiv verbunden?
5. 1. Dum Caesar cum Ariovistō colloquitur, equitēs Germānōrum appropinquāvērunt. 2. Dum Rōmānī cōnsultant, iam Saguntum ab Hannibale oppugnātum est. 3. Lacedaemoniī fortēs erant, dum Lycurgī lēgēs valēbant. 4. Dōnec grātus eram tibī, Persārum viguī rēge beātior. (Horaz) 5. Catō, quoad vīxit, virtūtum laude crēvit. 6. Quamdiū quisquam erit, quī tē dēfendere audeat, vīvēs. (Cicero zu Catalina)
   7. Germānī exspectābant, dum Varus cum exercitū in saltum Teutoburgiēnsem invāsit. 8. Nōn dēsinam, dōnec opus perfēcerō. 9. Māgnō in metū eram, quoad tē salvum redīsse comperī. 10. Cor nostrum inquiētum est, dōnec quiēscat in tē, Domine. (Augustinus) 11. Caesar nōn exspectandum sibī esse statuit, dum Helvētiī in Santōnōs pervenīrent. 12. Horātius Cocles impetum hostium retinuit, quoad cēterī pontem rescinderent.

c) antequam, priusquam

1. Was bedeuten antequam und priusquam? Wann stehen sie mit Indikativ, wann mit Konjunktiv?
2. 1. Rōmānī nōn prius bella gerere dēstitērunt, quam tōtum orbem terrārum pācāvērunt. 2. Iūdex iūstus nōn iūdicābit, antequam accūsātōrem et reum audīverit. 3. Hostēs centūriōnem interfēcērunt, priusquam mīlitēs succurrere possent. 4. Themistoclēs cīvibus suīs suāsit, nē nūntiōs Lacedaemoniōrum dīmitterent, quam ipse Spartā redīsset.

d) ubi (prīmum), *ut* (prīmum), *cum* (prīmum), *simul, simulac, simulatque, postquam*

1. Was bedeuten ubi, ut, cum, simul, simulac, simulatque *mit Indikativ Perfekt?*
2. Wann stehen ubi, ut, cum, simul = sobald als mit bezogenem Tempus?
3. Was bedeutet *postquam* (posteāquam) *mit Indikativ Perfekt?* Was bedeutet postquam mit Indikativ Präsens oder Imperfekt?
4. 1. Romulus et Rēmus, cum prīmum adolēvērunt, vēnantēs peragrābant saltūs. 2. Postquam Trōiānī et Aborīginēs in ūna moenia convēnērunt, brevī tempore multitūdō dispersa cīvitās facta est. 3. Ubi rēgium imperium in superbiam sē convertit, Rōmānī Tarquinium Rōmā expulērunt. 4. Lēgātī hostium, simulatque in castra vēnērunt, ad cōnsulem ductī sunt. 5. Ubi socordiae atque īgnāviae tē trādideris, nēquīdam deōs implōrābis. 6. Dōnec Rōmānīs patria ab hostibus dēfendenda erat, strēnuī et fortēs erant; postquam autem tōtō orbe terrārum dominābantur, effēminātī sunt. 7. Ubi labōre atque iūstitiā rēs pūblica crēvit, saevīre fortūna ac miscēre omnia coepit.

D. Kausalsätze (Begründungssätze)

1. Mit welchen *Konjunktionen* werden Kausalsätze eingeleitet, und mit welchem *Modus* stehen sie?
2. Welche Bedeutung hat quod nach den Verben des Affekts und den Verben des Lobens und Tadelns? Beispiele: Gaudeō, quod vēnistī. Tibī grātulor, quod hanc victōriam peperistī.

3. 1. Gallōrum omnium fortissimī erant Belgae, propterea quod ā cultū atque hūmānitāte prōvinciae longissimē aberant. 2. Sperne voluptātēs, quia mox post gaudia flēbis. 3. Quoniam mē ūnā vōbīscum servāre nōn possum, vestrae quidem vītae prōspiciam. 4. Hannibal „Līberēmus", inquit, „diuturnā cūrā Rōmānōs, quando mortem senis exspectāre nōlunt", venēnumque sūmpsit. 5. Imperātōrēs capitis damnātī sunt, quod naufragōs nōn servāvissent. 6. Haeduī, cum sē suaque ab Helvētiīs dēfendere nōn possent, lēgātōs ad Caesarem mīsērunt rogātum auxilium. 7. Alcibiadēs contrā patriam bellum gessit, quod Athēniēnsēs sē iniūstē tractāvissent; vituperandus autem est, quod sē perfidum contrā patriam praebuit. 8. Incolae oppidī expugnātī nōn invītī ēmigrāvērunt, praesertim cum omnia sua āmīsissent. 9. Quod mūnus reī pūblicae afferre māius meliusve possumus, quam sī ērudīmus iuventūtem, praesertim cum hī mōrēs atque haec tempora sint! 10. Cūr ingenium incultū atque sōcordiā torpēscere sinitis, praesertim cum tam multae variaeque sint artēs animī, quibus summa clāritūdō parātur?

E. Konditionalsätze (Bedingungssätze)

1. Woraus besteht ein *konditionales Satzgefüge?*

2. Welche *drei Fälle der Konditionalsätze* gibt es, und wie ist ihr *Verhältnis zur Wirklichkeit?*

3. Welcher *Modus* und welches *Tempus* werden bei den drei Fällen der Konditionalsätze verwandt?

   Beispiele: 1. Sī hoc facis, nōbīs ades. Sī hoc fēcistī, nōbīs adfuistī. Sī hoc faciēs, nōbīs aderis.
   2. Sī hoc faciās, nōbīs adsīs. Sī hoc fēceris, nōbīs adfueris.
   3. Sī hoc facerēs, nōbīs adessēs. Sī hoc fēcissēs, nōbīs adfuissēs.

4. Welche Bedeutung haben die folgenden *Konjunktionen* der Konditionalsätze, und wie werden sie verwandt?
   sī; sī nach Ausdrücken des Erwartens und Versuchens
   nisī, sī nōn, sī minus, nōn nisī
   sīn, quodsī
   sīve – sīve (seu – seu)

5. Mit welchen Konjunktionen werden *konditionale Wunschsätze* eingeleitet, mit welchem Modus stehen sie, und wie werden sie verneint?

6. 1. Sī reus innocēns est, absolvitur. 2. Sī nātūram ducem sequēmur, numquam aberrābimus. 3. Sī hoc dīxistī, amīcīs tuīs nocuistī. 4. Parvī sunt forīs arma, nisī est cōnsilium domī.
   5. Sī hoc faciās, tibī magis obsīs quam prōsīs. 6. Sī patria tēcum ita loquātur, nōnne impetrāre dēbeat, etiamsī vim adhibēre nōn possit? 7. Sī mihī crēdideris, omnēs difficultātēs superāverimus.
   8. Nisī sorte vestrā contentī essētis, ergā parentēs vestrōs ingrātī essētis. 9. Sī tacuissēs, philosophus mānsissēs. 10. Gallī Capitōlium occupāvissent, nisī ānserēs Iūnōnis sacrī clāmāvissent. 11. Sī servī meī mē ita metuerent, ut tē metuunt omnēs cīvēs tuī, domum meam relinquendam esse putārem. (Cicero zu Catilina)
   12. Sī timor est vērus, discēde, nē opprimar, sīn falsus, ut tandem aliquando timēre dēsinam. (Cicero zu Catilina) 13. Ēdūc tēcum etiam omnēs tuōs, sī minus, quam plūrimōs! (Cicero zu Catilina) 14. Maneat, quaesō, dūretque gentibus Germānōrum sī nōn amor nostrī, at certē

odium suī! (Tacitus) 15. Exercē omnēs vīrēs corporis tuī, sī minus, quam plūrimōs! 16. Neque enim umquam aliā condiciōne Rōmānī bella gessērunt. Quodsī ea, quae in longinquīs nātiōnibus geruntur, īgnorātis, respicite fīnitimam Galliam! (Critognatus in Alesia) 17. Sīve hoc fēcistī sīve hoc factūrus erās, iūre vituperāris. 18. Sīve vērum dīcitis sīve mentīminī, vōbīs nōn crēdimus. 19. Tribūnus cōnātus est, sī reliquōs mīlitēs trāns Rhēnum dūcere posset.
20. Omnia mea āmittam, dummodō homō līber vīvere possim. 21. Māgnō mē metū līberābis, modo inter mē atque tē mūrus intersit. (Cicero zu Catilina) 22. Summās laudēs merentur Athēniēnsēs, dummodo nē tam levēs fuissent.

F. Konzessivsätze (Einräumungssätze)

1. Was sind Konzessivsätze?
2. Welche Bedeutung hat *quamquam,* und mit welchem Modus wird es verwandt? Beispiel: Cicerō, quamquam dē rē pūblicā bene meritus est, tamen patriā expulsus est.
3. Welche Bedeutung haben *etsī, tametsī, etiamsī,* und mit welchem Modus werden sie verwandt? Beispiele: Etsī hominēs fallēs, Deum fallere nōn poteris. Etiamsī ars rēs futūrās cōgnōscendī sit, melius sit eam īgnōrāre. Hominēs, tametsī rēs futūrās scīrent, tamen fēlīcēs nōn essent.
4. Welche Bedeutung haben *quamvīs, licet, ut* (concessīvum), *cum* (concessīvum), und mit welchem Modus werden sie verbunden? Beispiele: Quamvīs sint sub aquā, sub aquā maledīcere temptant. Licet undique perīcula impendeant, tamen nōn timeō. Ut dēsint vīrēs, tamen est laudanda voluntās. Sōcratēs, cum innocēns esset, tamen ab iūdicibus capitis damnātus est.
5. Nātūram expellās furcā, tamen ūsque recurret. Welche Bedeutung hat der Nebensatz im vorhergehenden Satzgefüge?
6. Welche Bedeutung hat *quamvīs bei Adjektiven und Adverbien?*

G. Adversativsätze (Gegensatzsätze)

1. Was sind Adversativsätze? Mit welcher Konjunktion werden sie eingeleitet, und mit welchem Modus verbindet sie sich? Beispiel: Cum alter fīlius sēdulus sit, alter piger est.
2. Welche Bedeutungen kann cum mit Konjunktiv haben?
3. 1. Brutus, quamquam multa beneficia ā Caesare accēperat, tamen eum interfēcit. 2. Frūctūs litterārum iūcundī sunt, etiamsī rādīcēs amārae sunt. 3. Catilīna eadem illa movēbat, tametsī praesidia parābantur. 4. Etiamsī in māxima perīcula vēnissem, tē nōn dēseruissem. 5. Quamvīs dīves sit, fēlīx nōn est. 6. Ut ager, quamvīs fertilis sit, frūctūs ferre nōn potest, nisī colitur, ita animus doctrīnae expers frūctūs nōn feret. 7. Licet mē contemnātis, sententiam meam nōn mūtābō. 8. Ut vērum sit tē omnia tua āmīsisse, amīcitia nostra manēbit. 9. Ut fortūna omnia nōbīs adimat, virtūtem rapere nōn potest. 10. Cum Lacedaemōniī trēcentī ad Thermopylās fortissimē pugnārent, multitūdine Persārum oppressī sunt. 11. Populus quamvīs māgnum pretium solvere parātus erat, dummodo rēx captus in patriam revertī posset. 12. Quamvīs longī sermōnēs hanc quaestiōnem absolvere nōn possunt. 13. Cum mīlitēs sollīcitī essent et trepidārent, cōnsul ipse impavidus erat et eōs cōnsistere et pugnāre iussit. 14. Cum nātūra cetera animālia prōna atque ventrī

oboedientia fīnxit, hominem sōlum ad caelī cōnspectum excitāvit.

H. Komparativsätze (Vergleichssätze)

1. Was sind Komparativsätze?
2. Was enthalten *Komparativsätze,* die im *Indikativ* stehen?
3. Womit werden Komparativsätze, die im Indikativ stehen, eingeleitet? Beispiele: 1. Tantum scīmus, quantum memoriā tenēmus. 2. Saepe aliter ēvenit ac hominēs spērant. 3. Verba tua mihī magis placent quam facta tua. 4. Caesar quam celerrimē rem frūmentāriam comparāvit.
4. Was beinhalten *Komparativsätze im Konjunktiv?* Beispiel: Sīc vīve cum hominibus, tamquam Deus videat!
5. Womit werden *Komparativsätze, die eine Annahme enthalten,* eingeleitet, und wie verhalten sie sich zur *cōnsecūtiō temporum?*
6. 1. Nūllō aliō tempore tanta facinora facta sunt, quanta nostrō saeculō. 2. Tālis est rēs pūblica, quālis nātūra et voluntās eius, quī illam regit. 3. Quō quid melius est, eō rārius esse solet. 4. Quantō attentius agētis, tantō hostibus animus īnfīrmior erit. 5. Omnēs hominēs bonī nihil aliud dēsīderant atque libertātem et pācem. 6. Longē aliā ratiōne nostra rēs pūblica administranda est atque anteā rēcta est. 7. Ariovistus sē prius in Galliam vēnisse quam populum Rōmānum dīxit. 8. Parentēs fīliam nōn minus amābant quam fīlium. 9. Rōmānī ā Graecīs quam plūrimum discere cōnābantur. 10. Ita agās, quasi dē fortūnā reī pūblicae tibī dēcernendum sit. 11. Hic homō ita loquitur, velut sī omnia melius sciat. 12. Caesar Īdibus Martiīs in cūriam iit, quasi īnsidiās nōn timēret.

I. Das faktische quod

1. Was versteht man unter dem faktischen quod?
2. Welcher *Modus* steht beim faktischen quod?
3. Wie wird das faktische quod verwandt? Beispiele: 1. Bene accidit, quod fratrī Rōmae occurrī. 2. Multī Rōmānī gaudēbant, quod Caesar annō a. Chr. n. duodēsexāgēsimō in Galliam profectus est. 3. Grātiam tibī habeō, quod sorōrem meam servāvistī. 4. Hominēs hōc ūnō māximē cēterīs animālibus praestant, quod ratiōnem habent. 5. Quod hominem tam potentem offendistī, perīculōsum putō.
4. 1. Bene facis, quod litterās voluptātibus antepōnis. 2. Caesarī bene accidit, quod Ariovistus Galliā excēdere nōluit. 3. Catō mīrārī sē aiēbat, quod nōn haruspex rīdēret, haruspicem cum vidēret. 4. Falsō queritur dē nātūrā suā genus humānum, quod forte potius quam virtūte regātur. 5. Caesar Haeduōs graviter accūsat, quod ab iīs nōn sublevētur. 6. Māgna dīs immortālibus habenda est grātia, quod hanc pestem reī pūblicae totiēns iam effūgimus. (Cicero über Catilina) 7. Māximum vitium Germānōrum erat, quod saepe discordēs erant. 8. Cicerō et Ovidius eō similēs sunt, quod exsilium graviter tolerāvērunt. 9. Quod Caesar māgnus vir erat, ex eō cōgnōscitur, quod saepe adversāriīs pepercit. 10. Nōbīs māgnae cūrae est, quod multī hominēs nōn dē Deō et dē lēgibus eius cōgitant.

4. Relativsätze

1. Was sind Relativsätze?

2. Womit werden Relativsätze eingeleitet?
3. Wonach richtet sich das Relativpronomen? Beispiele: Lēgēs, quās Solō populō cōnstituerat, salūbrēs erant. Exercitus Persārum, cuius dux ceciderat, fugae sē mandāvit.
4. Was versteht man unter *relativem Satzanschluß?*
5. Welche *Relativsätze* stehen *im Indikativ?*
6. Welche *Relativsätze* stehen *im Konjunktiv?* Beispiele: 1. Athēniēnsēs lēgātōs Delphōs mīsērunt, quī ōrāculum cōnsulerent. 2. Nōlīte cōnsilium capere, quod reī pūblicae nocēre possit! 3. Cūr tibī invideam, quī omnibus rēbus necessāriīs abundem? 4. Athēniēnsēs Sōcratem capitis damnāvērunt, quī nē minimum quidem dēlictum commīsisset.
7. Nach welchen *Ausdrücken und Adjektiven* stehen besonders *konsekutive* Relativsätze? Beispiele: Nēmō in urbe est, quī tē nōn metuat, nēmō, quī tē nōn ōderit. (Cicero zu Catilina) Dignus nōn fuistī, quī hoc damnum acciperēs.
8. 1. Colloquium, quod herī tēcum habuī, mē valdē dēlectāvit. 2. Mātrēs, quārum līberī in summō perīculō erant, deōs implōrābant. 3. Quidquid rēctum et bonum est, dī nōn sine labōre dant. 4. Quīcumque vēram glōriam adipīscī volet, officiīs iūstitiae fungātur! 5. Ea, quae vīdī et audīvī, vōbīs referō. 6. Quibus rēbus cōgnitīs Caesar quam māximīs itineribus in Galliam ulteriōrem contendit. 7. Caesar equitātum praemittit; quī aliēnō locō cum equitātū Helvētiōrum proelium committunt et paucī dē nostrīs cadunt.
   8. Helvētiī lēgātōs mīsērunt, quī dīcerent sibī in animō esse sine ūllō maleficiō iter per prōvinciam facere. 9. Nātūra hominī ratiōnem dedit, quā cupīdinēs animae regantur. 10. Nūllus dolor est, quem nōn longinquitās temporis lēniat. 11. Facilius inveniuntur, quī mortem obeant quam quī dolōrēs patienter perferant. 12. Māximā laude dignī sunt, quī per tōtam vītam aliīs hominibus adsint et serviant. 13. Ariovistus dīxit Caesarem iniūriam facere, quī vectigālia sibī dēteriōra faceret. 14. Hunc hominem, quī hostēs patriae adiūvisset, comprehendimus. 15. Mentēs omnium mīlitum, quī timōre Germānōrum perturbātī essent, ōrātiōne Caesaris mīrum in modum conversae sunt.

5. Die indirekte Rede (ōrātiō oblīqua)

1. Was versteht man unter der indirekten Rede?
2. Welche Regeln gelten für die *Konstruktion von Hauptsätzen* in der indirekten Rede?
3. Welche Regel gilt für die *Konstruktion von Nebensätzen* in der indirekten Rede?
4. Wonach richten sich die *Tempora in der indirekten Rede?*
5. *Direkte Rede:* Der Redner sagte zu den Bürgern: „Schon lange habe ich diese Gefahren vorhergesehen. Wer wird euch helfen, wenn ihr euch selbst nicht mir höchster Kraft anstrengt? Denkt ihr an das Schicksal der Frauen und Kinder? Alle Stände sollen einig sein und nicht vergessen, daß die Vorfahren, deren Machtmittel geringer waren, oft ungünstigere Verhältnisse tapfer überwunden haben!“
6. *Indirekte Rede:* Der Redner sagte zu den Bürgern, er habe schon lange

diese Gefahren vorhergesehen. Wer werde ihnen helfen, wenn sie selbst sich nicht mit höchster Kraft anstrengen würden? Ob sie an das Schicksal der Frauen und Kinder dächten? Alle Stände sollten einig sein und nicht vergessen, daß die Vorfahren, deren Machtmittel geringer gewesen seien, oft ungünstigere Verhältnisse tapfer überwunden hätten!

7. Mehrdeutige Konjunktionen

cum mit Konjunktiv

Übersetze die folgenden Sätze und bestimme die Bedeutung von cum!

1. Cum hostēs appropinquārent, mīlitēs in castra properāvērunt.
2. Cum perītus sīs, mē adiuvāre potes.
3. Cum rādīcēs litterārum amārae sint, frūctūs iūcundī sunt.
4. Cum aliae fēminae Coriolānum ōrārent et implōrārent, māter īrātā eum increpābat.

cum mit Indikativ

Übersetze die folgenden Sätze und bestimme die Bedeutung von cum!

1. Tum interficiēre, Catilīna, cum iam nēmō invenīrī potest, quī id nōn iūre factum esse fateātur.
2. Cum senex dē iuventūte suā narrābat, gaudēbat.
3. Vix Rōmānī flūmen trānsierant, cum Germānī aggressī sunt.
4. Cum pācem servāvistī, nōbīs omnibus plūrimum prōfuistī.
5. Rōmulus et Remus, cum prīmum adolēvērunt, vēnantēs saltūs peragrābant.

ut mit Indikativ und Konjunktiv

Übersetze die folgenden Sätze und bestimme die Bedeutung von ut!

1. Ut dē aliīs iūdicāveris, ita aliī dē tē iūdicābunt.
2. Ut haec comperī, statim cōnsilium meum mūtāvī.
3. Alexander ā medicīs postulāvit, ut sē quam celerrimē sānārent.
4. Nōnnūllī verērī videntur, ut habeam satis praesidiī ad vestra cōnsulta trānsigenda. (Cicero an den Senat)
5. Periclēs tantā prūdentiā erat, ut Athēniēnsēs trīgintā annōs cōnsiliīs eius pārērent.
6. Nam illa quidem piget dīcere, ut vōbīs animus ab īgnāviā atque socordiā corruptus sit.
7. Ut omnia contrā opiniōnem accidant, tamen nōn dēsperābō.

nē mit Konjunktiv

Übersetze die folgenden Sätze und bestimme die Bedeutung von nē!

1. Parmeniō Alexandrum admonuit, nē salūtem suam Philippō medicō committeret.
2. Hannibal Carthāgine fūgit metuēns, nē Rōmānīs trāderētur.

3. Cavendum est, nē assentātōribus aurēs patefaciāmus.
4. Croesus Solōnem interrogāvit, putāretne quemquam sē beātiōrem.

quīn mit Konjunktiv

Übersetze die folgenden Sätze und bestimme die Bedeutung von quīn!

1. Hector neque prēcibus patris neque lacrimīs uxōris dēterritus est, quīn cum Achille pugnāret.
2. Numquam ad tē accēdō, quīn ā tē abeam doctior.
3. Nōn dubitō, quīn virtūs praesidium fīrmissimum animī sit et futūra sit.

quod

Übersetze die folgenden Sätze und bestimme die Bedeutung von quod!

1. Caesar imprīmīs Dumnorīgem Haeduum sēcum habēre voluit, quod eum cupidum rērum novārum cōgnōverat.
2. Cicerōnī honōrī tribuenda est, quod salūs patriae eī cārior erat quam vīta.
3. Imperium Rōmānum, quod bellīs cīvīlibus paene dēlētum est, ab imperātōre Augustō restitūtum est.
4. Sī quod opus Cicerōnis legō, hūmānitātem et ēloquentiam huius virī admīror.

dum

Übersetze die folgenden Sätze und bestimme die Bedeutung von dum!

1. Dum haec Rōmae geruntur, Manlius in Etrūriā plēbem sollicitābat.
2. Dum parentibus tuīs dignum tē praestitistī, honestus et fēlīx fuistī.
3. Caesar aliquamdiū in cūriā mortuus iacēbat, dum trēs servī eum domum rettulērunt.
4. Omnēs dolōrēs cruciātūsque libenter perferam, dum meīs labōribus populō Rōmānō dignitās salūsque pariātur. (Cicero)

Lösungen zu den Übungen

A) Lautlehre

1. Alphabet

1. von den Griechen.
2. die großen Buchstaben.
3. mit dem Christentum.

2. Aussprache

1. als k.
2. seit dem Ausgang der Antike.
3. vor den hellen Vokalen e, i, y und den Diphthongen ae und oe (Cerēs, Cicerō, Cyprus, Caesar, coetus).
4. h wurde überhaupt nicht gesprochen.
5. im Anlaut vor Vokalen und im Inlaut zwischen zwei Vokalen (iānua, māior).
6. getrennt (s-chola, s-tudium).
7. immer wie ti, nie als zi (nātiō, silentium).
8. Es war sowohl Vokal = u wie auch Konsonant = w (VARVS).
9. den Lautwert u durch die runde Form (nātūra), den Lautwert w durch die spitze Form (vīlla).
10. nach q (quis), g (lingua) und s, wenn auf das u ein a oder e folgt (suādēre, Suēbī).

3. Einteilung der Laute

1. in *Vokale* (Selbstlaute), *Diphthonge* (Doppelvokale) und *Konsonanten* (Mitlaute).
2. Alle lateinischen Vokale können lang oder kurz sein.
3. Durch einen Strich über dem Vokal kennzeichnet man die Länge (ā), durch ein Häkchen die Kürze (ă).
4. ae, oe, au, eu (Caesar, coetus, laudāre, neutrum).
5. Diphthonge sind immer lang.
6. wenn auf dem e zwei Trennungspunkte (Trema) stehen oder ein Längenzeichen (aër, aëris; poēta).
7. *Verschlußlaute* (vōcēs mūtae) und *Dauerlaute.*
8. in *Labiale* = Lippenlaute (b, p), *Dentale* = Zahnlaute (d, t) und *Gutturale* = Kehllaute (g, c, q, k).
9. b, d, g sind stimmhaft (vōcēs mediae), p, t, c (k) sind stimmlos (vōcēs

tenuēs).

10. l und r sind liquid, m und n sind nasal.

4. Quantität (Sprechdauer) der Silben

1. wenn sie einen langen Vokal oder Diphthong enthält (Rōmānus, taurus).
2. wenn auf einen kurzen Vokal zwei oder mehr Konsonanten folgen (fenestra, columba).
3. als kurz (cólloquī).
4. vor nf, ns, nct und gn (īnfāns, sānctus, sīgnum).

5. Betonung

1. *die vorletzte Silbe* (paenultima).
2. auf der vorletzten, d. h. der ersten Silbe (Rōma).
3. auf der vorletzten Silbe, wenn diese natur- oder positionslang ist (nātū́ra, fenéstra),
   auf der drittletzten Silbe, wenn die vorletzte Silbe kurz ist (agrícola, dóminus).
4. stets auf die vorletzte Silbe (fīlius fīliáque; fuistī́ne).
5. *nie die letzte Silbe.*

6. Lautwandel

Lautwandel der Vokale

1. Ablaut ist der Wechsel der Vokale in Wörtern gleichen Stammes.
2. Bei qualitativem Ablaut wechselt die Farbe des Vokals (tegere, toga), bei quantitativem Ablaut ändert sich die Länge des Vokals (legō, lēgī).
3. wenn kurzer Vokal oder Diphthong in Mittelsilben geschwächt wird (claudere, inclūdere; cadō, cecidī).
4. Kurzes i wird in unbetonten Mittelsilben vor r zu e abgeschwächt (laudābĭris > laudāberis).
5. Langer Vokal wird vor Vokal gekürzt (monēre, moneō). Langer Vokal wird vor auslautenden Konsonanten gekürzt außer vor s (laudābam, laudābās).
6. wenn s vor stimmhaftem Konsonanten ausfällt (isdem > īdem).
7. wenn ein kurzer Vokal im Wortinnern zwischen Konsonanten ausgestoßen wird (validē > valdē).
8. wenn ein Endvokal, bzw. Endvokal + m vor vokalischem Anlaut ausgestoßen wird (ne - ūllus > nūllus; animum advertō > animadvertō).
9. auch vor vokalischem Anlaut des folgenden Wortes
   (ante mare et terrās; nātūram expellās).
10. wenn zwei Vokale, die innerhalb eines Wortes aufeinanderfolgen, zusammengezogen werden (deī > dī; lauda-ō > laudō; Luciī > Lucī).

Lautwandel der Konsonanten

1. s zwischen zwei Vokalen wird zu r. (esam > eram)

2. Ein Konsonant wird dem folgenden angeglichen oder gleich. (rēg-tus > rēctus; pot-sum > possum)
3. Die Wiederholung gleicher Konsonanten in aufeinanderfolgenden Silben wird vermieden. (caeluleus > caeruleus)
4. Dental vor s wird zu s assimiliert. (ced-sī > cessī)
5. Doppeldental wird zu Doppel-s. (mit-tus > missus)
6. lūd-sī > lūs-sī > lūsī; mīlet-s > mīless > mīles.
   Doppel-s wird im Inlaut nach langem Vokal oder Diphthong vereinfacht, ebenso stets im Auslaut.
7. Guttural wird mit s zu x. (rēg-s > rēx; dīc-sī > dīxī)
8. Vor einem stimmlosen Laut muß eine stimmlose mūta stehen. (rēg-tus > rēctus; scrīb-sī > scrīpsī)
9. pellō, pe-pulī; poscō, po-poscī.
   Der anlautende Konsonant tritt mit e oder dem Stammvokal vor den Stamm.
10. pater Vater (p > f,v); frāter Bruder (f > b; t > d);
    decem zehn (d > z); caput Haupt (c > h);
    hostis Gast (h > g).

B) Formenlehre

I. Wortarten

1. *Nomina, Verben, Partikeln.*
2. *Substantive* (Hauptwörter), *Adjektive* (Eigenschaftswörter), *Prōnōmina* (Fürwörter), *Numerālia* (Zahlwörter).
3. *Adverbien* (Umstandswörter), *Präpositionen* (Verhältniswörter), *Konjunktionen* (Bindewörter), *Interjektionen* (Ausrufewörter).
4. Die lateinische Sprache kennt keinen Artikel.
5. Nomina und Verben sind flektierbar (veränderlich), Partikeln sind unflektierbar.
6. Die *Flexion der Nomina* heißt *Deklination,* die *der Verben Konjugation.*

II. Das Nomen

1–4

1. durch *Kasus* (Pl. die Kasus), *Numerus* (Pl. die Numeri), *Genus* (Pl. die Genera).
2. Im Lateinischen gibt es *6 Kasus:*
   Nominativ (Nom.) Frage: wer oder was?

Genitiv (Gen.) Frage: wessen?
Dativ (Dat.) Frage: wem?
Akkusativ (Akk.) Frage: wen oder was?
Ablativ (Abl.) Frage: womit?, wodurch?, woher?, wo?, wann?
Vokativ (Vok.) Kasus der Anrede

3. *Singular* (Sg., Sing.) und *Plural* (Pl.)
4. Es gibt im Lateinischen *drei Genera:*
   Maskulinum(m) = männliches Geschlecht
   Femininum (f) = weibliches Geschlecht
   Neutrum (n) = sächliches Geschlecht
5. Das Genus eines Substantivs ist entweder natürlich oder grammatisch bestimmt.
6. Männliche Personen, Flüsse und Winde.
7. Weibliche Personen und die Namen von Bäumen.
8. Nicht deklinierbare Wörter.
9. am Nominativausgang und der Deklinationszugehörigkeit.
10. in *Stamm und Endung, Wortstock und Ausgang.*
11. am *Genitiv Plural,* wenn man die Endung -um oder -rum abstreicht. (equō-rum)
12. Stammauslaut
13. als Ausgang (-ōrum)
14. Wortstock (equ-)
15. am *Genitiv Singular* (equ-ī)
16. agricola m, incola m, puella f, uxor f, Rhodanus m, Dānuvius m, zephyrus m, aquilō m, fāgus f, salix f, errāre n.
17. domina-m, dominō-s; domin-ae, domin-ī, arm-a.

III. Die Deklinationen

1–2 Die a- und o-Deklination

1. Stamm: flamma-, Wortstock: flamm-
2. Der Vokativ ist gleich dem Nominativ.
3. Ausgang a = Nom. Sing., Vok. Sg., ā = Abl. Sing.; Ausgang ae = Gen. Sg., Dat. Sg., Nom. Pl., Vok. Pl.; Ausgang īs = Dat. Pl. und Abl. Pl.
4. Die *Substantive der a-Deklination* sind *Feminina.*
5. Substantive auf -us, -er und -um; Beispiele: equus, ager, dōnum.
6. Die *Substantive der o-Deklination auf -us und -er* sind *Maskulina,* die *auf -um* sind *Neutra.*
7. Substantive auf -us, die ein Land, einen Baum, eine Insel oder eine Stadt bezeichnen, und das Wort humus.
8. nur im Nominativ, Akkusativ und Vokativ.

9. Nom. Sg. us er um Nom. Pl. ī ī a
Akk. Sg. um um um Akk. Pl. ōs ōs a

Nom. Sg.	us	er	um	Nom. Pl.	ī	ī	a
Akk. Sg.	um	um	um	Akk. Pl.	ōs	ōs	a

10. *Alle Neutra* haben *im Nominativ und Akkusativ Plural* die Endung *-a.*
11. Alle vokalischen Deklinationen enden im *Ablativ Singular* auf den *Stammauslaut* (flammā, equō, rē, passū, turrī).
12. Dativ und Ablativ Plural.
13. Ausgang ō = Dat. u. Abl. Sing.; Ausgang ī = Gen. Sg. u. Nom. Pl. der Maskulina; Ausgang īs = Dat. u. Abl. Pl.; Ausgang a = Nom. u. Akk. Pl. der Neutra.
14. Die Substantive der o-Deklination auf -us haben im Vokativ Singular den *Ausgang -e.* Beispiel: amīce.
15. Adjektive auf -us und Adjektive auf -er.
16. nur im Nominativ Singular Maskulinum.
17. Das Adjektiv richtet sich immer *nach seinem Beziehungswort im Kasus, Numerus und Genus.*
18. 1. Nom. Sg.: die Freundin; Abl. Sg.: durch den Kranz; Akk. Sg.: das Ufer; Akk. Pl.: die Inseln; Gen. Sg.: des Tisches, Dat. Sg.: dem Tisch, Nom. Pl.: die Tische; Gen. Pl.: der Rosen; Dat. Pl.: den Sternen, Abl. Pl.: durch die Sterne;
    2. Akk. Sg.: den Schüler; Nom. u. Akk. Sg.: die Stadt; Akk. Pl.: die Wölfe; Gen. Sg.: des Flusses, Nom. Pl.: die Flüsse; Dat. Sg.: dem Volk, Abl. Sg.: durch das Volk; Dat. Pl.: den Männern, Abl. Pl.: durch die Männer; Nom. u. Akk. Pl.: die Zeichen; Gen. Pl.: der Lehrer; Vok. Sg.: Markus;
    3. Nom. Sg.: die gute Herrin, Vok. Sg.: gute Herrin; Gen. u. Dat. Sg.: der fleißigen Tochter, Nom. Pl.: die fleißigen Töchter, Vok. Pl.: fleißige Töchter; Akk. Sg.: den kräftigen Bauern; Akk. Pl.: die frohen Gäste; Abl. Sg.: durch den hellen Stern; Dat. Pl.: den großen Toren, Abl. Pl.: durch die großen Tore;
    4. Nom. Sg.: das römische Volk; Gen. Sg.: des treuen Freundes, Nom. Pl.: die treuen Freunde, Vok. Pl.: treue Freunde; Akk. Sg.: in unseren Garten; Abl. Sg.: auf dem weiten Feld; Nom. u. Akk. Pl.: das sichere Lager; Akk. Pl.: die langen Mauern; Dat. Pl.: den gerechten Göttern; Abl. Pl.: durch die gerechten Götter; Gen. Pl.: der zufriedenen Kinder; Gen. Sg.: des guten Buches, Nom. Pl.: die guten Bücher, Vok. Pl.: gute Bücher; Nom. u. Akk. Sg.: die angenehme Pflicht; Nom. u. Akk. Pl.: viele Worte; Vok. Sg.: kleiner Knabe; Vok. Sg.: fauler Sklave;
    5. Abl. Sg.: im alten Ägypten; Gen. Sg.: der hohen Buche; Nom. Pl.: die hohen Buchen; Akk. Sg.: das schöne Rhodos; Akk. Sg.: die rauhe Erde; Dat. Sg.: dem reichen Korinth.

3. Die u- und e-Deklination

1. *Maskulina* sind die *Substantive auf -us,* (passus, ūs, m), *Neutra* die *Substantive auf -ū* (cornū, ūs, n).

2. *Feminina* sind domus,ūs das Haus, manus,ūs die Hand, die Schar, tribus,ūs der Bezirk, der Stadtteil, porticus,ūs die Säulenhalle, quercus,ūs die Eiche, Īdūs, uum die Iden.

3. Den *Ausgang -us* bzw. *-ūs* haben die *Maskulina* im Nom. Sg., Gen. Sg., Nom. Pl. u. Akk. Pl.
4. nur Gen. Sing.
5. den Ausgang -ū.
6. Abl. Sg.: *domō* und Akk. Pl. *domōs.*
7. *Die Substantive der e-Deklination sind Feminina.*
8. Maskulina sind diēs der Tag und merīdiēs der Mittag; diēs der Termin ist Femininum.
9. Den *Ausgang -ēs* haben Nom. Sg., Nom. Pl. u. Akk. Pl., den *Ausgang -eī* haben Gen. Sg. u. Dat. Sg.

10.1.	Gen. Sg.: exercitūs Rōmānī	Nom. Pl.: exercitūs Rōmānī
		Akk. Pl.: exercitūs Rōmānōs
	Dat. Sg.: sēnsuī iūstō	Abl. Sg.: sēnsū iūstō
	Akk. Sg.: magistrātum impavidum	Akk. Pl.: magistrātūs impavidōs
	Akk. Sg.: portum tūtum	Gen. Pl.: portuum tūtōrum
	Gen. Sg.: cornūs sinistrī	Gen. Pl.: cornuum sinistrōrum
		Nom. u. Akk. Pl.: cornua sinistra
	Abl. Sg.: manū dextrā	Abl. Pl.: manibus dextrīs
	Abl. Sg.: domō altā	Akk. Pl.: domōs altās
	Abl. Pl.: Īdibus Martiīs	
10.2.	Nom. Pl.: spēs bonae	Akk. Pl.: spēs bonās
	Gen. Sg.: reī pūblicae	Gen. Pl.: rērum pūblicārum
	Dat. Sg.: reī arduae	Dat. Pl.: rēbus arduīs
	Abl. Sg.: diē fēstō	Abl. Pl.: diēbus fēstīs
	Akk. Sg.: diem cōnstitūtam	Abl. Sg.: diē cōnstitūtā
	in rēbus secundīs im Glück	in rēbus adversīs im Unglück

4–9 Konsonantische, i- und gemischte Deklination

1. Der *Stamm* der Substantive der *konsonantischen Deklination* endet auf eine *Liquida* (l,r), einen *Nasallaut* (m,n) oder eine *Muta* (g,c; d,t; b,p).
2. Bei der konsonantischen Deklination sind Wortstock und Stamm gleich, deshalb auch Ausgang und Endungen.
3. Zu den *Maskulina* der konsonantischen Deklination gehören die Substantive auf *-or, -ōs* (-ōris), *-er* und *-l,* zu den *Neutra* die Substantive auf *-men, -ur* und *-us* (-oris, -eris).
4. Iuppiter, Iovis, Iovī, Iovem, Iove.
5. Zu den *Feminina der i-Deklination* gehören: sitis der Durst, puppis das Heck, turris der Turm, vīs, vim (Akk.), vī (Abl.) die Kraft, Gewalt, Plural: vīrēs, vīrium die Kräfte, febris das Fieber, secūris das Beil,
zu den *Neutra* gehören: exemplar, āris das Muster, Vorbild, mare, maris das Meer, animal, ālis das Lebewesen, vectīgal, ālis die Steuer, der Zoll, die Abgabe.
6. Ablativ Singular: ī, Genitiv Plural: ium.
7. Tiberis, is, m der Tiber; Neāpolis, is, f Neapel.
8. vīrēs, vīrium, vīribus, vīrēs, vīribus die Kräfte.
virī, virōrum, virīs, virōs, virīs die Männer.

9. Zur *gemischten Deklination* gehören
 1. die *gleichsilbigen* Substantive auf *-is* und *-ēs,* z. B. classis, is f die Klasse, die Flotte, clādēs, is f die Niederlage,
 2. die Substantive mit *zwei Konsonanten* vor dem Genitivausgang, z. B. urbs, urbis f die Stadt, nox, noctis f die Nacht.

10. *Gleichsilbig* nennt man Wörter, die im *Nominativ* und *Genitiv Singular* die *gleiche Silbenzahl* haben.

11. Die *Substantive der gemischten Deklination* haben im *Singular* die *Ausgänge der konsonantischen Deklination,* im *Plural* die *Ausgänge der i-Deklination.*

12. Diese Substantive haben auch im *Genitiv Plural* den *Ausgang* der konsonantischen Deklination: parentum der Eltern, patrum der Väter, mātrum der Mütter, frātrum der Brüder, iuvenum der jungen Männer, canum der Hunde.

13. *Maskulina* sind die Substantive auf *-or, -ōs,* (-ōris), *-er* und *-l.*
Ausnahme: arbor, árboris f der Baum.

14. *Feminina* sind die Substantive auf *-s (-x)* und *-ō.*

15. Masculīnī generis sind die Wörter all auf -nis und collis, lapis, mēnsis, orbis, piscis, sanguis, līmes, pariēs, pēs, ōrdō, sermō, grex, dēns, fōns, mōns und pōns.

16. Als *Neutra* man sich merken muß die *-ar, -e, -al, -men, -ur* und *-us* (-oris, -eris)
und caput, lac, iūs, vās Gefäß, ōs, os, iter, cor, vēr, aes.

17. Zur *i-Deklination* gehören
Adjektive auf *-er* mit *drei Endungen* im Nominativ Singular,
z. B. ācer, ācris, ācre scharf,
Adjektive auf *-is* mit *zwei Endungen* im Nominativ Singular,
z. B. fortis, fortis, forte tapfer,
Adjektive auf *-x* und *-ns* mit *einer Endung* im Nominativ Singular,
z. B. fēlīx, fēlīx, fēlīx glücklich,
prūdēns, prūdēns, prūdēns klug.

18. Die Adjektive der i-Deklination unterscheiden sich in ihren Formen nur im *Nominativ* und *Akkusativ Singular.*

19. Zur *konsonantischen Deklination* gehören die Adjektive mit *einer* Endung im Nominativ Singular:
dīves, vetus, pauper, particeps und *prīnceps.*
dīves, Gen. dīvitis reich, vetus, Gen. veteris alt, pauper, Gen. pauperis arm, particeps, Gen. participis teilhaftig, prīnceps, Gen. prīncipis der erste, der Führer.

20. Der *Ablativ Singular* hat den Ausgang *-e,* der *Nominativ Plural Neutrum* den Ausgang *-a,* der *Genitiv Plural* den Ausgang *-um.*
Beispiel: vetere, vetera, veterum.

21. Das Partizip Präsens Aktiv hat die *Ausgänge der gemischten Deklination.*

22.1.	Dat. Sg.: pāstōrī bonō	Nom. Pl.: pāstōrēs bonī
	Abl. Sg.: virgine modestā	Abl. Pl.: virginibus modestīs
	Akk. Sg.: vōcem māgnam	Akk. Pl.: vōcēs māgnās
	Gen. Sg.: virtūtis clārae	Nom. Pl.: virtūtēs clārae

	Akk. Sg.: opem celerem	Abl. Sg.: ope celerī
	Dat. Sg.: flūminī rapidō	Nom. Pl.: flūmina rapida
	Akk. Sg.: rōbur ingēns	Akk. Pl.: rōbora ingentia
	Dat. Sg.: corporī sānō	Abl. Sg.: corpore sānō
	Dat. Sg.: Iovī summō	Abl. Sg.: Iove summō
	Abl. Sg.: vī rudī	Nom. Pl.: vīrēs rudēs
	Akk. Sg.: mare īgnōtum	Akk. Pl.: maria īgnōta
	Abl. Sg.: animālī terribilī	Nom. Pl.: animālia terribilia
	Gen. Sg.: exemplāris veteris	Gen. Pl.: exemplārium veterum
	Dat. Sg.: vallī fertilī	Abl. Sg.: vallī fertilī
	Gen. Sg.: clādis gravis	Akk. Pl.: clādīs (-ēs) gravīs (-ēs)
	Abl. Sg.: arte īnsīgnī	Gen. Pl.: artium īnsīgnium
	Gen. Pl.: parentum nōbilium	Akk. Pl.: parentīs (-ēs) nōbilīs (-ēs)
22.2.	Dat. Sg.: arborī altae	Abl. Sg.: arbore altā
	Nom. Pl.: fīnēs Rōmānī	Abl. Pl.: fīnibus Rōmānīs
	Akk. Sg.: collem arduum	Nom. Pl.: collēs arduī
	Dat. Sg.: piscī mūtō	Dat. Pl.: piscibus mūtīs
	Abl. Sg.: sermōne brevī	Gen. Pl.: sermōnum brevium
	Akk. Sg.: dentem ācrem	Akk. Pl.: dentīs (-ēs) ācrīs (-ēs)
	Gen. Sg.: fontis celebris	Nom. Pl.: fontēs celebrēs
	Abl. Sg.: capite prūdentī	Akk. Pl.: capita prūdentia
	Gen. Sg.: iūris cīvīlis	Gen. Pl.: iūrum cīvīlium
	Dat. Sg.: ossī dūrō	Nom. Pl.: ossa dūra
	Abl. Sg.: itinere difficilī	Abl. Pl.: itineribus difficilibus
	Akk. Sg.: cor sapiēns	Akk. Pl.: corda sapientia

IV. Steigerung (Komparation) der Adjektive

1–3

1. Man unterscheidet *Positiv* = Grundstufe, *Komparativ* = Vergleichsstufe und *Superlativ* = Höchststufe.
2. Wenn der Superlativ nicht die Höchststufe, sondern einen *sehr hohen Grad* bezeichnet, spricht man von *Elativ,* z. B. sehr schön, wunderschön.
3. Man hängt an den Wortstock das *Suffix -ior* für Maskulinum und Femininum, für das Neutrum *-ius.* Beispiele: clār-us, clār-ior, clār-ius; fort-is, fort-ior, fort-ius.
4. Der *Komparativ* wird nach der *konsonantischen Deklination* dekliniert.
5. Man hängt an den Wortstock das *Suffix -issimus,a,um.* Beispiel: clārus – clār-issimus,a,um.
6. Die Adjektive auf -er der o/a- und der i-Deklination. Beispiele: pulcher – pulcherrimus, ācer – ācerrimus.
7. Sie umschreiben den Komparativ mit magis mehr, den Superlativ mit māximē am meisten, sehr. Beispiel: arduus steil, magis arduus steiler, māximē arduus am steilsten, sehr steil.
8. facilis – facillimus; difficilis – difficillimus; similis – simillimus; dissimilis – dissimillimus; humilis – humillimus.

9.1.	mūrus longior	mūrus longissimus
	hominis fēlīciōris	hominis fēlīcissimī
	fēminae prūdentiōrēs	fēminae prūdentissimae
	imāginī pulchriōrī	imāginī pulcherrimae
	avem celeriōrem	avem celerrimam
	pāstōrēs meliōrēs	pāstōrēs optimī
	verbō peiōre	verbō pessimō
	marium māiōrum	marium māximōrum
	gregēs minōrēs	gregēs minimōs
	pecūniīs plūribus	pecūniīs plūrimīs
9.2.	montēs magis arduī	montēs māximē arduī
	cōnsilia magis idōnea	cōnsilia māximē idōnea
	reī magis dubiae	reī māximē dubiae
	labōrī faciliōrī	labōrī facillimō
	iter difficilius	iter difficillimum
	mōrum similiōrum	mōrum simillimōrum
	ponte humiliōre	ponte humillimō
	prōverbia vetustiōra	prōverbia veterrima

9.3. der äußerste Teil, von dem vertrautesten Freund, in Unteritalien, die höchsten Götter, in der letzten Nacht, die folgende Zeit, das diesseitige Gallien, das jenseitige Gallien, sehr schlechtes Wasser.

V. Das Adverb (Umstandswort)

1–2

1. Ein *Adverb* ist eine *nähere Bestimmung* zu einem *Vollverb.*
2. Das Prädikatsnomen bezeichnet eine *Eigenschaft des Subjekts.*
3. *Beim Hilfsverb esse* steht immer als nähere Bestimmung ein *Prädikatsnomen,* nie ein Adverb.
4. Bei den Adjektiven der *o/a-Deklination* hängt man an den Wortstock das *Suffix -ē,* bei den Adjektiven der *i-Deklination* das *Suffix -iter.* Endet der *Wortstock auf -nt,* wird nur *-er* angefügt.
   Beispiele: clārus – clārē; pulcher – pulchrē; fortis – fortiter; celer – celeriter; prūdēns – prūdenter.
5. Das *Adverb im Komparativ* ist gleich dem *Akkusativ Sing. Neutrum* des Adjektivs. Beispiele: clārius, fortius.
6. *Im Superlativ* bildet man das *Adverb,* indem man statt des Ausgangs -us das *Suffix -ē* anfügt. Beispiele: clārissim-ē, fortissim-ē.
7. benĕ gut; malĕ schlecht; facile leicht; difficulter schwer; audācter kühn; aliter anders.
8. diū lange, diūtius länger, diūtissimē am längsten.
   magnopere sehr, magis mehr, māximē am meisten.
   saepe oft, saepius öfter, saepissimē sehr oft.
9. beātē, beātius, beātissimē; longē, longius, longissimē; miserē, miserius, miserrimē; ācriter, ācrius, ācerrimē; celeriter, celerius, celerrimē; graviter, gravius, gravissimē; utiliter, utilius, utilissimē; cōnstanter, cōn-

stantius, cōnstantissimē; vehementer, vehementius, vehementissimē.

10. so schnell wie möglich, bei weitem am schnellsten, viel schneller.

11. 1. Stark ist der Wolf, stärker ist der Bär, am stärksten ist der Löwe. 2. Schnell sind Pferde, schneller sind Hunde, am schnellsten sind Vögel. 3. Kleinere Lebewesen sind zuweilen schneller als größere. 4. Deine Schwester ist dir sehr ähnlich, aber sie ist kleiner als du. 5. Nichts ist besser als Freiheit, nichts ist schlimmer als Knechtschaft und Krieg. 6. In den Alpen gibt es sehr steile Berge; der höchste Berg der Alpen ist in Gallien. 7. Schon in alten Zeiten sind sehr kühne Seeleute zu den äußersten Teilen Europas gefahren. 8. Der Richter hat gerecht und weise geurteilt. 9. Der Knabe schwamm schnell und kühn zum jenseitigen Ufer des Flusses. 10. Unsere Vorfahren haben einfacher und bescheidener gelebt als wir; sie waren glücklicher als wir. 11. Die 10. Legion hat sehr tapfer und sehr standhaft gekämpft. 12. Wir sind so schnell wie möglich nach Hause geeilt; ich bin viel schneller gewesen als Paul; Markus aber war bei weitem der schnellste.

VI. Prōnōmina (Fürwörter)

1–8

1. Akkusativ und Ablativ.
2. Nominativ und Akkusativ.
3. Genitiv des Personalpronomens - Gen. Sing. Mask. des Possessivpronomens, Nom. Pl. Mask. des Possessivpronomens.
4. Genitiv des Personalpronomens - Nom. Sing. Neutrum u. Akk. Sing. Mask. u. Neutrum des Possessivpronomens.
5. Nostrī, vestrī werden als genitīvus obiectīvus verwandt, nostrum, vestrum als genitīvus partītīvus. Beispiele: die Liebe zu uns; niemand von euch.
6. eī - Dativ Sing. u. Nom. Pl. Mask.; ea - Nom. Sing. Fem. u. Nom. und Akk. Pl. Neutrum, eā - Abl. Sing. Femininum.
7. Das Possessivpronomen suus wird verwandt, wenn ein Bezug auf das Subjekt des gleichen Satzes vorhanden ist; liegt kein Bezug auf das Subjekt des gleichen Satzes vor, stehen die Genitive eius, eōrum, eārum.
8. 1. Euer Eifer macht mir Freude; deshalb werde ich euch Bücher schenken. 2. Wer von euch wird mit uns das Museum besuchen? 3. Die Römer haben sich ein großes Reich geschaffen. 4. Die Frösche haben sich im Wasser versteckt. 5. Unser Herr ist gütig; wir lieben ihn, wir gehorchen ihm gern. 6. Die Griechen haben die Trojaner überwunden; der Dichter Vergil hat ihr Schicksal erzählt. 7. Ursula ist meine Freundin; ich bin ihre Freundin. 8. Die Bauern pflügen ihre Felder; ihre Felder sind fruchtbar.
9. Demonstrativpronomen und Personalpronomen der 3. Person.
10. *haec* kann Nom. Sing. Femininum und Nom. und Akk. Plural Neutrum sein, *hoc* Nom. und Akk. Sing. Neutrum, *hōc* Abl. Sing. Maskulinum und Neutrum, *hīs* Dativ und Ablativ Plural.

11. *illa* kann Nom. Sing. Femininum und Nom. und Akk. Plural Neutrum sein, *illā* Abl. Sing. Femininum, *illī* Dat. Sing. Mask., Fem. u. Neutrum und Nom. Plural Maskulinum, *illīs* Dat. u. Abl. Plural.
12. *iste* wird *wie ille* dekliniert.
13. *ipse, ipsa, ipsum* selbst wird *wie ille, illa, illud* dekliniert außer dem Nominativ und Akkusativ Singular Neutrum.
14. *ipse* bei einem anderen Demonstrativpronomen wird mit „gerade" übersetzt, z. B. gerade in diesem Jahre.
15. *īdem, eadem, idem* derselbe, dieselbe, dasselbe wird wie is, ea, id dekliniert, doch lautet der Akkusativ Singular eundem, eandem, idem und der Genitiv Plural eōrundem, eārundem, eōrundem.
16. dieser, diese, dieses.
17. *quis* wer?, *quid* was? Fragepronomen, *quī* welcher, *quod* welches Relativpronomen.
18. *quī* kann Nom. Sing. und Nom. Plural Maskulinum sein, *quae* Nom. Sing. und Nom. Plural Femininum und Nom. und Akk. Plural Neutrum, *quod* Nom. und Akk. Sing. Neutrum, *quibus* Dat. und Abl. Plural.
19. is, quī derjenige, welcher; ea, quae das, was.
20. *quīcumque* und *quisque* wer auch immer = jeder, der sind verallgemeinernde Relativpronomina.
21. *aliquis* irgendeiner, jemand; *quisquam* irgendeiner (in verneinten Sätzen); *quīdam* ein gewisser; *quisque* jeder; *quīvīs* jeder beliebige; *quīlibet* jeder beliebige.
22. Nach sī, nisī, nē, num, quō, quantō, cum fällt ali- um. Beispiel: Sī quis dīcit. Wenn einer sagt.
23. *quisque* mit *Superlativ* = alle; optimus quisque alle Guten, gerade die Besten.
24. *quīdam* ein gewisser; *quidem* zwar, aber: *nē – quidem* nicht einmal.
25. *Pronominaladjektive* sind Adjektive, die teilweise die Endungen der Pronomina haben und in ihrer Bedeutung den Pronomina nahestehen.
26. Die Pronominaladjektive haben im *Genitiv Singular* den Ausgang *-īus,* im *Dativ Singular* den Ausgang *-ī,* sonst die Ausgänge der Adjektive der o/a-Deklination.
27. aliī – aliī die einen – die anderen.
28. Der eine sagte dies, der andere das.
29. tantus – quantus so groß – wie (groß), tantī – quantī so viele – wie (viele), tot – quot so viele – wie (viele), totiēns – quotiēns so oft – wie (oft), tālis – quālis so beschaffen – wie (beschaffen).
30. *nūllus* wird nur *adjektivisch* verwandt, *nēmō substantivisch.*
31. 1. Dieses Werk haben wir schnell vollendet, jene Arbeit aber wird schwieriger sein. 2. Die Römer waren Schüler derselben Griechen, die sie einst besiegt hatten. 3. Denjenigen Sklaven, die mir viele Jahre treu gedient haben, werde ich die Freiheit schenken. 4. Die Anstrengungen, die ich mit dir auf der Reise ertragen habe, haben unsere Freundschaft gefestigt. 5. Die Mütter, deren Kinder in höchster Gefahr waren, flehten die Götter an. 6. Jeder, der diesen Worten glaubt, wird getäuscht werden.

7. Alles, was gut ist, gewähren die Götter nicht ohne Fleiß. 8. Wenn ein Buch dir gefällt, werde ich es dir gern kaufen. 9. Sorge, mein Sohn, daß du nicht jedem beliebigem, sondern gerade den Besten gefällst! 10. Dir allein glaube ich, weil du immer die Wahrheit gesagt hast. 11. Der eine Konsul ist im Kampf gefallen, der andere wurde von den Feinden gefangengenommen. 12. Zu keiner anderen Zeit sind mehr Menschen von Knechtschaft bedrückt worden als in unserem Jahrhundert.

VII. Zahlwörter (Numerālia)

1–3

1. Von den Kardinalzahlen werden nur *ūnus, duo, trēs,* die *Hunderter ab 200* und der Plural von mīlle = *mīlia* dekliniert.
2. Bei mīlia steht der *genitīvus partītīvus,* wenn *kein kleineres* Zahlwort folgt. Beispiel: duo mīlia hominum, aber: duo mīlia quīngentī hominēs.
3. *Die größere Zahl steht unverbunden vor der kleineren.* Beispiel: ducentī vīgintī trēs. Bei Zahlen bis 100 kann die kleinere auch mit *et* vor der größeren stehen: trēs et vīgintī.
4. Diese Zahlen werden gewöhnlich durch *Subtraktion* ausgedrückt: duodētrīgintā, ūndētrīgintā, duodēquadrāgintā, ūndēquadrāgintā.
5. Bei *Jahreszahlen* und Angabe von *Tagesstunden* werden die *Ordinalzahlen* verwandt. Beispiele: annō ante Chrīstum nātum (a. Chr. n.) septingentēsimō quīnquāgēsimō tertiō im Jahre 753 v. Chr. Geburt; annō post Chrīstum nātum (p. Chr. n.) octingentēsimō im Jahre 800 n. Chr.; hōrā nōnā um die neunte Stunde = um drei Uhr nachmittags.

6.1. duo, duodecim, vīgintī, ducentī, duo mīlia; octō, duodēvīgintī, octōgintā, octingentī, octō mīlia.
sescentae quadrāgintā duae nāvēs, mīlle quadringentī quadrāgintā discipulī, octō mīlia nōngentī septuāgintā quīnque librī, quīnque mīlia incolārum.

2. annō p. Chr. n. septuāgēsimō; annō a. Chr. n. ūndēsexāgēsimō; annō a. Chr. n. trēcentēsimō trīcēsimō tertiō; annō p. Chr. n. quadringentēsimō decimō; annō p. Chr. n. mīllēsimō sescentēsimō duodēquīnquāgēsimō; annō p. Chr. n. mīllēsimō nōngentēsimō octōgēsimō prīmō.

3. Im Jahre 753 v. Chr. wurde die Stadt Rom gegründet. Im 4. und 3. Jahrhundert v. Chr. haben die Römer ganz Italien erobert. Darauf sind von den Römern drei Kriege mit den Karthagern geführt worden. Hannibal hat im Jahre 216 v. Chr. die Römer bei Cannae völlig besiegt. 50000 römische Soldaten sind in dieser Schlacht gefallen, 20000 wurden gefangengenommen. Dennoch ist im Jahre 146 v. Chr. Karthago von Publius Cornelius Scipio zerstört worden.

VIII. Das Verb (Zeit- oder Tätigkeitswort)

1-3

1. Bei der Konjugation eines lateinischen Verbs unterscheidet man:
   drei Personen: 1., 2. und 3. Person,
   zwei Numeri: Singular und Plural,
   drei Modi: Indikativ (Wirklichkeitsform), Konjunktiv (Begehrs- oder Möglichkeitsform), Imperativ (Befehlsform),
   sechs Tempora: Präsens, Imperfekt, Futur I, Perfekt, Plusquamperfekt, Futur II,
   zwei genera verbī (Zustandsformen): Aktiv (Tatform), Passiv (Leideform).
2. Unter *verbum fīnītum* faßt man alle Verbformen zusammen, die durch eine Person bestimmt sind: *Indikativ, Konjunktiv, Imperativ.*
   Als *verbum īnfīnītum* bezeichnet man Verbformen, die durch keine Person bestimmt sind: *Verbalsubstantive:* Infinitive, Gerundium, Supinum.
   Verbaladjektive: Partizipien, Gerundivum.
3. Man unterscheidet *drei Stämme:* Präsensstamm, Perfektaktivstamm, Perfektpassiv- oder Supinstamm.
   Vom Präsensstamm werden alle Formen des Präsens, Imperfekt, Futur I Aktiv und Passiv gebildet, außerdem Partizip Präsens, Gerundium und Gerundivum,
   vom Perfektaktivstamm werden die aktiven Formen des Perfekts, Plusquamperfekts und Futur II gebildet,
   vom Perfektpassiv- oder Supinstamm alle passiven Formen des Perfekts, Plusquamperfekts und Futur II, ferner das Partizip Perfekt Passiv und Futur Aktiv, der Infinitiv des aktiven Futurs und das Supinum.
4. Es gibt *5 Konjugationen:* a-Konjugation, e-Konjugation, konsonantische Konjugation, langvokalische i-Konjugation, kurzvokalische i-Konjugation. Sie werden nach dem Auslaut des Präsensstammes unterschieden.
5. Die Formen der einzelnen Konjugationen unterscheiden sich *nur im Präsensstamm.* Die Formen des Perfektaktiv- und Perfektpassivstammes werden bei allen Konjugationen gleich gebildet.
6. *v- oder u-Perfekt, s-Perfekt, Dehnungsperfekt, Reduplikationsperfekt, Stammperfekt;* Beispiele: laudāv-ī, monu-ī, scrīps-ī, ēg-ī, cu-curr-ī, dēfend-ī.
7. Der Perfektpassiv- oder Supinstamm wird gebildet durch *Anhängen von t* an den Verbalstamm. Beispiele: laudāt-us, dēlēt-us, audīt-us.
   Bei den Dentalstämmen wird das t zu s. Beispiel: miss-us.
8. Die Verbalformen setzen sich zusammen aus: Stamm, Bildevokal, Tempus- oder Moduszeichen, Personalendung.
9. *Personalendungen im Aktiv:* *-ō* oder *-m* = ich, *-s* = du, *-t* = er, sie, es, *-mus* = wir, *-tis* = ihr, *-nt* = sie.
   Personalendungen im Passiv: *-or* oder *-r* = ich, *-ris* (re) = du, *-tur* = er, sie, es,
   -mur = wir, *-minī* = ihr, *-ntur* = sie.

10. Die Formen des Präsensstammes unterscheiden sich im Aktiv und Passiv *nur durch die Personalendungen.*
11. Indikativ Präsens Aktiv und Passiv: *Präsensstamm und Personalendung. Bei der konsonantischen Konjugation* tritt zwischen Stamm und Personalendung der *Bildevokal* -i-, in der 3. P. Pl. -u-. lauda-t, monē-tur, audi-t, capi-t; reg-i-t, reg-u-nt; audi-u-nt.
12. *Kurzes i in unbetonten Mittelsilben wird vor r zu e abgeschwächt.* Beispiel: reg-ĭ-ris > reg-ĕ-ris; capĭ-ris > capĕ-ris.
13. Indikativ Imperfekt Aktiv und Passiv: Präsensstamm, *Tempuszeichen -ba-* und Personalendung. laudā-ba-m, reg-ē-ba-m.
14. Futur I Aktiv und Passiv: *a- und e-Konjugation:* Präsensstamm, *Tempuszeichen -b- mit Bildevokal -i-, bzw. -u- in der 3. P. Pl.* und Personalendung. laudā-b-ō, laudā-b-i-s . . . laudā-b-u-nt.
monē-b-ō, monē-b-i-s . . . monē-b-u-nt.
konsonantische und i-Konjugationen: Präsensstamm, *Tempuszeichen -e-, in der 1. P. Sg. -a-* und Personalendung. reg-a-m, reg-ē-s; audi-a-m, audi-ē-s; capi-a-m, capi-ē-s.
15. Konjunktiv Präsens Aktiv und Passiv: *a-Konjugation: Wortstock, Moduszeichen -e-* und Personalendung. laud-e-m.
alle anderen Konjugationen: *Präsensstamm, Moduszeichen -a-* und Personalendung. mone-a-t, reg-a-t, audi-a-t, capi-a-t.
16. Konjunktiv Imperfekt Aktiv und Passiv: Präsensstamm, *Moduszeichen -re-* und Personalendung. *Faustregel:* Infinitiv Präsens und Personalendung. monē-re-t; reg-e-re-t; laudāre-m, audīre-m, capere-m.
17. Ausgänge des Indikativ Perfekt Aktiv: i, istī, it, imus, istis, ērunt (ēre).
18. Konjunktiv Perfekt Aktiv: Perfektaktivstamm, *Moduszeichen -eri-* und Personalendung. laudāv-eri-m.
19. Die Formen des Indikativ und Konjunktiv Plusquamperfekt und des Futur II werden mit dem *Perfektaktivstamm und den Formen des Imperfekt und Futur I von esse* gebildet. laudāv-eram, laudāv-issem, laudāv-erō
20. Indikativ, Konjunktiv Perfekt, Plusquamperfekt, Futur II Passiv: *Partizip Perfekt Passiv und Formen des Präsensstammes von esse.* laudātus, monitus, rēctus, audītus, captus sum, eram, erō, sim, essem.

4. Die Konjugationen

1.	laudat	3. P. Sg. Ind. Präs. Aktiv	er, sie, es lobt
	laudābant	3. P. Pl. Ind. Imperf. Aktiv	sie lobten
	laudābitis	2. P. Pl. Fut. I Aktiv	ihr werdet loben
	laudantur	3. P. Pl. Ind. Präs. Passiv	sie werden gelobt
	laudābar	1. P. Sg. Ind. Imperf. Passiv	ich wurde gelobt
	laudābitur	3. P. Sg. Fut. I Passiv	er, sie, es wird gelobt werden
	laudem	1. P. Sg. Konj. Präs. Aktiv	ich soll, ich könnte loben
	laudēminī	2. P. Pl. Konj. Präs. Passiv	ihr sollt, ihr könntet gelobt werden

laudārēmur	1. P. Pl. Konj. Imperf. Passiv	ihr würdet gelobt werden
laudārēs	2. P. Sg. Konj. Imperf. Aktiv	du würdest loben
laudā	2. P. Sg. Imperativ	lobe
laudāte	2. P. Pl. Imperativ	lobt
laudārī	Infinitiv Präs. Passiv	gelobt (zu) werden
monēs	2. P. Sg. Ind. Präs. Aktiv	du ermahnst
monētur	3. P. Sg. Ind. Präs. Passiv	er wird ermahnt
moneantur	3. P. Pl. Konj. Präs. Passiv	sie sollen, könnten ermahnt werden
monēbantur	3. P. Pl. Ind. Imperf. Passiv	sie wurden ermahnt
monēbiminī	2. P. Pl. Fut. I Passiv	ihr werdet ermahnt werden
monērem	1. P. Sg. Konj. Imperf. Aktiv	ich würde ermahnen
monērēris	2. P. Sg. Konj. Imperf. Passiv	du würdest ermahnt werden
monē	2. P. Sg. Imperativ	ermahne
monērī	Infinitiv Präs. Passiv	ermahnt (zu) werden
regō	1. P. Sg. Ind. Präs. Aktiv	ich lenke
regor	1. P. Sg. Ind. Präs. Passiv	ich werde gelenkt
regimus	1. P. Pl. Ind. Präs. Aktiv	wir lenken
regēmus	1. P. Pl. Fut. I Aktiv	wir werden lenken
regāmus	1. P. Pl. Konj. Präs. Aktiv	wir sollen, könnten lenken
regerēmus	1. P. Pl. Konj. Imperf. Aktiv	wir würden lenken
regēbant	3. P. Pl. Ind. Imperf. Aktiv	sie lenkten
regebātur	3. P. Sg. Ind. Imperf. Passiv	er, sie, es wurde gelenkt
regātur	3. P. Sg. Konj. Präs. Passiv	er, sie, es soll, könnte gelenkt werden
rege	2. P. Sg. Imperativ	lenke
regī	Infinitiv Präs. Passiv	gelenkt (zu) werden
audit	3. P. Sg. Ind. Präs. Aktiv	er hört
audiuntur	3. P. Pl. Ind. Präs. Passiv	sie werden gehört
audiātur	3. P. Sg. Konj. Präs. Passiv	er soll, könnte gehört werden
audiēris	2. P. Sg. Fut. I Passiv	du wirst gehört werden
audīrēs	2. P. Sg. Konj. Imperf. Aktiv	du würdest hören
audīrēris	2. P. Sg. Konj. Imperf. Passiv	du würdest gehört werden
audiēbam	1. P. Sg. Ind. Imperf. Aktiv	ich hörte
audiēbantur	3. P. Pl. Ind. Imperf. Passiv	sie wurden gehört
audīte	2. P. Pl. Imperativ	hört!
audīrī	Infinitiv Präs. Passiv	gehört (zu) werden

	capit	3. P. Sg. Ind. Präs. Aktiv	er nimmt
	capiet	3. P. Sg. Fut. I Aktiv	er wird nehmen
	capiat	3. P. Sg. Konj. Präs. Aktiv	er soll, könnte nehmen
	caperis	2. P. Sg. Ind. Präs. Passiv	du wirst genommen
	capiēris	2. P. Sg. Fut. I Passiv	du wirst genommen werden
	caperēs	2. P. Sg. Konj. Imperf. Aktiv	du würdest nehmen
	caperer	1. P. Sg. Konj. Imperf. Passiv	ich würde genommen werden
	capiminī	2. P. Pl. Ind. Präs. Passiv	ihr werdet genommen
	capiēminī	2. P. Pl. Fut. I Passiv	ihr werdet genommen werden
	capiar	1. P. Sg. Fut. I oder Konj. Präs. Passiv	ich werde, ich soll, ich könnte genommen werden
	capiēbāris	2. P. Sg. Ind. Imperf. Passiv	du wurdest genommen
	cape	2. P. Sg. Imperativ	nimm!
	capī	Infinitiv Präs. Passiv	genommen (zu) werden
2.	laudāvērunt	3. P. Pl. Ind. Perf. Aktiv	sie haben gelobt
	monuit	3. P. Sg. Ind. Perf. Aktiv	er hat ermahnt
	rēxistis	2. P. Pl. Ind. Perf. Aktiv	ihr habt gelenkt
	audīverant	3. P. Pl. Ind. Plusqupf. Aktiv	sie hatten gehört
	cēperam	1. P. Sg. Ind. Plusqupf. Aktiv	ich hatte genommen
	laudāvisset	3. P. Sg. Konj. Plusqupf. Aktiv	er hätte gelobt
	monuisse	Infinitiv Perf. Aktiv	ermahnt (zu) haben
	rēxerint	3. P. Pl. Fut. II oder Konj. Perf. Aktiv	sie werden, sie sollen gelenkt haben
	cēperō	1. P. Sg. Fut. II Aktiv	ich werde genommen haben
	cēperim	1. P. Sg. Konj. Perf. Aktiv	ich soll genommen haben
	laudātus est	3. P. Sg. Ind. Perf. Passiv	er ist gelobt worden
	monitī sint	3. P. Pl. Konj. Perf. Passiv	sie seien ermahnt worden
	rēctī erāmus	1. P. Pl. Ind. Plusqupf. Passiv	wir waren ermahnt worden
	audīta esset	3. P. Sg. Konj. Plusqupf. Passiv	sie wäre gehört worden
	captum erit	3. P. Sg. Fut. II Passiv	er wird genommen worden sein
	laudātus esse	Infinitiv Perfekt Passiv	gelobt worden sein
	rēctūrus esse	Infinitiv Futur Aktiv	lenken werden
	audītum īrī	Infinitiv Futur Passiv	gehört (zu) werden (in Zukunft).

3. Das *Supinum I auf -um* bezeichnet den Zweck bei Verben der Bewegung, das *Supinum II auf -ū* steht bei Adjektiven als Dativ des Zwecks.
4. Es gibt im Lateinischen *drei Partizipien:*
Partizip *Präsens Aktiv:* laudāns, Gen. laudantis lobend; einer, der lobt;
Partizip *Perfekt Passiv:* laudātus, a, um gelobt; einer, der gelobt worden ist;
Partizip *Futur Aktiv:* laudātūrus, a, um einer, der loben wird.
Das Partizip Präsens ist gekennzeichnet durch Präsensstamm, Suffix -nt und die Ausgänge der gemischten Deklination.
Das Partizip Perfekt Passiv (PPP) ist gekennzeichnet durch den Supinstamm und die Ausgänge der o/a-Deklination.
Das Partizip Futur Aktiv ist gekennzeichnet durch den Supinstamm und das Suffix -ūrus, a, um.
5. Das *Gerundivum* wird gebildet mit *Präsensstamm, Suffix -nd* und den *Ausgängen der o/a-Deklination.* Es drückt aus, daß etwas getan werden muß oder soll, verneint, daß etwas nicht getan werden darf. Beispiel: mone-nd-us einer, der ermahnt werden muß oder soll; nōn monendus einer, der nicht ermahnt werden darf.
6. Das *Gerundium* wird gebildet mit *Präsensstamm, Suffix -nd* und den *Ausgängen der o-Deklination im Singular Neutrum.* Es vertritt die fehlenden obliquen Kasus des Infinitivs Präsens Aktiv.
Beispiel: reg-e-nd-ī des Lenkens.
7. Das Gerundium bildet nur Genitiv, Dativ, präpositionalen Akkusativ und Ablativ Singular. Beim *Gerundium* sind *nur die Ausgänge ī, ō, um* als Neutrum Singular möglich.

5. Die Deponentien (Verba dēpōnentia)

1. *Deponentien* sind Verben, die *passive Formen,* aber *aktive* oder *reflexive Bedeutung* haben.
2. *Semideponentien* haben *aktive Formen im Präsensstamm,* aber *passive im Perfektstamm* außer revertī, das passive Formen im Präsensstamm und aktive im Perfektstamm hat.
3.

cōnātur	3. P. Sg. Ind. Präs. Passiv	er versucht
cōnēmur	1. P. Pl. Konj. Präs. Passiv	laßt uns versuchen!
cōnābantur	3. P. Pl. Ind. Imperf. Passiv	sie versuchten
cōnābuntur	3. P. Pl. Fut. I Passiv	sie werden versuchen
cōnārer	1. P. Sg. Konj. Imperf. Passiv	ich würde versuchen
cōnāre	2. P. Sg. Imperativ	versuche!
cōnātī essēmus	1. P. Pl. Konj. Plusqupf. Passiv	wir hätten versucht
cōnantēs	Nom. Pl. Mask. Partizip Präs.	versuchend
cōnandum est	Nom. Sing. Neutrum vom Gerundivum	man muß versuchen
voluntās cōnandī	Genitiv Sing. vom Gerundium	der Wille zu versuchen

verētur	3. P. Sg. Ind. Präs. Passiv	er fürchtet sich
verērētur	3. P. Sg. Konj. Imperf. Passiv	er würde sich fürchten
vereantur	3. P. Pl. Konj. Präs. Passiv	sie sollen sich fürchten
verēbāmur	1. P. Pl. Ind. Imperf. Passiv	wir fürchteten uns
verēberis	2. P. Sg. Fut. I Passiv	du wirst dich fürchten
veritus est	3. P. Sg. Ind. Perfekt Passiv	er hat sich gefürchtet
dī verendī	Nom. Pl. vom Gerundivum	die Götter, die gefürchtet werden müssen
loqueris	2. P. Sg. Ind. Präs. Passiv	du sprichst
loquēris	2. P. Sg. Fut. I Passiv	du wirst sprechen
loquāris	2. P. Sg. Konj. Präs. Passiv	du sollst sprechen
loquerēminī	2. P. Pl. Konj. Imperf. Passiv	ihr würdet sprechen
loquebātur	3. P. Sg. Ind. Imperf. Passiv	er sprach
locūtī erant	3. P. Pl. Ind. Plusqupf. Passiv	sie hatten gesprochen
discipulīs loquentibus	Dat. Pl. Partizip Präs.	den sprechenden Schülern
loquendum nōn est	Nom. Sing. Neutrum vom Gerundivum	man darf nicht sprechen
occāsiō loquendī	Gen. Sing. vom Gerundium	die Gelegenheit zu sprechen
partiuntur	3. P. Pl. Ind. Präs. Passiv	sie teilen
partientur	3. P. Pl. Fut. I Passiv	sie werden teilen
partiēbāmur	1. P. Pl. Ind. Imperf. Passiv	wir teilten
partīrēris	2. P. Sg. Konj. Imperf. Passiv	du würdest teilen
partiar	1. P. Sg. Fut. I oder Konj. Präs. Passiv	ich werde teilen, ich soll teilen
partītī essēmus	1. P. Pl. Konj. Plusqupf. Passiv	wir hätten geteilt
partiendum est	Nom. Sing. Neutrum vom Gerundivum	man muß teilen
partiendō	Abl. Sing. vom Gerundium	durch Teilen
patitur	3. P. Sg. Ind. Präs. Passiv	er leidet
patiāmur	1. P. Pl. Konj. Präs. Passiv	laßt uns dulden!
patiēris	2. P. Sg. Fut. I Passiv	du wirst leiden
paterentur	3. P. Pl. Konj. Imperf. Passiv	sie würden leiden
patiēbantur	3. P. Pl. Ind. Imperf. Passiv	sie litten
patere	2. P. Sg. Imperativ	dulde!
passus est	3. P. Sg. Ind. Perfekt Passiv	er hat gelitten
fortūna hominum patientium	Gen. Pl. Partizip Präsens	das Schicksal leidender Menschen
dolōrēs patiendī	Nom. Pl. vom Gerundivum	Schmerzen, die erduldet werden müssen
fortiter patiendō	Abl. Sing. vom Gerundium	durch tapferes Dulden

6–7 Unregelmäßige und unvollständige Verben (Verba anōmala et dēfectīva)

1. Von esse gibt es den Präsensstamm es- und die Schwundstufe s-. Zwischen zwei Vokalen wird der Stammauslauf s zu r (Rhotazismus). Beispiel: esam > eram.

2.

es	2. P. Sg. Ind. Präs. oder 2. P. Sg. Imperativ	du bist, sei!
est	3. P. Sg. Ind. Präs.	er, sie, es ist
este	2. P. Pl. Imperativ	seid!
estis	2. P. Pl. Ind. Präs.	ihr seid
estō	2. oder 3. P. Sg. Imperativ II	du sollst sein, er soll sei
esset	3. P. Sg. Konj. Imperfekt	er wäre
erunt	3. P. Pl. Fut. I	sie werden sein
erant	3. P. Pl. Ind. Imperfekt	sie waren
sint	3. P. Pl. Konj. Präs.	sie seien
sunt	3. P. Pl. Ind. Präs.	sie sind
fuērunt	3. P. Pl. Ind. Perfekt	sie sind gewesen
fuerant	3. P. Pl. Ind. Plusqupf.	sie waren gewesen
fuisset	3. P. Sg. Konj. Plusqupf.	er wäre gewesen
fuerimus	1. P. Pl. Fut. II oder Konj. Perfekt	wir werden gewesen sein, wir seien gewesen
absum	1. P. Sg. Ind. Präs. von abesse	ich bin abwesend
aderam	1. P. Sg. Ind. Imperf. von adesse	ich war da
dēerit	3. P. Sg. Fut. I von dēesse	er wird fehlen
interessēmus	1. P. Pl. Konj. Imperf. von interesse	wir würden teilnehmen
praesit	3. P. Sg. Konj. Präs. von praeesse	er soll befehligen
obfuit	3. P. Sg. Ind. Perfekt von obesse	er hat geschadet
superfuerat	3. P. Sg. Ind. Plusqupf. von superesse	es war übrig gewesen

3. Bei den Komposita von esse steht der Dativ außer bei abesse ā.
Beispiele: amīcō adesse dem Freund helfen; cōpiīs praeesse die Truppen befehligen.

4. Bei prōdesse bleibt die Grundform prōd- nur vor Vokal e, vor Konsonanten fällt d weg.
Bei posse, entstanden aus pot-se, wird das t vor folgendem s zu s assimiliert.

5. er nützt, er kann, sie nützen, sie können, es möge nützen, er soll können, wir werden nützen, sie werden können, sie haben gekonnt, es würde nützen, er würde können, du hast genützt, ihr habt gekonnt, sie hätten genützt, wir hatten gekonnt.

6. du willst, (die Kraft), sie wollen, sie werden wollen, sie mögen wollen, er würde wollen, er wird nicht wollen, er würde nicht wollen, ich will lieber, er wollte lieber, du mögest lieber wollen, sie haben nicht gewollt, du hättest gewollt, er wird nicht gewollt haben, er möge nicht gewollt haben, wir hatten lieber gewollt, glaube nicht, schweigt nicht!

7. Bei diesen Formen ist der *Bildevokal weggefallen.*

8. trage, du trägst, er trägt, tragt, ihr tragt, er wird tragen, er würde tragen, er soll tragen, sie werden getragen, sie sollen getragen werden, sie werden getragen werden, sie würden getragen werden, wir trugen, tragend, du hast getragen, sie hatten getragen, wir hätten getragen, es ist getragen worden, sie waren getragen worden, das Schicksal muß ertragen werden.
wir tragen herbei, er hat weggetragen, sie haben sich begeben, sie unterscheiden sich, es ist aufgeschoben worden, er soll hinausgetragen werden, hineingetragen zu haben, es wurde angeboten, sie ertragen, sie hätten berichtet, vorgezogen werden, er hatte beseitigt, sie sind beseitigt worden.

9. er beseitigt, er wird beseitigen, er würde beseitigen, er soll ertragen, er erträgt, er würde ertragen, er wird beseitigt, er wird ertragen werden.

10. *Vor den dunklen Vokalen* a, o, u lautet der Stamm *e* statt i.

11. Von īre wird *im Passiv nur die 3. P. Sing. Neutrum* gebildet:
ĭtur man geht, ĭtum est man ist gegangen.

12. geh, ich bin gegangen, du gehst, er geht, er ist gegangen, geht, ihr geht, ihr seid gegangen, wir gehen, wir sind gegangen, laßt uns gehen, wir werden gehen, er würde gehen, ich ging, wir wären gegangen, er war gegangen, ich werde gegangen sein, dem scheidenden Sohn, der Rat abzugehen, man muß gehen.
sie gehen weg, sie haben besucht, er geht hinaus, er wird beginnen, sie würden untergehen, er soll zugrunde gehen, ich übergehe, ich wäre zurückgekehrt, wir hatten auf uns genommen, laßt uns hinübergehen, sie waren verkauft worden.

13. er kommt, er ist gekommen, er wird verkauft, er ist verkauft worden, sie kommen, sie werden verkauft, sie sind gekommen, sie sind verkauft worden.

14. Die Formen von *facere* werden im Präsensstamm Passiv durch *fierī* ersetzt.

15. assuefacere gewöhnen (transitiv), patefacere öffnen, satisfacere Genugtuung leisten.

16. es geschieht, ihr werdet, es soll werden, es wird geschehen, du wurdest, wir würden werden, wir sind benachrichtigt worden, oft kommt es vor, daß; so kam es, daß; es ist möglich, daß.

17. *meminisse* und *ōdisse* bilden nur *Formen des Perfektaktivstammes mit präsentischer Bedeutung.*

18. sie erinnern sich, du erinnerst dich, du erinnertest dich, er wird sich erinnern, er soll sich erinnern, gedenke; er haßt, wir haßten, sie werden hassen, mögen sie hassen, sie würden hassen.

19. 1. Wenn Alexander das Heer befehligt, werden wir die Perser überwinden. 2. Wenn du der armen Frau hilfst, werde ich dir eine Belohnung geben. 3. Die Stadt war nicht weit vom Wald entfernt. 4. Ein guter Mensch wird seinen Freunden immer nützen, aber niemals schaden. 5. Die Ratschläge meiner Freunde haben mir oft genützt, obwohl sie mich zuweilen getadelt haben. 6. Paul konnte nicht an dem Gastmahl teilnehmen, weil er krank geworden war. 7. Wenn du mir die Bücher hättest bringen wollen, hättest du es gekonnt. 8. Wenn ihr uns nicht die Freiheit gewähren wollt, wollen wir lieber tot als eure Sklaven sein. 9. Verzweifle nicht, ob-

wohl du von vielen Gefahren bedrängt bist! 10. Oft ist es schwerer, Glück als Unglück zu ertragen. 11. Als dieses Unglück gemeldet wurde, hat unser Staat Hilfe angeboten. 12. Die Germanen unterschieden sich viel von den Galliern, wie Cäsar berichtet hat. 13. Wann wirst du aus der Stadt zurückkehren? Ich werde dir entgegengehen. 14. Viele Einwohner, die nicht weggegangen waren, sind durch das Feuer des Vesuv umgekommen. 15. So kam es, daß drei Städte untergingen und viele Jahrhunderte unter der Erde verborgen waren. 16. Alles, was Midas mit den Händen berührte, wurde zu Gold. 17. Wenn nicht unsere Freunde sofort benachrichtigt werden, werden die meisten weggehen. 18. Warum haßt ihr uns und denkt nicht mehr an unsere Wohltaten?

8. Stammformen der häufigsten Verben

1. *Verben der a- und e-Konjugation*

wir liegen, sie sind gezähmt worden, es tönt, sie haben verboten, ich würde schneiden, er hat unterstützt, sie waschen sich, er hat gegeben, es steht fest, er wird bedrängen, er hat sich bewährt,

sie haben zerstört, er hatte geweint, sie hätten angefüllt, er hat abgewehrt, sie würden zügeln, es wird geübt, sie sollen anwenden, sie sind gehindert worden, du zeigst dich, wir schulden, du hast verdient, er wird schaden, es gefällt, schweigt, sie erschreckten, er ist sehr erschrocken, sie werden lehren, sie würden halten, es erstreckt sich, ich hätte ausgehalten, wir nen, ich entbehrte, er bedauerte, sie haben nötig, er möge blühen, sie schaudern, er liegt, er war verborgen, sie sollen gehorchen, er ist erschienen, sie bemühten sich, er würde gefürchtet werden, bleibt gesund,

sie brennen, ich werde lachen, er hat überredet, er war geblieben, es wird befohlen, es ist vermehrt worden, es möge leuchten, wir trauerten, nimm dich in acht, er begünstigte, er bewegt sich, er hat veranlaßt, ich bin erregt, ich habe gelobt, sie haben belagert, ihr werdet besitzen, sie sollen sehen, sie beneideten, du hast vorhergesehen, sie würden hängen, er hat geantwortet, er antwortet.

2. *Verben der konsonantischen Konjugation*

v- und u-Perfekt: ihr habt herbeigeholt, sie werden gereizt, sie würden erstreben, er hat sich um das Konsulat beworben, ich werde den Freund um Hilfe bitten, es soll wiederholt werden, du wirst gesucht, er ließ zu, sie haben aufgehört, erkannt werden, er hat erkannt, er ist gewachsen, entscheidet, es wird gesät, du wirst verachtet werden, erkenne dich selbst, ich hätte verziehen, sie sind erkannt worden, er möge ruhen, er pflegte,

er wird ernährt, sie haben gepflegt, sie bewohnen, wir hatten um Rat gefragt, sie reihten aneinander, wir sind im Stich gelassen worden, sie erörtern, sie haben erörtert, er ist gezeugt worden, er wird gestellt, geordnet zu werden, ich habe ausgestellt, wir werden entgegenstellen, ihr sollt euch vor Augen stellen.

s-Perfekt: er sagt, er wird sagen, er soll sagen, sie haben verordnet, es ist untersagt, führt, du wirst geführt werden, veranlaßt, er hatte hinübergeführt, ich werde verbessern, es ist verbessert, ausgerichtet werden, es war aufgerichtet worden, wir werden fortfahren, er ist aufgestanden, sie würden bedecken, sie sind bedeckt worden, sie beschützten, sie werden beschädigt, sie waren beschädigt, sie hätten gekämpft, du hast gebeugt, sie wären gebeugt worden.

wir haben angeheftet, er ist angeheftet worden, wir haben gebildet, es ist

ersonnen worden, ihr sollt verbunden werden, ihr löscht aus, unterschieden zu haben, ziehe, ich würde fahren (transitiv), er fließt, wir wollen erbauen, er hat aufgestellt, gelebt zu haben, wir werden weichen, es kommt hinzu, du hast erlaubt, sie sind weggegangen, laßt uns vorrücken, er war nachgefolgt, es ist geschlossen, sie waren abgeschnitten, geteilt zu werden, gehe mit mir, er wird entkommen sein, sie fallen ein, wir würden verletzen, ich habe gespielt, ihr seid verspottet worden.
du wirst geschickt, du würdest verlieren, ich würde zugelassen werden, du würdest anvertraut werden, ich habe entlassen, es wird unterbrochen werden, ich übergehe, ich hatte erlaubt, sie hätten versprochen, sie hat geheiratet, es steht geschrieben, er hat beschrieben, sie sind ausgehoben worden, es wird vorgeschrieben werden, sie sollen geächtet werden, verachtet zu werden, ihr sollt nehmen, es wird verbraucht werden, ich habe versenkt, ihr streut, sie haben vollbracht, es war verbrannt worden, sie wurden bedrängt, er wird unterdrückt haben.
Dehnungsperfekt: wir haben gehandelt, er zwingt, sie fordern, sie sind in die Gewalt der Römer gebracht worden, sie waren unterworfen worden, du hast gegessen, wir haben gekauft, es wird weggenommen, wir sind erlöst, zerbrecht, er hat in die Flucht geschlagen, ihr habt gelesen, ihr sollt sammeln, ausgewählt zu werden, liebt, ich hatte eingesehen, sie vernachlässigten, wir haben zurückgelassen, sie würden zerbrechen (transitiv), er wäre verdorben worden, gesiegt zu haben, er ist überführt worden, sie haben sich niedergelassen.
Reduplikationsperfekt: er würde fallen, sie sind gefallen, sie haben gefällt, es ereignet sich, es hat sich ereignet, du wirst hineinfallen, er geht unter, er ist untergegangen, er fällt (transitiv), er hat gefällt, sie hatten vernichtet,
laßt uns singen, du bist geeilt, wir begegnen, wir sind begegnet, wir werden zu Hilfe eilen, sie werden übergeben, er hat herausgegeben, wir sind verraten worden, gib zurück, es wird überliefert, ich hätte verkauft, sie hatten verborgen, er fügt hinzu, die Stadt ist gegründet worden, du hast geglaubt, sie haben zugrunde gerichtet,
ihr lernt, er hat getäuscht, er hatte geschont, sie werden getrieben haben, sie mögen getrieben haben, sie sind herangetrieben worden, er würde veranlaßt werden, er hat zurückgetrieben, er wird abwiegen, er hat gefordert, sie haben sich aufgestellt, sie hörten auf, sie werden hervortreten, wir hatten Widerstand geleistet, berührt zu werden, sie grenzen an, es ist gelungen, sie spannen, sie haben gekämpft, zeige.
Stammperfekt: er fürchtete, er vermindert, er hat vermindert, wir setzen fest, wir haben festgesetzt, es ist beschlossen worden, du hast eingerichtet, es soll wiederhergestellt werden, es wird zugeteilt, es ist hinzugefügt worden, es wird verteilt werden, es soll bezahlt werden, er ist freigesprochen worden,
sie zünden an, sie ersteigen, sie sind entflammt worden, steige herab, ich habe verteidigt, verteidigt zu werden, er würde beleidigt werden, er wäre ergriffen worden, du wirst getadelt, sie haben gewendet, wende ab, sie sind umgewendet worden, ich hatte bemerkt.

3. *Verben der lang- und kurzvokalischen i-Konjugation*

du wirst hören, erhöre, er gehorchte, er soll bewacht werden, wir haben geschlafen, sie sind unterrichtet worden, es muß erledigt werden, sie würden hindern, es wird beendet werden, er linderte, das Lager ist befestigt wor-

den, sie werden ernährt, er ist bestraft worden, sie haben gewütet, wir wissen, ich weiß nicht, ich werde dienen, ich soll dienen, bekleidet,
er ist begraben worden, öffnet, sie werden springen, er hatte geschöpft, sie haben geheiligt, sie hatten gefesselt, gefesselt zu werden, du hast gemerkt, sie stimmten überein, wir sind verschiedener Meinung, kommt, ich bin gekommen, er möge ankommen, sie wären umzingelt worden, sie wären zusammengekommen, es hat sich ereignet, es ist gefunden worden, sie würden gelangen, sie waren zu Hilfe gekommen, sie sind gefunden worden, er erfährt, er hat erfahren,
wir wünschen, er wird rauben, sie haben geplündert, sie sind entrissen worden, ich hatte erblickt, du wirst verachtet, es soll besichtigt werden, sie würden durchschauen, er hat vorhergesehen, du mögest annehmen, du wirst getäuscht werden, wir haben aufgenommen, fange an, sie haben begonnen, es ist vorgeschrieben worden, sie hatten sich zurückgezogen, unternimm,
getan zu haben, sie werden öffnen, sie sollen geöffnet werden, er leistet Genugtuung, versehen zu werden, es wird vollendet werden, sie haben verlassen, es wird bewirkt, sie sind getötet worden, ich werde vollendet haben, er ist an die Spitze gestellt worden, er würde wiederhergestellt werden, sie sollen graben, sie würden fliehen, er ist entflohen, wir werfen, er hat vermutet, sie wären vertrieben worden, er hatte eingejagt, er wirft entgegen, unterworfen zu werden, sie würden übergesetzt werden.

4. *Deponentien*
a- und e-Konjugation: sie glauben, er verschmähte, sie mögen helfen, wir werden versuchen, wir haben betrachtet, ihr zaudert, er wird herrschen, sie hatten sich gerühmt, wir beglückwünschen, er hat ermahnt, du sollst nachahmen, ich werde erklären, ich war empört,
freue dich, er hat gedroht, wir haben uns gewundert, er würde bewundern, wir bedauern, die, die sich aufhalten, sie verwüsteten, ich vermutete, ich soll mich erinnern, du wirst schützen, sie werden umherstreifen, sie jagen, sie verehren, laßt uns jagen, laßt uns verehren, wir würden jagen, wir würden verehren, er hat sich aufgehalten;
sie gestehen, ich bekenne, er hat offen bekannt, er würde heilen, er hat sich verdient gemacht, erbarme dich, sie hätten versprochen, wir haben geglaubt, sie schützten, er möge anschauen, er scheint.
konsonantische Konjugation: er hat gesprochen, wir wollen uns unterhalten, du wirst folgen, wir haben erreicht, sie folgen nach, sie würden verfolgen, sie mögen geleiten, er folgte auf dem Fuße, ihr genießt, genießt, du hast verwaltet, sie gleiten, sie werden gleiten, er ist zusammengebrochen, sie sollen sich stützen, sie haben umarmt, er beklagt sich, (er wird gesucht), sie haben sich beklagt, (sie sind gesucht worden), er würde gebrauchen, sie hatten erreicht, wir erinnern uns, du erlangst, er wird geboren werden, vergiß nicht, sie waren aufgebrochen, räche dich, du wirst dich ernähren.
i-Konjugationen: du schmeichelst, er würde spenden, sie haben gelogen, sie haben gemessen, er soll planen, wir werden teilen, sie hätten sich bemächtigt, lose, ich werde zustimmen, ich soll zustimmen, wir würden versuchen, er ist entstanden, sie greifen an,
sie werden angreifen, sie kämpften, er ist hinausgegangen, sie treten ein, sie würden vorrücken, sie haben überschritten, er stirbt, die, die leiden.

Semideponentien: sie wagen, er hat gewagt, er soll sich freuen, sie haben sich gefreut, er pflegte, er hatte gepflegt, sie vertrauen, laßt uns vertrauen, ich hätte vertraut, sie mißtrauten, er wird zurückkehren, er ist zurückgekehrt, zurückgekehrt.

C) Satzlehre

I. Satzteile

1–6

1. *Prädikat* kann entweder ein *Vollverb* (verbales Prädikat) oder ein *Prädikatsnomen* (nominales Prädikat) sein. Prädikatsnomen: Prädikatssubstantiv oder Prädikatsadjektiv.
Das Prädikatsnomen ist meistens durch ein Hilfsverb (Kopula) mit dem Subjekt verbunden. Beispiele: Discipulus salūtat. Paulus discipulus est. Discipulus sēdulus est. Ars longa, vīta brevis.
2. Das *Subjekt* kann ein *Substantiv* sein, bzw. ein *Adjektiv,* das substantivisch verwandt wird, ein *Pronomen,* bzw. die *Person,* die in *einer finiten Verbalform* enthalten ist, ein *Infinitiv* oder ein *Nebensatz.* Beispiele: Puella cantat. Multa mē dehortantur ā vōbīs. cantā-mus. Errāre hūmānum est. Quae nocent, docent.
3. *Das verbale Prädikat* stimmt mit dem Subjekt im Numerus überein. Beispiele: Agricola arat, agricolae arant.
4. *Das substantivische Prädikatsnomen* richtet sich nach dem Subjekt im Kasus, wenn möglich auch im Numerus und Genus.
Beispiel: Paulus et Friderīcus amīcī sunt.
5. *Das adjektivische Prädikatsnomen* richtet sich nach dem Subjekt im Kasus, Numerus und Genus. Beispiele: Puella pulchra est. Agricolae sēdulī sunt. Castra māgna sunt.
6. Sind die Personen des Subjekts verschiedenen Geschlechts, so steht das Prädikatsadjektiv im Maskulinum. Beispiel: Pater et māter sānī sunt.
7. Im Neutrum. Beispiel: Ignōscere hūmānum est.
8. *Das pronominale Subjekt* richtet sich im Genus und Numerus *nach dem substantivischen Prädikatsnomen.* Beispiel: Haec est mea culpa. Das ist meine Schuld.
9. Ein *Attribut* ist eine nähere Bestimmung eines Substantivs durch ein Adjektiv oder Substantiv.
10. *Das adjektivische Attribut* richtet sich nach seinem Beziehungswort im Kasus, Numerus und Genus. Beispiele: Dominus bonus; poēta clārus; ancilla fīda; dōnum pulchrum.
11. *Das substantivische Attribut* steht meistens im Genitiv nach oder vor seinem Beziehungswort. Beispiele: Vīta Rōmānōrum, hortus agricolae, pecūniae cupīdō, mortis poena.
12. Eine *Apposition* ist ein substantivisches Attribut, das im gleichen Kasus

wie sein Beziehungswort steht. Beispiele: Vergilius poēta; Minerva dea.

13. Das *Prädikatsnomen* richtet sich immer im Kasus, wenn möglich auch im Numerus und Genus nach seinem Beziehungswort.

14. *Beim Hilfsverb esse* steht das Prädikatsnomen im Nominativ, wenn das Beziehungswort im Nominativ steht, d. h. Subjekt des Satzes ist. Ist kein Beziehungswort im Nominativ vorhanden, steht das Prädikatsnomen im Akkusativ. Beispiele: Cicerō cōnsul fuit. Cicero ist Konsul gewesen. Cicerō clārus est. Cicero ist berühmt. Discipulōrum est sēdulōs esse. Es ist Pflicht der Schüler, fleißig zu sein.
Bei ergänzungsbedürftigen transitiven Verben mit Akkusativobjekt und Prädikatsnomen[1]) kann das Prädikatsnomen entsprechend dem Kasus seines Beziehungswortes im Nominativ oder Akkusativ stehen. Rōmānī Cicerōnem cōnsulem creāvērunt. Die Römer wählten Cicero zum Konsul. Cicerō cōnsul creātus est. Cicero ist zum Konsul gewählt worden. *Beim a. c. i.* steht das Prädikatsnomen immer im Akkusativ. Scīmus tē contentum esse. Wir wissen, daß du zufrieden bist.

15. *Bei licet* kann das Prädikatsnomen im Dativ stehen, wenn ein Dativobjekt vorhanden ist. Nōbīs inertibus esse nōn licet. Wir dürfen nicht träge sein.

16. Das *Prädikativum ist eine nähere Bestimmung zu einem Nomen und einem Vollverb.* Hannibal puer Carthāgine discessit. Hannibal verließ als Knabe Karthago. „Puer" ist eine nähere Bestimmung zu Hannibal und dem Vollverb „discessit". Mīlitēs maestī in castra rediērunt. Die Soldaten kehrten traurig in das Lager zurück. „Maestī" bezeichnet den seelischen Zustand der Soldaten bei ihrer Rückkehr ins Lager.

17. Als *Prädikativa* werden verwandt
1. *Substantive,* die ein Amt oder ein Lebensalter bezeichnen,
2. *Adjektive,* die einen seelischen oder körperlichen Zustand, eine Reihenfolge, Zahl oder einen Ort bezeichnen.

Beispiele: cōnsul als Konsul, senex als Greis, laetus fröhlich, vīvus lebendig, prīmus als erster.

18. Bei Beginn der Nacht, bei Tagesanbruch, auf dem Gipfel des Berges.

19. 1. Lügen ist schimpflich. 2. Reichtum ist oft verderblich. 3. Beide Konsuln sind gefallen. 4. Onkel und Tante sind krank. 5. Dasselbe wollen und dasselbe nicht wollen, das ist wahre Freundschaft. 6. Die schönen Pappeln sind gefällt worden. 7. Der Dichter Horaz hat viele Gedichte geschrieben. 8. Die Römer opferten der Göttin Minerva. 9. Der Senat nannte Cicero Vater des Vaterlandes. 10. Cäsar gilt als der größte Feldherr der Römer. 11. Es ist die Pflicht des Menschen, menschlich zu sein. 12. Ihr dürft nicht nachlässig sein.
13. Cicero sagte: „Als junger Mann habe ich den Staat verteidigt, als Greis werde ich ihn nicht im Stich lassen". 14. Die Gallier schickten die vornehmsten Bürger als Gesandte zu Cäsar. 15. Viele Soldaten sind krank und verwundet aus dem Krieg zurückgekehrt. 16. Die Gefährten des Odysseus saßen traurig am Ufer des Meeres. 17. Cäsar hat als erster Römer den Rhein überschritten. 18. Hannibal verließ zornig und widerwillig Italien. 19. Deine Feinde haben dich in deiner Abwesenheit angeklagt. 20. Die Bürger waren in großer Zahl auf dem Marktplatz zusammengekommen. 21. Der General besetzte bei Tagesanbruch den Gipfel des Berges.

[1]) siehe Lerngrammatik, S. 68, Akkusativ A 5.

20. Der einfache Satz wird beim Prädikat durch Objekte erweitert.
21. *Objekte sind Ergänzungen* im Akkusativ auf die Frage: wen oder was?, im Dativ auf die Frage: wem?, im Genitiv auf die Frage: wessen?
22. *Adverbiale Bestimmungen sind Umstandsbestimmungen.* Sie bezeichnen das Mittel, den Grund, den Zweck, die Art und Weise, die Begleitung, die Zeit und den Ort im Ablativ, Akkusativ und Dativ auf die Fragen: womit? wodurch? warum? wie? wann? wo? wozu?
23. Der einfache Satz wird beim Subjekt und bei allen Substantiven durch Attribute erweitert.
24. Attribute können Adjektive, Partizipien, Pronomina, Zahlwörter, Substantive im gleichen Kasus, im Genitiv, im abl. qualitātis und mit einer Präposition sein.

II. Kasuslehre

1. Akkusativ

1. *Der Akkusativ bezeichnet das Objekt bei allen transitiven Verben und das Ziel.*
2. Verben, deren *Objekt im Akkusativ* steht, heißen *transitiv;* sie bilden ein *persönliches Passiv.*
   Verben, deren *Objekt im Dativ oder Genitiv* steht, heißen *intransitiv;* sie bilden ein *unpersönliches Passiv,* d. h. nur die 3. Person Singular Neutrum.

A. Der Akkusativ als Objekt

1. 1. Keine Kunst kann der Natur gleichkommen. 2. Wir sind dem Tode entronnen, weil du uns geholfen hast. 3. Rächt euch nicht an euren Feinden, aber nehmt euch immer vor ihnen in acht! 4. Der Winter folgt dem Herbst schnell, aber der Frühling dem Winter langsam. 5. Wem die Kräfte fehlen, der läßt leicht den Mut sinken. 6. Nach der Niederlage bei Cannae sind viele Bundesgenossen von den Römern abgefallen.
2. 1. Die Bürger der Provinz beklagten sich über den Beamten, der sich sehr ungerecht gezeigt hatte. 2. Der Richter wunderte sich über die Standhaftigkeit der Christen. 3. Die Eltern waren traurig über das Schicksal ihrer Kinder. 4. Törichte Menschen lachen über die Fehler anderer Menschen. 5. Die Sequaner zitterten sogar vor dem abwesenden Ariovist.
3. 1. O, ich Glücklicher, der ich endlich in die Heimat zurückgekehrt bin. 2. Was für Zeiten, was für Sitten!
4. 1. Ariovist forderte von den besiegten Galliern Wohnsitze und Getreide. 2. Griechische Sklaven unterrichteten römische Knaben in der griechischen Sprache. 3. Die Gallier versuchten, ihre Pläne vor den Römern zu verheimlichen.
5. 1. Im Glück zeige dich bescheiden, im Unglück tapfer und tüchtig! 2. Das Volk hält die Reichen immer für glücklich. 3. Denjenigen werden wir zum Führer machen, den wir als den geeignetsten erkannt haben. 4. Die

Bürger wählten Cicero mit Recht zum Konsul. 5. Catilina wurde vom Senat zum Staatsfeind erklärt. 6. In höchster Gefahr ernannte der Senat einen tüchtigen Mann zum Diktator. 7. Die Stadt, die Romulus gegründet hatte, wurde Rom genannt.

B. Der Akkusativ als adverbiale Bestimmung

1. In diesem Jahr werden wir nach Neapel und Pompeji reisen. 2. Wir wären nach Rhodos, einer Insel Griechenlands, gefahren, wenn wir nicht krank geworden wären. 3. Viele Menschen versammelten sich im Hafen, weil große Schiffe aus fernen Ländern gelandet waren. 4. Im Sommer gingen die Römer aufs Land, im Herbst kehrten sie nach Rom zurück. 5. Als die Römer den Rhein überschritten hatten, verbargen sich die Germanen in den Wäldern. 6. Als der Sieg in Athen gemeldet wurde, versammelten sich die Bürger auf dem Marktplatz. 7. Alexander ist im Alter von 20 Jahren König geworden. 8. Mein Bruder hat sich sieben Jahre in Italien aufgehalten. 9. Die Mauer der Burg war 200 Schritt lang und 30 Fuß hoch.

2. Dativ

Der Dativ bezeichnet das Objekt vor allem bei intransitiven Verben und den Zweck.

A. Der Dativ als Objekt

1. 1. Die Ärzte können nicht alle Krankheiten heilen. 2. Der Beamte strebte nicht nach Reichtum und Macht, sondern sorgte für das Wohl des Vaterlandes. 3. Die Germanen legten von Kindheit an Wert auf Strapazen und Abhärtung. 4. Du hast dich selbst am meisten gequält, weil du uns beneidet hast. 5. Hannibal überredete König Antiochus, mit einem Heer nach Griechenland zu ziehen. 6. Wir sind überzeugt, daß du unschuldig bist. 7. Kaiser Augustus förderte Künstler und Dichter. 8. Als die Perser Athen eroberten, schonten sie nicht einmal die Tempel der Götter. 9. Gegen den Willen ihres Vaters hat Thusnelda Arminius geheiratet. 10. Viele Athener beneideten Themistokles um seinen Ruhm.

2. 1. Cicero sagte im Senat: „Versammelte Väter, sorgt für euch, kümmert euch um das Vaterland, hört auf, auf mich Rücksicht zu nehmen und an mich zu denken!“ 2. Warum hast du deine Eltern nicht um Rat gefragt, die immer für dich sorgten? 3. Mäßige deinen Zorn, damit du nicht Sklave deiner Leidenschaften wirst!

3. 1. Mein Großvater hat ein schönes Landhaus; es macht mir immer Freude, dort die Ferien zu verbringen. 2. Niobe sagte: „Ich habe sieben Söhne und sieben Töchter.“ 3. Die Frauen der Germanen nahmen am Kampf teil. 4. Dumnorix befehligte die Reiterei, die die Häduer den Römern zu Hilfe geschickt hatten.

4. 1. Du bist nicht für dich allein, sondern auch für das Vaterland geboren. 2. Deine Tat hat den Guten jegliche Furcht und den Schlechten jegliche Hoffnung genommen. 3. Kinder sollen einer Mutter Anker des Lebens sein! 4. Du mußt für einen anderen leben, wenn du dir (selbst) leben willst.

5. 1. Die Bürger müssen das Vaterland verteidigen. 2. Dein Fleiß muß von mir gelobt werden. 3. Von den Völkern der Germanen wurden keine Städte bewohnt.

B. Der Dativ als adverbiale Bestimmung des Zwecks

1. 1. Cäsar holte schnell vier Legionen aus Italien zu Hilfe. 2. Cäsar forderte von Ariovist, einen Platz für eine Unterredung auszuwählen. 3. Nachdem der Feldherr eine Legion zum Schutz des Lagers zurückgelassen hatte, brach er gegen die Feinde auf. 4. Der Stadt, die von den Feinden belagert wurde, sind wir schnell zu Hilfe gekommen.

2. 1. Freundschaft soll uns Schutz und Hilfe, aber keinen Schaden bringen. 2. Euer Hochmut wird euch Verderben, den Feinden aber Nutzen bringen. 3. Die Siege des Marius brachten dem römischen Staat Rettung. 4. Deine schwache Gesundheit macht deiner Mutter große Sorge. 5. Die Tapferkeit der zehnten Legion war für die übrigen Truppen beispielhaft. 6. Das Schicksal des Königs Krösus ist für uns ein Beweis, daß niemand vor dem Tode glücklich ist. 7. Hannibal haßte die Römer und wurde von ihnen gehaßt.

3. 1. Deine Worte sind dir zum Ruhm angerechnet worden. 2. Was du anderen als Fehler anrechnest, das rechne dir selbst nicht zum Lobe an! 3. Man muß es Cicero zur Ehre anrechnen, daß das Wohl des Staates ihm oberstes Gesetz war. 4. Es wird dir zum Vorwurf gemacht, daß du deinen Freunden in der Gefahr nicht geholfen hast. 5. Daß du den Rat deiner Eltern verachtet hast, wird dir als Torheit ausgelegt.

3. Ablativ

1. *Der Ablativ ist der Kasus der adverbialen Bestimmungen,* d. h. er dient zum Ausdruck der näheren Umstände, unter denen sich eine Handlung vollzieht.

2. Der *Ablativ* bezeichnet die *Trennung* und den *Ausgangspunkt* (ablātīvus sēparātīvus), den *Ort* und die *Zeit* (ablātīvus locātīvus und temporis), die *begleitende Person* und den *begleitenden Umstand* (ablātīvus sociātīvus, modī und quālitātis) sowie das *Mittel oder Werkzeug* (ablātīvus īnstrūmentālis, causae, pretiī, mēnsūrae und līmitātiōnis).

A. Der ablātīvus sēparātīvus

1. Der *ablātīvus sēparātīvus* steht auf die *Fragen: woher, wovon?* und bezeichnet die Trennung, den Ausgangspunkt des Ortes, des Vergleichs und der Herkunft.

2. 1. Wir haben viele Dinge nötig, die unseren Vorfahren nicht einmal bekannt waren. 2. Durch den Brand sind die armen Menschen ihrer notwendigsten Habe beraubt worden. 3. Achill ließ nicht von seinem Groll ab, obwohl Agamemnon sein Unrecht zugegeben hatte. 4. Der Tod erlöst die Menschen von allen Übeln. 5. Tapfere Männer haben versucht, das Vaterland vom Tyrannen zu befreien. 6. Die Menschen werden niemals frei von Furcht sein. 7. Das römische Reich war durch den Limes lange vor den Germanen sicher.

   8. Die Römer hinderten Tarquinius, der aus Rom vertrieben war, an der Rückkehr. 9. Als Cäsar von Brundisium nach Griechenland fuhr, wurde er von Seeräubern gefangengenommen. 10. Mein Freund hat mir aus Syrakus, einer großen Stadt Siziliens, geschrieben. 11. Äneas floh von Troja nach Karthago, von Karthago fuhr er nach Latium.

   12. Die Erde ist größer als der Mond, aber kleiner als die Sonne. 13. Über Erwarten schnell haben die Germanen die Römer am linken Flügel angegriffen, der schwächer als der rechte war. 14. Nichts ist schlimmer als Knechtschaft, nichts schöner als Freiheit. 15. Die Armen sind oft zufriede-

ner als die Reichen; wer ist glücklicher als die Frommen? 16. Wenn du unsere Stadt vom Untergang rettest, wer wird berühmter als du, wer größer als du auf Erden sein? 17. Cicero sagte, das Vaterland sei ihm lieber als sein eigenes Leben.

18. Die meisten Belgier stammen von den Germanen ab. 19. Es ist kein leichtes Schicksal, von berühmten Eltern abzustammen. 20. Viele Männer aus niederem Stande haben durch Fleiß und Beharrlichkeit die höchsten Ehren erreicht.

B. Der ablātīvus locātīvus

1. Der *ablātīvus locātīvus* bezeichnet auf die *Frage: wo?* den Ort, auf die *Frage: wann?* den Zeitpunkt und auf die *Frage: innerhalb welcher Zeit?* den Zeitraum (ablātīvus temporis).

2. 1. Als ich aus Athen zurückkehrte, traf ich meinen Bruder in Neapel. 2. Warum bist du gestern zu Hause geblieben? 3. Nachdem Troja zerstört worden war, irrte Odysseus zehn Jahre zu Wasser und zu Lande umher. 4. Cäsar hat sich in Krieg und Frieden als hervorragender Mann bewährt. 5. Wie in Rom Konsuln, so wurden in Karthago jährlich Könige gewählt. 6. An vielen Orten unseres Vaterlandes sind berühmten Männern Denkmäler errichtet worden. 7. Auf dem ganzen Erdkreis ist die lateinische Sprache bekannt.

8. Die Wächter stellten sich auf den Turm, um die Gegend besser beobachten zu können. 9. Die Bürger der belagerten Stadt setzten alle Hoffnung auf die Hilfe der Bundesgenossen. 10. Im siebten und sechsten Jahrhundert v. Chr. haben sich Griechen auf Sizilien und in Unteritalien niedergelassen. 11. Im letzten Krieg sind in unserer Stadt viele Häuser zerstört worden. 12. In drei Tagen werden wir nach Rom gelangen. 13. Cäsar hat in wenigen Jahren ganz Gallien unterworfen. 14. Denke daran, in Schwierigkeiten Gelassenheit zu wahren!

C. Der ablātīvus sociātīvus

1. Der *ablātīvus sociātīvus* bezeichnet die *begleitende Person* oder den *begleitenden Umstand,* die *Art und Weise* und *mit Attribut* die *Eigenschaft.*

2. 1. Die Belgier eilten mit allen Truppen zum Lager Cäsars. 2. Catilina brach mit wenigen Begleitern von Rom in das Lager zu Manlius auf. 3. Cäsar schickte wiederum Gesandte zu Ariovist mit folgenden Aufträgen. 4. Diviciacus umarmte Cäsar unter vielen Tränen.

5. In alten Zeiten haben die Römer ihr Reich mit Weisheit und Gerechtigkeit verwaltet. 6. Es ist besser, mit Würde zu fallen als mit Schande zu dienen. 7. Im Jahre 201 v. Chr. haben die Karthager mit den Römern unter sehr harten Bedingungen Frieden geschlossen. 8. Die Ungerechtigkeiten der Feinde können wir nicht mit Gleichmut ertragen. 9. Die Sterne vollenden ihre Bahn mit wunderbarer Schnelligkeit. 10. Die Bürger übergaben ihre Stadt unter der Bedingung, daß das Leben aller Bürger geschont werde.

11. Die Germanen hatten eine gewaltige Körpergröße, blaue Augen und blonde Haare. 12. Helena, die Königin von Sparta, war eine Frau von einzigartiger Schönheit. 13. Catilina, der aus einer adligen Familie stammte, hatte einen schlechten und verdorbenen Charakter.

D. Der ablātīvus īnstrūmentālis

1. Der *ablātīvus īnstrūmentālis* bezeichnet auf die *Fragen: womit? wodurch?* das Mittel oder Werkzeug, die Ursache, den Preis, den Unterschied bei

Komparativen und eine nähere Bestimmung oder Einschränkung.

2. 1. Viele Lebewesen verteidigen sich mit Zähnen oder Hörnern. 2. Durch Eintracht wachsen kleine Dinge, durch Zwietracht zerfallen auch die größten. 3. Obwohl die Feinde mit höchster Gewalt angriffen, hielten sich die Soldaten im Lager. 4. Cäsar überschritt den Rhein mit mehreren Legionen auf einer Brücke. 5. Die schönsten Städte unseres Vaterlandes sind von den Feinden durch Feuer zerstört worden. 6. Themistokles benachrichtigte den König der Perser durch einen Boten. 7. Die Römer erwiesen den Kaisern göttliche Ehren. 8. Die Bürger haben die armen Menschen in ihre Stadt aufgenommen und mit allen notwendigen Dingen versehen. 9. Viele Christen sind von Kaiser Nero hingerichtet worden.
10. Die Menschen freuen sich über das Glück und sind traurig über das Unglück. 11. Du wirst getadelt, weil du dich deiner Tugenden allzu sehr rühmst. 12. Der Vater war froh über den Sieg des Sohnes und stolz auf seine Tüchtigkeit. 13. Kaiser Augustus war sehr traurig über die Erfolge der Germanen. 14. Aus Furcht flohen die Einwohner der Stadt in die Wälder. 15. Ihr habt nicht aus Liebe, sondern aus Zorn und Haß gehandelt. 16. In der Hoffnung auf Freiheit haben wir die größten Gefahren überwunden.
17. Der Bauer hat das Pferd vor drei Monaten billig gekauft, heute hat er es sehr teuer verkauft. 18. Diese Waren sind sehr billig verkauft worden. 19. Du hättest besser gekauft, wenn du teurer gekauft hättest. 20. Dieser Kaufmann verkauft dieselben Kleider viel billiger als jener. 21. Der letzte Krieg hat das Leben sehr vieler Menschen gekostet. 22. Viele Vergnügen werden mit späteren Schmerzen erkauft.
23. Je länger du bleibst, um so größer wird unsere Freude sein. 24. Je entschlossener ihr handelt, um so unsicherer werden die Feinde sein. 25. Wenige Tage später sind die Gefangenen aus dem Kerker befreit worden. 26. Im Winter sind die Tage mehrere Stunden kürzer als die Nächte. 27. Die Donau ist viel länger und breiter als der Rhein.
28. Meiner Meinung nach hast du dieses Buch sehr billig gekauft. 29. Obwohl dein Bruder jünger ist, ist er genau so groß wie du. 30. Hannibal hat die Römer besiegt, die an Zahl weit überlegen waren. 31. Dieser Schüler übertrifft alle anderen an Schnelligkeit und Beharrlichkeit. 32. Vom Lager der Römer war die Stadt der Remer mit Namen Bibrax acht Meilen entfernt.

3. Der *ablātīvus īnstrūmentālis* steht *bei den Adjektiven cōnfīsus und frētus, contentus, assuētus, dignus, indignus und praeditus.*

4. Der *ablātīvus īnstrūmentālis* steht *bei den Deponentien: ūtī, fruī, fungī, potīrī, vēscī, nītī und opus est.*

5. 1. Jeder, der mit seinem Los zufrieden ist, ist glücklich. 2. Du verdienst höchstes Lob, weil du deinen Freund aus der Gefahr gerettet hast. 3. Im Vertrauen auf eure Hilfe werde ich diese Arbeit auf mich nehmen. 4. Diejenigen sind der Freundschaft unwürdig, die sie um des Nutzens wegen erstreben. 5. Weil ihr nicht an Arbeit gewöhnt seid, beklagt ihr euch über euer Schicksal. 6. Der hochbegabte Schüler war niemals mit sich zufrieden.
7. Du hast deine Macht mit Milde gebraucht. 8. Wie lange eigentlich, Catilina, willst du unsere Geduld mißbrauchen? 9. Der Greis, der seine Ämter sehr gut verwaltet hatte, genoß die Muße mit Würde. 10. Die Römer ha-

ben sich innerhalb von drei Jahrhunderten des ganzen Erdkreises bemächtigt. 11. Die Germanen ernährten sich größtenteils von Milch, Käse und Fleisch. 12. Du flehst unsere Hilfe vergeblich an; stütze dich auf deine eigenen Kräfte! 13. Zufriedene Menschen haben wenige Dinge nötig, reiche Menschen brauchen meistens viel.

4. Genitiv

Der Genitiv wird hauptsächlich als *Attribut oder Prädikatsnomen,* aber auch als *Objekt* verwandt.

A. Der Genitiv als Objekt

1. Oft denke ich an dich und kann deine Worte nicht vergessen. 2. Dankbare Menschen erinnern sich an erhaltene Wohltaten. 3. Das römische Volk hat die Niederlage bei Cannae niemals vergessen. 4. Als Krösus auf dem Scheiterhaufen stand, erinnerte er sich an die Worte Solons. 5. Die römischen Schriftsteller erinnerten die Jugend oft an die Tugenden der Vorfahren.

6. Kaiser Nero beschuldigte die Christen der Brandstiftung Roms und bestrafte sie mit dem Tode. 7. Jene Menschen sind mit Recht wegen dieser ruchlosen Verbrechen verurteilt worden. 8. Als Miltiades die Insel Paros nicht erobern konnte, wurde er wegen Hochverrats angeklagt. 9. Er ist nicht zum Tode verurteilt, sondern mit einer hohen Geldstrafe bestraft worden. 10. Die Christen sind weder eines Verbrechens noch einer Schandtat überführt worden.

11. Da du dich deiner Faulheit schämst und deine Torheit bereust, verzeihe ich dir. 12. Der Lehrer ärgerte sich oft über die faulen Schüler. 13. In unserer Zeit sind viele Menschen des Lebens überdrüssig. 14. Christus sagte: „Mich erbarmt des Volkes." 15. Es reute das römische Volk, Cicero mit Verbannung bestraft zu haben. 16. Da der Angeklagte sich seines Verbrechens schämte, hatten die Menschen Mitleid mit ihm.

B. Der Genitiv als Attribut

1. Der *genitīvus obiectīvus* bezeichnet das *Objekt einer Tätigkeit oder Empfindung* bei Substantiven, Adjektiven und Partizipien des Präsens, die eine dauernde Eigenschaft ausdrücken.

2. Der *genitīvus partītīvus* bezeichnet *eine Gesamtheit, von der das Beziehungswort einen Teil angibt.* Er steht bei Ausdrücken der Menge und des Maßes, Komparativen, Superlativen, Ordinalzahlen, Pronomina und Adverbien.

3. 1. Der Anfang der Weisheit ist die Ehrfurcht vor Gott. 2. Die Sorge der Eltern um den verwundeten Sohn war groß. 3. Die Beschäftigung mit den Wissenschaften gefiel dem faulen Schüler nicht; auch die Furcht vor Strafe spornte seinen Geist nicht an. 4. Die Erinnerung an die Schule wird euch angenehm sein. 5. Die Gier nach Ruhm und Reichtum hat schon viele Menschen zugrunde gerichtet. 6. Die Bewunderung großer Männer hat sich manchmal sehr schnell in Haß verwandelt. 7. Setzt alle Hoffnung auf Rettung auf die Tapferkeit! 8. Aus Liebe zu den Kindern nehmen die Eltern viele Mühen auf sich.

9. Weil ihr geldgierig seid, führt ihr ein Leben voller Sorgen. 10. Die Volksmasse hatte eine revolutionäre Gesinnung. 11. Diesen Ring schen-

ke ich dir, damit du immer an mich denken sollst. 12. Die Veteranen waren im Kriegswesen sehr erfahren. 13. Allein der Mensch besitzt Vernunft und Sprache. 14. Alkibiades war nicht Herr seiner Leidenschaften. 15. Viele Adlige wußten um die Verschwörung Catilinas.

16. Cicero war vaterlandsliebend und ehrgeizig. 17. Jeder, der pflichtvergessen und arbeitsscheu ist, nützt weder sich noch anderen. 18. Sokrates liebte sehr Wahrheit und Tugend; das war sein Verderben. 19. Die Soldaten, die gegen Strapazen abgehärtet waren, suchten in Eilmärschen den Engpaß zu erreichen.

20. Die Schlacht bei Cannae war für das römische Volk die größte von allen Niederlagen. 21. 50 000 Soldaten sind in dieser Schlacht gefallen. 22. Der eine Konsul fiel, der andere entkam mit einer kleinen Schar Reiter. 23. Niemals war in Rom so große Furcht wie nach dieser Schlacht. 24. Niemand von uns kennt den Tag und die Stunde des Todes. 25. Cicero ist der berühmteste von allen römischen Rednern. 26. Eine große Zahl Häuser ist durch den Brand zerstört worden. 27. Zwei von euch schicke ich als Gesandte zum Feldherrn der Feinde. 28. Cicero war der ältere von zwei Söhnen, von denen der eine Marcus, der andere Quintus hieß.

C. Der Genitiv als Attribut und Prädikatsnomen

1. 1. Die Schätze des Königs sind von Räubern geraubt worden. 2. Gebt dem Kaiser, was des Kaisers ist, und Gott, was Gottes ist! 3. Was vorher dem Vater gehörte, gehört jetzt uns. 4. Mein Bruder hat ein schönes Landhaus, das einem reichen Kaufmann gehörte, billig gekauft. 5. Es ist Pflicht der Eltern, die Kinder gut zu erziehen, Pflicht der Kinder, den Eltern zu gehorchen. 6. Es ist deine Pflicht, Körper und Geist zu üben. 7. Es ist ein Zeichen törichter Menschen, die eigenen Fehler nicht einzusehen. 8. Es ist Pflicht eines jungen Mannes, vor einem Greis Ehrfurcht zu haben. 9. Es ist ein Zeichen eines edlen Charakters, Unrecht zu verzeihen. 10. Dem Staat ist viel daran gelegen, daß unter den Bürgern Eintracht herrscht.

   11. Hannibal folgte als Knabe von 10 Jahren seinem Vater nach Spanien. 12. Die Griechen haben mit einer Flotte von 300 Schiffen die Perser bei Salamis besiegt; die Flotte der Perser bestand aus 400 Schiffen. 13. Männer von großer Begabung und hervorragender Tugend haben diesen Staat geschaffen. 14. Legionen, die aus Soldaten von bewährter Tapferkeit bestanden, wurden Veteranenlegionen genannt.

   15. Die Germanen schätzten nichts mehr als die Treue. 16. Sokrates schätzte Reichtum und Macht gering, die Tugend aber am höchsten. 17. Die Menschen schätzen die Wissenschaften oft geringer als Reichtum. 18. Waren, die wenig kosten, sind oft wenig wert. 19. Ein guter Ruf ist mehr wert als Geld. 20. Cicero sagte: „Nichts ist im Leben höher zu schätzen als Ruhm und Tugend, alle Gefahren des Todes und der Verbannung sind gering zu schätzen."

2. *esse mit Genitiv* gehören, sich gehören, *esse mit Dativ* besitzen, *esse mit doppeltem Dativ:* dienen zu, gereichen zu.

   Domus patris est. Das Haus gehört dem Vater. Patrī meō domus est. Mein Vater besitzt ein Haus. Formīca vōbīs exemplō sit! Die Ameise soll euch ein Vorbild sein.

3. ablātīvus quālitātis.

4. Der *genitīvus pretiī* bezeichnet den allgemeinen Wert bei aestimāre, putā-

re, facere, dūcere schätzen, achten, bei esse und fierī wert sein, gelten, der *ablātīvus pretiī* bezeichnet den Preis bei den Verben emere kaufen, vendere verkaufen, vēnīre verkauft werden, stāre, cōnstāre kosten.

III. Präpositionen (Verhältniswörter)

1–3

1. Präpositionen können *örtliche, zeitliche* und *übertragene Bedeutung* haben.
2. *Beim Ablativ* stehen *ā, ab, ē, ex* und *dē, cum* und *sine, prō* und *prae.*
3. *Beim Ablativ und Akkusativ* stehen *in* und *sub.*
4. Alle anderen Präpositionen stehen *beim Akkusativ.*

5.1. 1. Hannibal wurde von den Karthagern aus Italien nach Afrika zurückgerufen. 2. Die Feinde warfen von dem hohen Turm Geschosse in die Stadt. 3. Cäsar brach während der dritten Nachtwache mit drei Legionen aus dem Lager auf. 4. Cicero hat ein Buch über die Freundschaft geschrieben. 5. Das Leben gibt den Menschen nichts ohne große Arbeit. 6. Es ist ehrenvoll, für das Vaterland zu sterben. 7. Die Helvetier hatten im Verhältnis zu ihrer Bevölkerungszahl ein enges Gebiet. 8. Die Mutter weinte vor Freude. 9. Die Vögel haben unter dem Dach des Landhauses ein Nest gebaut. 10. Die Knaben eilten in den Wald unter die dichten Bäume. 11. Gegen Abend wurden die Tore der Stadt geschlossen. 12. Das alte Rom lag auf dem linken Ufer des Tibers. 13. Als bei Thermopylä ein Perser sagte: „Ihr werdet vor der Menge der Pfeile nicht die Sonne sehen“, sagte einer von den Spartanern: „Dann werden wir im Schatten kämpfen.“

5.2. 1. Durch alle Schwierigkeiten zu den Sternen! 2. Cäsar rückte bis an das Lager der Feinde heran. 3. Ungefähr 30 000 Bürger sind auf dem Marktplatz zusammengekommen. 4. Cäsar hat sein Heer entgegen dem Senatsbeschluß nicht entlassen. 5. Gegenüber dem vatikanischen Feld lag das Marsfeld. 6. Bei den Helvetiern war bei weitem der adligste Orgetorix. 7. Niemand kann vor seinem Tod glücklich genannt werden. 8. Alle Hügel, die um die Stadt liegen, sind von unseren Soldaten besetzt worden. 9. Gegen Mittag werden wir nach Hause zurückkehren. 10. Cäsar hat die Germanen, die diesseits des Rheines wohnten, aus ihren Wohnsitzen vertrieben und gezwungen, sich jenseits des Rheines niederzulassen. 11. Die Gallier hatten sich diesseits und jenseits der Alpen angesiedelt. 12. Gegen den Tod ist kein Kraut gewachsen. 13. Das Wohlwollen Ciceros gegen die Bewohner Siziliens war groß. 14. Die Römer mußten ihre Toten außerhalb der Stadtmauern begraben. 15. Unterhalb der Stirn befinden sich die Augen; oberhalb der Augen ist die Stirn. 16. Zwischen Deutschland und Italien befinden sich die Alpen. 17. Unter schlechten Menschen kann keine Freundschaft bestehen. 18. Innerhalb der Stadtgrenze waren die Bürger sicher und frei. 19. Cäsar hat innerhalb von sieben Jahren ganz Gallien unterworfen. 20. Atticus ist an der via Appia beim fünften Meilenstein begraben worden. 21. Wegen deiner Angst wirst du von den meisten verachtet. 22. Deswegen berief der Konsul den Senat. 23. Hundert Tage lang bin ich in der Gewalt der Feinde gewesen. 24. Ich bin durch die ganze Stadt geirrt und habe dich gesucht. 25. Cicero wurde eilends durch eine Frau von dem Anschlag, der geplant wurde, unterrichtet. 26. Hinter der

Stadt erheben sich Berge. 27. Odysseus kehrte nach zwanzig Jahren nach Ithaka zurück. 28. Ariovist führte seine Truppen am Lager der Römer vorbei. 29. Der Angeklagte wurde außer Haft noch mit Geld bestraft. 30. Nahe beim Tiber war das Mausoleum des Kaisers Augustus errichtet worden. 31. Infolge der kalten Witterung war das Getreide auf den Feldern noch nicht reif. 32. Man muß naturgemäß leben. 33. Der Weg war so abschüssig, daß die einen über die anderen stürzten. 34. Kaiser Trajan hat das römische Reich über die Donau ausgedehnt und Dakien erobert. 35. Der Führer der Feinde sitzt uns mit seinem Heer im Nacken. 36. Die Germanen wohnten jenseits des Rheines. 37. Cäsar legte ein wenig über diesen Platz hinaus ein Lager an. 38. Es gibt bestimmte Grenzen, jenseits und diesseits von denen das Rechte nicht bestehen kann.

IV. Gebrauch der Nominalformen des Verbs

1. Der Infinitiv

1. Der Infinitiv ist ein *Verbalsubstantiv*. Er wird deshalb wie ein Substantiv als Subjekt und Objekt verwandt, als Verbalform durch Objekte ergänzt und durch Adverbien näher bestimmt.
2. Der *Infinitiv* steht *als Objekt* bei Verben, die ein Wollen, Können, Müssen, Anfangen, Fortfahren, Pflegen und Aufhören bedeuten.
3. Der *Infinitiv* steht *als Subjekt* bei unpersönlichen Verben und Ausdrücken.
4. Das *Prädikatsnomen beim Infinitiv* richtet sich nach seinem Beziehungswort im Nominativ.
5. Wenn kein Beziehungswort im Nominativ vorhanden ist, steht das Prädikatsnomen im Akkusativ.
6. Steht bei licet ein Dativobjekt, so tritt auch das Prädikatsnomen gewöhnlich in den Dativ. (Kasusangleichung)
7. 1. Niemand kann ohne Tugend glücklich sein. 2. Viele Menschen können weder lesen noch schreiben. 3. Jener Mann will gar nicht gehen, aber er kann nicht stehenbleiben. 4. Diese Wohltaten dürft ihr nicht vergessen. 5. Die Helvetier begannen, unsere Nachhut anzugreifen. 6. Der Redner fuhr fort, mit dem Volk zu verhandeln. 7. Sokrates forderte unaufhörlich die Athener zur Tugend auf. 8. Die Germanen badeten gewöhnlich in Flüssen. 9. Es ist würdig und recht, Gott zu verehren und anzubeten. 10. Einen unschuldigen Menschen zu töten, ist Sünde. 11. Es ist besser, zu verzeihen, als sich zu rächen. 12. Es wird Freude machen, sich an die Schule zu erinnern. 13. Wir wollen frei sein wie unsere Väter. 14. Cäsar wollte lieber in einer sehr kleinen Landstadt der erste sein als in Rom der zweite. 15. Wir wollen lieber in Gefahr kommen als feige sein. 16. Es ist schwierig, im Glück bescheiden zu sein. 17. Es ist ein Zeichen von Weisheit, mit seinem Schicksal zufrieden zu sein. 18. Für die Germanen war es das höchste Lob, treu zu sein. 19. Es ist Pflicht aller Bürger, patriotisch und fleißig zu sein. 20. Ihr dürft unversehrt weggehen. 21. Du darfst nicht in dieser Angelegenheit gleichgültig sein.

2. Der a. c. i. (accūsātīvus cum īnfīnītīvō)

1. *Subjektsakkusativ, Infinitiv, übergeordnetes Verb.*
2. Der *Subjektsakkusativ* bezeichnet das *Subjekt der Handlung des Infinitivs.*
3. Der Subjektsakkusativ wird im Deutschen Subjekt des Nebensatzes, der Infinitiv wird zum Prädikat.
4. Das *Prädikatsnomen beim a. c. i.* steht *im Akkusativ* wie sein Beziehungswort.
5. *Das Reflexivpronomen beim a. c. i. bezieht sich auf das Subjekt des übergeordneten Verbs.* Es wird im Deutschen durch das Personalpronomen der 3. Person wiedergegeben.
6. Der *Infinitiv des a. c. i.* gibt das *Zeitverhältnis der Handlung des a. c. i. zum übergeordneten Verb* an, nicht die Zeitstufe.
7. Bei Gleichzeitigkeit beider Handlungen steht der Infinitiv Präsens. Ist die Handlung des a. c. i. vorzeitig gegenüber der des übergeordneten Verbs, steht der Infinitiv Perfekt, ist sie nachzeitig, der Infinitiv Futur.
8. Bei spērāre hoffen, prōmittere, pollicērī versprechen, iūrāre schwören, minārī drohen steht der a. c. i. futūrī bei zukünftiger Handlung.

9.1. 1. Ich glaube, du hast richtig gehandelt. 2. Wir haben gehört, unser Lehrer sei krank. 3. Wir haben erkannt, daß du der Sohn Gottes bist. 4. Achill wußte, daß sein Leben kurz sei. 5. Der Bote berichtete, die Athener hätten gesiegt. 6. Mein Bruder hat geschrieben, er sei in Athen gewesen. 7. Die Schüler vermuteten, sie würden bestraft werden. 8. Törichte Menschen glauben, alles zu wissen. 9. Sokrates wußte, daß er nichts wisse. 10. Die arme Frau glaubt, daß ihr niemand helfen könne. 11. Die Mädchen sagten, das Buch gefalle ihnen nicht. 12. Cäsar sagt, er könne niemand durch die Provinz ziehen lassen.

13. Ich hoffe, du kommst bald zurück. 14. Xerxes hoffte, Griechenland werde leicht besiegt werden. 15. Der Vater versprach, dem fleißigen Sohn eine Belohnung zu geben. 16. Die Bundesgenossen versprachen, so schnell wie möglich zu Hilfe zu kommen. 17. Hannibal hat geschworen, niemals ein Freund des römischen Volkes zu sein. 18. Ich schwöre, dieses Verbrechen nicht begangen zu haben. 19. Die Feinde drohten, alle Gefangenen zu töten. 20. Der Herr drohte, den treulosen Sklaven schwer zu bestrafen.

21. Der Sohn schrieb dem Vater, er solle ihm Geld schicken; er habe nämlich verschiedene Bücher gekauft. 22. Ariovist erinnerte Cäsar daran, daß die Römer schon oft von den Germanen besiegt worden seien. 23. Der Feldherr ermahnte die Soldaten, tapfer zu kämpfen. 24. Ich bin überzeugt, daß du die Wahrheit gesagt hast. 25. Themistokles überredete die Athener, eine Flotte von hundert Schiffen zu bauen. 26. Ich gebe zu, daß ich mich geirrt habe. 27. Ich erlaube dir nicht wegzugehen. 28. Ich habe gesehen, daß ihr gestern in die Stadt gegangen seid. 29. Die Konsuln sollen darauf sehen, daß der Staat keinen Schaden nehme. 30. Als der Freund sah, wie ich aus dem Schiff ausstieg, eilte er auf mich zu und umarmte mich.

9.2. 1. Ich freue mich, daß du wohlbehalten nach Hause zurückgekehrt bist. 2. Alle Menschen freuen sich, daß der Frühling gekommen ist. 3. Ich bedauere, daß mein Freund so schnell abgereist ist. 4. Weil du anderen niemals geholfen hast, wundere dich nicht, daß dir niemand hilft! 5. Die

Siedler waren empört, daß sie aus ihrer Heimat vertrieben wurden. 6. Die Belgier ärgerten sich, daß das Heer des römischen Volkes in Gallien überwinterte. 7. Der Wettkämpfer rühmte sich, auf Rhodos alle Rivalen besiegt zu haben. 8. Die Gefangenen beklagten sich, sie würden ungerecht behandelt.

9.3. 1. Cäsar wollte nicht, daß die Germanen den Rhein überschritten. 2. Alexander befahl den Ärzten, ihn möglichst schnell zu heilen. 3. Die Römer befahlen ihren Sklaven, beim Mahl zu schweigen. 4. Manlius ließ seinen Sohn töten, weil er befehlswidrig gegen den Feind gekämpft hatte. 5. Der Konsul verbot, die Gefangenen zu mißhandeln und zu töten. 6. Die Lehrer verbieten den Schülern, schlechte Bücher zu lesen. 7. Cäsar ließ die Helvetier nicht durch die römische Provinz ziehen. 8. Die Sueben lassen keinen Wein zu sich einführen.

9.4. 1. Die Karthager wollen mit den Römern Frieden schließen. 2. Sie wünschen aber, daß ihr die Gefangenen zurückgebt. 3. Ich will selbst lieber nach Karthago zurückkehren, als daß ihr die Gefangenen ausliefert. 4. Ich wünsche, milde zu sein, aber ich will nicht in so großen Gefahren des Staates fahrlässig erscheinen. 5. Cäsar wollte nicht, daß die Gebiete, die die Helvetier verlassen hatten, unbewohnt blieben. 6. Die Sizilier wollen lieber von allen verlassen, als von dir verteidigt sein.

9.5. 1.Bürger, die den Gesetzen nicht gehorchen, müssen bestraft werden. 2. Der Staat muß von weisen und gerechten Männern geleitet werden. 3. Wenn es keine Gerichte gibt, ist es unvermeidlich, daß die Gewalt herrscht. 4. Offenbar sind die Kräfte vieler Lebewesen größer als die der Menschen. 5. Bekanntlich haben die Griechen sehr schöne Kunstwerke geschaffen. 6. Es ist göttliches Recht, daß alle Menschen frei sind. 7. Bekanntlich sind viele gute Menschen von schlechten getötet worden. 8. Es ist Sünde, daß gerechte Menschen von ungerechten getötet werden. 9. Es ist besser, daß wir tapfer sterben als dieses ehrlose Leben weiter führen.

9.6. 1. Cicero, der sich bekanntlich um den Staat sehr verdient gemacht hat, wurde von Antonius geächtet und getötet. 2. Gallien, das nach dem Willen des Senates autonom sein soll, muß frei bleiben. 3. Themistokles, der bekanntlich Griechenland vor den Persern gerettet hat, wurde aus dem Vaterland vertrieben und vom König der Perser aufgenommen.

3. Der sogenannte n. c. i. (nōminātīvus cum īnfinītīvō)

1. *Wenn die Verben, nach denen der a. c. i. als Objekt steht, ins Passiv treten und persönlich konstruiert werden, steht statt des a. c. i. der n. c. i.*

2. 1. Ceres soll ihre Tochter Proserpina auf dem ganzen Erdkreis vergeblich gesucht haben. 2. Romulus und Remus sollen am Tiber ausgesetzt worden sein. 3. Ihr scheint eine sehr traurige Nachricht gehört zu haben. 4. Anscheinend bist du leicht von jenem betrügerischen Menschen getäuscht worden. 5. Nicht alle sind glücklich, die glücklich zu sein scheinen. 6. Den Feinden wurde befohlen, die Waffen auszuliefern. 7. Den römischen Beamten war verboten, einen römischen Bürger zu fesseln. 8. Man erzählt, Plato sei beim Schreiben gestorben. 9. Es wird überliefert, Tarquinius Superbus sei der letzte König der Römer gewesen. 10. Aber: In Rom wurde gemeldet, der Konsul sei in einer Schlacht besiegt worden.

4. Das Partizip

1. Das Partizip ist ein *Verbaladjektiv,* d. h. es kann die Funktion eines Ad-

jektivs und eines Verbs ausüben.

2. Das Partizip richtet sich nach seinem *Beziehungswort* im Kasus, Numerus und Genus.

3. Stelle bei einem Partizip immer zuerst *Form* und *Beziehungswort* fest!

4. Das Tempus des Partizips bezeichnet ein *Zeitverhältnis*, keine Zeitstufe.

5. Das *Partizip Präsens* bezeichnet die *Gleichzeitigkeit* zum übergeordneten Verb, das *Partizip Perfekt* die *Vorzeitigkeit*, das *Partizip Futur* die *Nachzeitigkeit*.

6. Das Partizip Perfekt einiger Deponentien bezeichnet die Gleichzeitigkeit, da es einen Zustand ausdrückt. Beispiele: arbitrātus in der Meinung, veritus aus Furcht.

7. Die Verbindung des *Partizip Futur mit dem Hilfsverb esse* bezeichnet man als *coniugātiō periphrastica* (umschreibende Konjugation). Sie drückt aus, daß eine Handlung bereits eingeleitet oder beabsichtigt ist, war oder sein wird. Beispiele: Epistulam scrīptūrus sum. Ich will gerade einen Brief schreiben. In oppidum itūrī erāmus. Wir wollten gerade in die Stadt gehen.

8. Als *participium coniūnctum* bezeichnet man ein *Partizip, das sich auf einen Satzteil bezieht und in der Regel durch ein Objekt oder eine adverbiale Bestimmung erweitert ist.*

9. Das participium coniūnctum kann temporal, kausal, konditional, konzessiv, final und modal gebraucht sein.

10. 1. Die brennenden Gebäude konnten nicht gerettet werden. 2. Das Geschrei der weinenden Frauen nützte nichts. 3. Die Bürger haben den zurückkehrenden Konsul froh begrüßt. 4. Die Söhne haben den verborgenen Schatz nicht im Acker gefunden. 5. Die zerstörten Städte sind von den Bürgern wiederaufgebaut worden. 6. Morgen werde ich dir die versprochenen Bücher schicken. 7. Ich verzeihe euch, da ihr die Schuld bekannt habt. 8. Die Germanen sangen, wenn sie in den Kampf ziehen wollten. 9. Ich wollte gerade spazierengehen; plötzlich erschien mein Freund. 10. Ich will gerade nach Italien reisen und die berühmten Denkmäler der Römer besichtigen.

11. Die Spartaner, die in den Thermopylen tapfer kämpften, sind durch Verrat überwunden worden. 12. Als Cäsar vom Senat nach Gallien geschickt worden war, hat er die Helvetier und Ariovist besiegt. 13. Als die Knaben lange im Wald umhergestreift waren, kehrten sie nach Hause zurück. 14. Die Seeleute, die nach Griechenland fahren wollten, sind durch einen Sturm zurückgehalten worden. 15. Als Scipio das Heer nach Afrika übersetzen wollte, opferte er den Göttern. 16. Als Odysseus nach Hause zurückgekehrt war, wurde er von niemand erkannt. 17. Zu einem Menschen, der immer die Wahrheit sagt, haben wir Vertrauen. 18. Die Germanen haben den Limes, der durch viele Kastelle und Türme gesichert war, zerstört.

19. Da du zweimal gelogen hast, glauben wir dir nicht mehr. 20. Wenn wir der Natur als Führer folgen, werden wir niemals in die Irre gehen. 21. Obwohl die Römer oft von Hannibal besiegt worden waren, verzweifelten sie nicht. 22. Der Knabe ging weg, ohne ein Wort zu sagen. 23. Die Soldaten, die von den Feinden gefangen worden waren, wurden befreit.

5. Der sogenannte ablātīvus absolūtus

1. Als *ablātīvus absolūtus* bezeichnet man einen *Ablativ mit einem prädikativen Partizip, der grammatisch nicht abhängig ist von einem Glied des übrigen Satzes.* Er ist in der Regel eine *adverbiale Bestimmung der Haupthandlung.*

2. 1. Zunächst muß ich feststellen, daß keine grammatische Beziehung des Ablativs mit Partizip zum übrigen Satz vorhanden ist.
2. Dann übersetze ich den ablātīvus absolūtus als nōminātīvus absolūtus in Parenthese. Der Ablativ wird zum Subjekt, das Partizip zum Prädikat.
3. Nun stelle ich den logischen Zusammenhang des ablātīvus absolūtus zum übrigen Satz fest.
4. Die endgültige Übersetzung kann durch einen Nebensatz, beigeordneten Hauptsatz oder präpositionalen Ausdruck erfolgen.
Beispiel: Gallī cōnsiliō cōgnitō praetōribus sē trādidērunt. Die Gallier - der Plan ist erkannt - ergaben sich den Prätoren. Als die Gallier den Plan erkannten, ergaben sie sich den Prätoren.

3. Das Tempus des Partizips bezeichnet das *Zeitverhältnis* der adverbialen Bestimmung zur Haupthandlung.

4. Wenn *statt eines Partizips ein prädikatives Substantiv oder Adjektiv* steht, spricht man von einem *nominalen ablātīvus absolūtus.*

5. Unter der Führung Alexanders (unter Alexander als Führer); unter deiner Führung (unter dir als Führer); auf meinen Rat; unter dem Konsulat Agrippas; zu Lebzeiten der Eltern; gegen meinen Willen; ohne euer Wissen.

6. 1. Wenn der Winter naht, fliegen die Vögel in wärmere Länder. 2. Auf den Rat des Themistokles griffen die Perser die griechische Flotte bei Salamis an. 3. Während die Trojaner schliefen, stiegen die Griechen aus dem hölzernen Pferd und zündeten die Stadt an. 4. Während die Griechen die Häuser anzündeten und die Einwohner töteten, floh Äneas aus der Stadt. 5. Als die Gefangenen entlassen waren, wurde Friede mit den Feinden geschlossen. 6. Die Räuber haben das Geld geraubt, ohne daß jemand wagte, Widerstand zu leisten. 7. Nach der Vertreibung der Könige wurden in Rom Konsuln gewählt. 8. Bei Sonnenuntergang kehrten die Seeleute in den Hafen zurück. 9. Nach der Rückkehr des Sohnes war die Freude der Eltern groß. 10. Trotz der Ermordung Cäsars konnte die Republik nicht wiederhergestellt werden. 11. Als Cäsar die Gallier besiegt hatte, führte er das Heer in das Winterlager. 12. Als die Römer den Rhein überschritten hatten, zogen sich die Germanen in die Wälder zurück. 13. Auf deinen Rat hin werde ich jenes Buch lesen. 14. Gegen meinen Willen ist der Plan gefaßt worden. 15. Unter der Führung Hannibals haben die Karthager große Siege errungen. 16. Nach dem Tode des Königs entstand ein Bürgerkrieg. 17. Unter Kaiser Tiberius wurde Christus gekreuzigt. 18. Zu Lebzeiten der Eltern waren wir glücklich. 19. Ohne unser Wissen ist dieser Plan verraten worden. 20. Unter dem Konsulat Ciceros wurde die katilinarische Verschwörung aufgedeckt.

6. Das Gerundium

1. Das *Gerundium* ist ein *aktives Verbalsubstantiv; es vertritt die fehlenden Kasus des Infinitiv Präsens Aktiv.*

2. Der *Infinitiv Präsens Aktiv* kann nur als *Subjekt* oder *Akkusativobjekt* verwandt werden.
3. *Beim Gerundium sind nur die Ausgänge -ī, -ō, -um als Neutrum Singular möglich.*
4. Der *Genitiv des Gerundiums* steht bei *Substantiven,* bei *Adjektiven* und bei dem nachgestellten Ablativ *causā = um - willen.*
5. Der *Akkusativ des Gerundiums* wird in der Regel nur *mit der Präposition ad* verwandt *zur Bezeichnung des Zwecks.*
6. Der *Ablativ des Gerundiums* steht *ohne oder mit Präpositionen.*
7. Das Gerundium kann die Funktion eines Verbs ausüben, weil es ein *Verbalsubstantiv* ist. Beispiele: spēs patriam līberandī die Hoffnung, das Vaterland zu befreien; ars rēctē scrībendī die Kunst, richtig zu schreiben.
8. Statt des Gerundiums mit Akkusativobjekt kann man *die attributive Gerundivkonstruktion* verwenden. Das Akkusativobjekt tritt in den Kasus des Gerundiums, das Gerundium wird als attributives Gerundivum mit dem Substantiv verbunden.
   Beispiel: spēs patriam videndī die Hoffnung, das Vaterland wiederzusehen
   > spēs patriae videndae.
9. 1. Dein Lerneifer ist bewundernswert. 2. Die Kunst zu schweigen ist nicht leicht. 3. Eure Lebensweise gefällt mir nicht. 4. Der Mensch ist nicht zum Essen und Schlafen, sondern zum Denken und Handeln geboren. 5. Viele Menschen waren begierig, den berühmten Redner zu sehen und zu hören. 6. Gesandte der Gallier kamen zu Cäsar, um Hilfe zu erbitten. 7. Die Germanen waren sehr erfahren im Reiten und Jagen. 8. Die Römer haben das Schreiben durch die Griechen gelernt. 9. Der Vogel ist zum Fliegen, der Fisch ist zum Schwimmen geboren, der Körper des Menschen ist zum Gehen geschaffen. 10. Die Ohren sind zum Hören, die Augen zum Sehen, der Verstand des Menschen ist zum Denken geboren. 11. Marius ist durch Gehorchen und tapferes Überwinden der Gefahren ein tüchtiger Soldat und berühmter Feldherr geworden. 12. Durch langes Schlafen hast du deine Pflicht vernachlässigt. 13. Durch Wachsamkeit, Tatkraft und gutes Beraten verschafft man sich die Hilfe der Götter. 14. Beim Wandern lernen wir unser Vaterland am besten kennen. 15. Frühere Schriftsteller waren bei wissenschaftlichen Erörterungen ungeschickt. 16. Die Gelegenheit, viele Dinge zu kaufen, hat dir nicht genützt, sondern geschadet. 17. Die Hoffnung, eine Belohnung zu erhalten, spornte alle Schüler an. 18. Die Römer schickten Gesandte, um das delphische Orakel zu befragen.

7. Das Gerundivum

1. Das *Gerundivum* ist ein *passives Verbaladjektiv. Es drückt in der Regel aus, daß etwas getan werden muß oder soll, verneint, daß etwas nicht getan werden darf.* Beispiel: līberandus - einer, der befreit werden muß oder soll; nōn līberandus - einer, der nicht befreit werden darf.
2. Das *Gerundivum* hat auch *bei Deponentien passive Bedeutung.* Gute Beispiele müssen nachgeahmt werden.
3. Das Gerundivum wird *bei transitiven Verben persönlich* konstruiert, *bei intransitiven* nur *unpersönlich,* d. h. im Neutrum Singular mit der 3. Per-

son Singular von esse. Ihr müßt gehört werden; man muß schweigen.

4. *Die Person, die etwas tun muß oder nicht tun darf,* steht beim Gerundivum *im Dativ* (datīvus auctōris).

5. Wenn vom Gerundivum noch ein *Dativobjekt* abhängig ist, wird die *handelnde Person* nicht durch den datīvus auctōris, sondern durch *ā beim Ablativ* ausgedrückt.

6. Das *Gerundivum* kann wie ein Adjektiv *Attribut, Prädikatsnomen* oder *Prädikativum* sein.

7. Die *attributive Gerundivkonstruktion* steht *meistens statt des Gerundiums im Genitiv mit Akkusativobjekt* und *immer bei präpositionalen Ausdrükken,* besonders mit in, de und ad.
Beispiele: der Plan, die Gefangenen zu befreien; beim Lesen des Buches.

8. Das *Gerundivum* steht *als Prädikativum* bei den Verben des Übergebens und Überlassens zur Bezeichnung des Zwecks.

9. Beim *Gerundium* sind nur die *Ausgänge -ī, -ō, -um* möglich; das *Gerundivum* hat die *Ausgänge der o/a-Deklination.*
Das *Gerundium* ist ein *aktives Verbalsubstantiv;* das *Gerundivum* ist ein *passives Verbaladjektiv.*
Das *Gerundium vertritt Genitiv, präpositionalen Akkusativ und Ablativ des Infinitivs Präsens Aktiv.*
Das *Gerundivum drückt* in der Regel *aus, daß etwas getan werden muß oder soll, verneint, daß etwas nicht getan werden darf.*

10. 1.Schüler müssen belehrt werden. 2. Gesetze müssen beachtet werden. 3. Dein Plan darf nicht verachtet werden. 4. Durch die bewundernswerte Tapferkeit unseres Heeres ist das Vaterland gerettet worden. 5. Diese Tiere dürfen nicht gejagt werden. 6. Unschuldige Menschen dürfen nicht verfolgt werden. 7. Wohltaten dürfen nicht vergessen werden. 8. Man darf nicht zögern; man muß schnell helfen.
9. Knaben müssen ihren Körper üben. 10. Die Freunde dürfen von uns im Unglück nicht im Stich gelassen werden. 11. Ein Soldat muß nicht den Tod, sondern die Schande fürchten. 12. Ihr müßt schweigen und arbeiten. 13. Wir müssen hoffen und vertrauen. 14. Ich muß meinen Eltern einen Brief schreiben. 15. Die Bürger müssen den Gesetzen gehorchen. 16. Die Schüler müssen sich fleißig um die Wissenschaften bemühen.
17. Im übrigen stelle ich den Antrag, daß Karthago zerstört werden muß. 18. Wir meinen, daß dieser Verräter zum Tode verurteilt werden muß. 19. Cäsar beschloß aus vielen Gründen, den Rhein zu überschreiten. 20. Alle sind überzeugt, daß das Vaterland von der Knechtschaft befreit werden muß.
21. Deine tadelnswerte Faulheit bringt dir selbst größten Schaden. 22. Die unerträglichen Verhältnisse müssen beseitigt werden. 23. Unser Plan, die Stadt zu erobern, ist den Feinden verraten worden. 24. Die Hoffnung, den Frieden zu erhalten, darf niemals aufgegeben werden. 25. Die Schule gibt dir die Möglichkeit, diese Sprachen zu lernen. 26. Die Bürger flohen in die Berge, um sich zu retten. 27. Gesandte der Ubier kamen, um sich zu rechtfertigen. 28. Die Sehnsucht der Gefangenen, das Vaterland wiederzusehen, war groß. 29. Euer Eifer, diese Schwierigkeiten zu überwinden, ist von allen gelobt worden.
30. Bei der Verwaltung des Staates soll das Allgemeinwohl oberstes Ge-

setz sein! 31. Beim Bau der Brücke mußten die Soldaten viele Schwierigkeiten überwinden. 32. Beim Lesen deiner Briefe denke ich oft an unsere schöne Jugend. 33. Cato schrieb ein Buch über die Bestellung der Felder. 34. Der Senat beriet lange über die Bestrafung der Hochverräter. 35. Die alten Philosophen haben viel über die Verachtung menschlicher Dinge geschrieben. 36. Die Athener waren nicht bereit zum Kriegführen. 37. Deine Worte sind nicht geeignet zur Versöhnung der Feinde. 38. Cäsar übergab dem General die Truppen, um sie in das Winterlager führen zu lassen. 39. Cäsar ließ eine Brücke über den Rhein schlagen. 40. Das Buch, das du mir zum Lesen gegeben hast, hat mir sehr gefallen. 41. Der Feldherr überließ den Soldaten die Stadt zur Plünderung. 42. Der Herr vertraute dem Diener die Bewachung des Hauses an. 43. Fabricius ließ den treulosen Verräter zum Lager der Feinde zurückführen. 44. Die Römer überließen die Erziehung ihrer Kinder griechischen Sklaven.

V. Modi, Tempora, cōnsecūtiō temporum

1. Modi

1. Die lateinische Sprache hat drei Modi: *Indikativ, Konjunktiv, Imperativ.*
2. Der *Indikativ* bezeichnet eine *Tatsache,* der *Konjunktiv* ein *Begehren,* eine *Möglichkeit* oder eine *Unwirklichkeit,* der *Imperativ* einen *Befehl.* Beispiele: Unser Leben ist kurz. Auch die andere Partei soll gehört werden! Vielleicht könnte einer fragen. Wenn er doch noch am Leben wäre! Sage immer die Wahrheit! Die Tore stehen offen, reise ab!

2. Tempora

1. Die *Tempora des Indikativs* bezeichnen:
   1. die *Zeitstufe:* Gegenwart, Zukunft, Vergangenheit (Frage: wann?)
   2. die *Aktionsart:* Eintritt, Dauer, Abschluß einer Handlung (Frage: wie?)
   3. das *Zeitverhältnis* einer Nebenhandlung zur Haupthandlung: Gleichzeitigkeit, Vorzeitigkeit, Nachzeitigkeit.
2. Der *Infinitiv Präsens* steht statt des Indikativs einer Vergangenheit.
3. Das *Perfekt* bezeichnet eine *einmalige Handlung in der Vergangenheit* (historisches Perfekt) oder einen *Zustand in der Gegenwart,* der das Ergebnis einer abgeschlossenen Handlung ist (resultatives Perfekt). Das *Imperfekt* bezeichnet eine *wiederholte, andauernde oder versuchte Handlung* in der Vergangenheit. Beispiele: 1. Ich kam, sah, siegte. 2. Die Schiffbrüchigen sind gerettet. 3. Oft gingen wir am Strand des Meeres spazieren. 4. Die Stadt lag auf dem Gipfel des Hügels. 5. Cicero suchte Catilina aus der Stadt zu vertreiben.
4. Der *Konjunktiv Präsens und Perfekt* bezeichnet *in Hauptsätzen* eine *Möglichkeit,* ein *Begehren* oder einen *erfüllbar gedachten Wunsch,* der *Konjunktiv Imperfekt und Plusquamperfekt* bezeichnet *in Hauptsätzen* eine *Unmöglichkeit* oder *Unwirklichkeit.*
5. Die *Tempora des Indikativs und Konjunktivs in Nebensätzen* bezeichnen das *Zeitverhältnis* der untergeordneten Handlung zur Hauptbehandlung: Gleichzeitigkeit, Vorzeitigkeit, Nachzeitigkeit (bezogenes Tempus).

3. Cōnsecūtiō temporum (Zeitenfolge) in Nebensätzen

1. *cōnsecūtiō temporum in indikativischen Nebensätzen.*

1.1. Steht im *Hauptsatz* das *Präsens,* so steht *im indikativischen Nebensatz*
bei Gleichzeitigkeit der *Indikativ Präsens,*
bei Vorzeitigkeit der *Indikativ Perfekt.*

1.2. Steht im *Hauptsatz* eine *Vergangenheit* (Imperfekt, Perfekt, Plusquamperfekt), so steht *im indikativischen Nebensatz*
bei Gleichzeitigkeit der *Indikativ Imperfekt, Perfekt* oder *Plusquamperfekt,*
bei Vorzeitigkeit der *Indikativ Plusquamperfekt.*

1.3. Steht im *Hauptsatz das Futur I,* so steht *im indikativischen Nebensatz bei Gleichzeitigkeit* ebenfalls das *Futur I, bei Vorzeitigkeit* das *Futur II.*

1.4. Der Imperativ gilt als Zeitstufe des Futurs.

1.5. Wenn ich an dich denke, freue ich mich. 6. Dieser Mann, der die Gefangenen befreit hat, wird von allen gelobt. 7. Sooft die Kinder die Großmutter besuchten, brachten sie Wein mit. 8. Cäsar lag tot im Rathaus, bis ihn drei Sklaven nach Hause brachten. 9. Krösus hat Solon eingeladen, von dessen Weisheit er oft gehört hatte. 10. Sobald die Römer die Gefahren abgewehrt hatten, brachten sie den Bundesgenossen und Freunden Hilfe. 11. Wenn wir der Natur als Führer folgen, werden wir niemals in die Irre gehen. 12. Wenn ich etwas Neues gehört habe, werde ich euch sofort benachrichtigen. 13. Haltet die Gefangenen zurück, bis das römische Volk den Sieg errungen hat!

2. *cōnsecūtiō temporum in konjunktivischen Nebensätzen*

2.1. Steht im *Hauptsatz* das *Präsens oder Futur,* so steht *im konjunktivischen Nebensatz*
bei Gleichzeitigkeit *Konjunktiv Präsens,*
bei Vorzeitigkeit *Konjunktiv Perfekt,*
bei Nachzeitigkeit die *coniugātiō periphrastica* auf *-ūrus sim.* [1])

2.2. Steht im *Hauptsatz* eine *Vergangenheit* (Imperfekt, Perfekt, Plusquamperfekt), so steht *im konjunktivischen Nebensatz*
bei Gleichzeitigkeit *Konjunktiv Imperfekt,*
bei Vorzeitigkeit *Konjunktiv Plusquamperfekt,*
bei Nachzeitigkeit die *coniugātiō periphrastica* auf *-ūrus essem.*

2.3. Die Nachzeitigkeit wird *nur in indirekten Fragesätzen* zum Ausdruck gebracht. Finalsätze werden als gleichzeitig behandelt.

3. 1. Gott befiehlt, daß wir immer gerecht und gütig sein sollen. 2. Meinen Garten werde ich mit einer Mauer sichern, damit die wilden Tiere ferngehalten werden. 3. Sage mir, wo du gestern gewesen bist! 4. Niemand weiß, wann er stirbt. 5. Die Kinder baten den Knecht, er solle nicht das Pferd schlagen. 6. Als die Bauern die Felder gepflügt hatten, waren sie müde. 7. Wir sind nach Sizilien gefahren, um die Tempel der Griechen zu sehen. 8. Als ich nach Rom kam, wurde ich von meinen Freunden gastlich aufgenommen. 9. Du hast mir nicht geschrieben, wann du zurückkommst.

VI. Hauptsätze

1. *Hauptsätze* sind *selbständige Sätze,* die unabhängig von einem anderen Satz stehen können.

[1]) vgl. S. 86.

2. Man unterscheidet: *Behauptungssätze, Begehrssätze, Fragesätze.* Beispiele: Der Freund kommt. Der Freund soll kommen. Wer kommt?
3. *Fragesätze* sind ihrem Inhalt nach *Behauptungssätze* oder *Begehrssätze.* Beispiele: Wer tanzt? Sollen wir tanzen?
4. Hauptsätze, die eine *Tatsache* enthalten, stehen im *Indikativ.* Hauptsätze, die ein *Begehren,* eine *Möglichkeit* oder *Unwirklichkeit* enthalten, stehen im *Konjunktiv.* Hauptsätze, die einen *Befehl* enthalten, stehen im *Imperativ.*

1. Behauptungssätze

1. Es gibt *reale, potentiale* und *irreale Behauptungssätze.* Beispiele: Mutter ist krank. Ihr Leben könnte durch schnelle Hilfe eines Arztes gerettet werden. Ohne die Hilfe des Arztes wäre sie gestorben.
2. *Reale Behauptungssätze* stehen im *Indikativ.*
3. Abweichend vom Deutschen steht in lateinischen Behauptungssätzen der *Indikativ bei Ausdrücken des Könnens, Sollens und Müssens, bei unpersönlichen Ausdrücken, bei paene und prope mit Indikativ Perfekt.*
4. *Potentiale Behauptungssätze* bezeichnen eine *Möglichkeit* oder *gemilderte Behauptung.*
5. *Potentiale Behauptungssätze der Gegenwart* stehen im *Konjunktiv Präsens oder Perfekt. Potentiale Behauptungssätze der Vergangenheit* stehen im *Konjunktiv Imperfekt.*
6. *Irreale Behauptungssätze der Gegenwart* stehen im *Konjunktiv Imperfekt, irreale Behauptungssätze der Vergangenheit* im *Konjunktiv Plusquamperfekt.*
7. 1. Ich könnte viele Wörter nennen, die griechischen Ursprungs sind. 2. Sokrates hätte aus dem Gefängnis entfliehen können. 3. Ich hätte vieles lernen müssen, aber die Zeit ist unwiederbringlich entflohen. 4. Catilina hätte schon längst zum Tode geführt werden müssen. 5. Es wäre deine Pflicht gewesen, den unschuldigen Angeklagten zu verteidigen. 6. Es wäre die Pflicht des Schülers gewesen, sorgfältiger seine Aufgaben zu erledigen. 7. Viele berühmte Kunstwerke sind in Athen geschaffen worden; es würde zu weit führen, alle Künstler zu erwähnen, die dort gelebt haben. 8. Es wäre nützlicher gewesen, zu arbeiten, als Vergnügungen zu frönen. 9. Es wäre besser gewesen, deine Fehler zuzugeben, als Entschuldigungen vorzubringen. 10. Beinahe wäre das Kapitol von den Galliern erobert worden. 11. Es hätte nicht viel gefehlt, so wäre ich zu spät gekommen. 12. Beinahe hätte die Brücke den Feinden einen Weg nach Rom gegeben. 13. Brutus liebe ich nicht weniger als du, beinahe hätte ich gesagt, als dich.
   14. Der Dichter Homer dürfte wohl nie über Gebühr gelobt werden. 15. Ich möchte nicht behaupten, daß du alles richtig gemacht hast. 16. Es könnte einer sagen, daß diese Arbeit nicht notwendig ist. 17. Ich möchte glauben, daß die Germanen die Urbewohner sind. 18. Man hätte glauben können, der Sturm würde alle Häuser zerstören. 19. Man hätte nicht leicht unterscheiden können, ob Sempronia weniger Rücksicht auf ihr Geld als auf ihren Ruf nahm. 20. Nach Beendigung des Kampfes hätte man sehen können, wie groß die Kühnheit im Heer Catilinas gewesen war.
   21. Ohne Schnee würden die Saaten Schaden leiden. 22. Ohne deine Hilfe hätte ich dieses Unglück nicht ertragen. 23. Wir hätten euch geholfen, aber die Zeit hat uns gefehlt.

2. Begehrssätze

1. Man unterscheidet *Begehrssätze,* die eine *Aufforderung,* ein *Gebot* oder *Verbot* enthalten, und Begehrssätze, die einen *Wunsch* enthalten.
2. Die *Verneinung* in Begehrssätzen heißt immer *nē.*
3. Begehrssätze, die eine *Aufforderung an die 1. Person Plural* enthalten, stehen im *Konjunktiv Präsens.* Beispiele: Laßt uns das Vaterland verteidigen! Wir wollen uns nicht vor den Feinden fürchten!
4. Begehrssätze, die ein *Gebot an die 2. und 3. Person* Singular oder Plural enthalten, stehen im *Konjunktiv Präsens* und im *Imperativ.*
   Beispiele: Seid aufmerksam! Der Richter soll gerecht sein! Die Gesetze sollen beachtet werden!
5. Begehrssätze, die ein *Verbot an die 3. Person* Singular oder Plural enthalten, stehen im *Konjunktiv Präsens.* Beispiel: Ein Freund soll nicht treulos sein!
6. Begehrssätze, die ein *Verbot an die 2. Person* Singular oder Plural enthalten, stehen im *Konjunktiv Perfekt* oder werden durch *nōlī, nōlīte mit Infinitiv Präsens* umschrieben. Beispiele: Flieht nicht! Rühre mich nicht an!
7. Man unterscheidet 1. *erfüllbar gedachte Wünsche,* 2. *unerfüllbare Wünsche.*
8. *Erfüllbar gedachte Wünsche* stehen für die Gegenwart im *Konjunktiv Präsens,* für die Vergangenheit im *Konjunktiv Perfekt.* Beispiele: Er ruhe in Frieden! Hoffentlich hast du diese Arbeit nicht vergeblich versucht.
9. *Unerfüllbare Wünsche* stehen für die Gegenwart im *Konjunktiv Imperfekt,* für die Vergangenheit im *Konjunktiv Plusquamperfekt.* Beispiele: Wenn doch mein Vater diesen Tag erlebt hätte! Hättest du das doch nicht gesagt!
10. 1. Wir wollen trauen auf den höchsten Gott und uns nicht fürchten vor der Macht der Menschen! 2. Einem anderen verzeihe immer, dir selbst nie! 3. Deshalb sollen diese Schurken weggehen, sie sollen sich von den Guten trennen, sie sollen sich an einem Ort versammeln, durch die Stadtmauer sollen sie endlich von uns geschieden werden! Sie sollen nicht mehr auf den Konsul in seinem Haus Anschläge verüben! Möge endlich auf der Stirn eines jeden geschrieben stehen, was er über den Staat denkt! 4. Die Menschen sollen nicht vergessen, daß das Leben kurz ist. 5. Alles, was du tust, das tue mit Bedacht und blicke auf das Ziel! 6. Laß nicht den Mut sinken! Gib nicht alle Hoffnung auf! 7. Störe meine Kreise nicht! 8. Vergeßt nicht, wie viele Wohltaten ihr euren Eltern verdankt! 9. Möchten doch alle Einwohner unseres Vaterlandes frei werden! 10. Wenn es doch auf Erden keine Krankheiten und Kriege gäbe! 11. Hättest du doch geschwiegen und diesen mächtigen Menschen nicht beleidigt!

3. Unabhängige Fragesätze (Direkte Fragesätze)

1. Man unterscheidet *Wortfragen, Satzfragen* und *Doppelfragen.*
2. *Wortfragen* beziehen sich nur auf ein einzelnes Wort und werden mit einem *Fragewort* (Fragepronomen oder Frageadverb) eingeleitet. Beispiele: Wer hat das gesagt? Wann wirst du kommen?
3. Scheinfragen oder *rhetorische Fragen* enthalten Behauptungen in der Form einer verneinten Wortfrage, auf die keine Antwort erwartet wird. Beispiel: Wer hat nicht gezweifelt?

4. *Satzfragen* beziehen sich auf den Inhalt des ganzen Satzes und verlangen die Entscheidung „ja" oder „nein". Sie werden im lateinischen durch die *Fragepartikeln -ne, nōnne, num* gekennzeichnet. Beispiele: Hast du meinen Bruder gesehen? Haben das nicht schon die Griechen gewußt? Wagst du etwa zu leugnen?
5. Man verwendet das angehängte *-ne,* wenn man die Antwort „ja" oder „nein" offenläßt.
   Man verwendet *nōnne,* wenn man die Antwort „ja" erwartet.
   Man verwendet *num,* wenn man die Antwort „nein" erwartet.
6. *Doppelfragen* stellen zwei oder mehr Möglichkeiten zur Wahl. Das zweite Glied einer Doppelfrage wird mit an = oder eingeleitet. Das erste Glied kann durch utrum oder angehängtes -ne eingeleitet werden, aber auch ohne Fragepartikel stehen.
   Beispiele: Hast du das selbst gewußt, oder haben es dir andere gesagt? Ist das wahr oder falsch? Lachst du oder weinst du?
7. Der Konjunktiv steht in unabhängigen Fragesätzen, wenn sie begehrenden, zweifelnden, potentialen oder irrealen Inhalt haben. Beispiele: Was soll ich tun? Wen hätte ich um Rat fragen sollen? Wer könnte an deiner Treue zweifeln? Wer hätte dieses Ende vermutet?
8. 1. Wer von euch kennt die sieben Hügel Roms? 2. Wer bist du? Woher kommst du? Wohin gehst du? Wozu bist du auf Erden? 3. Wie lange eigentlich, Catilina, willst du unsere Geduld mißbrauchen? 4. Wie kommt es, daß niemand mit seinem Schicksal zufrieden ist?
   5. Kannst du die neun Musen aufzählen? 6. Gefällt dir die lateinische Sprache? 7. Hast du die zwölf olympischen Götter auswendig gelernt? 8. Ist es nicht besser, in den Tod zu gehen, als dieses elende und ehrlose Leben zu ertragen? 9. Glaubst du, daß die Seele zugleich mit dem Körper vergeht? 10. Zögerst du, das auf meinen Befehl zu tun, was du schon von dir aus tun wolltest?
   11. Wirst du mit mir über die Berge wandern oder allein ans Meer reisen? 12. Bist du gestern in der Stadt gewesen oder zu Hause geblieben? 13. Ist das eure oder unsere Schuld?
   14. Was sollen wir tun? Sollen wir kämpfen oder sollen wir fliehen? 15. Wohin hätte sich Themistokles begeben sollen, als er aus den Städten Griechenlands verbannt war? 16. Wer könnte sagen, er sei ohne Fehler? 17. Wer hätte geglaubt, daß diese Schwierigkeiten so groß wären?

VII. Nebensätze (Gliedsätze)

1. Einteilung der Nebensätze

1. Man teilt die *Nebensätze* nach ihrer *Form* ein in *Konjunktionalsätze* (eingeleitet mit einer Konjunktion), *Fragesätze* (eingeleitet durch Fragewörter oder Fragepartikeln) und *Relativsätze* (eingeleitet durch Relativpronomina oder -adverbien).
2. Man teilt die Nebensätze nach ihrer *Funktion* ein in *Subjektsätze, Objektsätze, Attributsätze* und *Adverbialsätze.*
3. Man unterscheidet folgende *Adverbialsätze: Finalsätze,* soweit sie Zwecksätze sind, *Konsekutivsätze* (Folgesätze), *Temporalsätze* (Zeitsätze), *Kau-*

salsätze (Begründungssätze), *Konditionalsätze* (Bedingungssätze), *Konzessivsätze* (Einräumungssätze), *Adversativsätze* (Gegensatzsätze), *Komparativsätze* (Vergleichssätze).

4. *Finalsätze,* die *Begehrssätze* sind, sind *Objektsätze.* Beispiel: Ich wünsche, daß du kommst = Ich wünsche dein Kommen.
5. Man teilt die Nebensätze nach dem *Verhältnis der Abhängigkeit* ein in *Nebensätze ersten Grades* und *Nebensätze zweiten Grades.*
6. *Äußerlich abhängige Nebensätze* enthalten eine feststehende (objektive) *Tatsache.*
7. *Innerlich abhängige Nebensätze* enthalten *Meinungen* (Behauptungen, Wünsche oder Fragen) *des übergeordneten Subjekts* und stehen im *Konjunktiv.*
8. Es wird mit dem *Reflexivpronomen* wiedergegeben (indirektes Reflexivpronomen).
9. *Behauptungen, die von verba dīcendī oder sentiendī abhängig* sind, werden durch den *a.c.i.* ausgedrückt, der ein Satzteil ist.

2. Abhängige Fragesätze (Indirekte Fragesätze)

1. *Indirekte Fragesätze* sind von *Verben des Fragens, Sagens, Wissens* und *Denkens* abhängig.
2. *Abhängige Fragesätze* stehen immer im *Konjunktiv* und richten sich streng nach der *cōnsecūtiō temporum* für konjunktivische Nebensätze. Beispiele: Sage mir, was du gestern gemacht hast, was du heute machst, was du morgen machen wirst! Ich wußte nicht, wo du gestern gewesen warst, wo du heute bist, wo du morgen sein wirst.
3. *Abhängige Wortfragen* werden mit *Fragepronomina* oder *Frageadverbien* eingeleitet.
4. *Abhängige Satzfragen* werden mit angehängtem *-ne* oder *num* = ob, ob nicht eingeleitet. Beispiele: Sage mir, ob du meinen Freund gesehen hast! Krösus fragte Solon, ob er einen für glücklicher halte als ihn.
5. *Abhängige Satzfragen* werden mit *nōnne* nur *nach quaerere* eingeleitet. Beispiel: Hamilkar fragte Hannibal, ob er mit ihm nach Spanien reisen wolle.
6. *Nach verneinten Ausdrücken des Zweifelns* steht ein *indirekter Fragesatz* mit *quīn* = daß. Beispiel: Ich zweifle nicht, daß dein Plan richtig ist.
7. dubitāre mit Infinitiv = Bedenken tragen, zögern.
8. *Das erste Glied* einer *abhängigen Doppelfrage* kann mit *utrum* oder angehängtem *-ne* = ob eingeleitet werden, aber auch *ohne Fragepartikel* stehen, *das zweite Glied* wird *immer* mit *an* = oder eingeleitet. Beispiele: 1. Überlegt, ob Taten oder Worte mehr wert sind! 2. Ich kann nicht sagen, ob das wahr oder falsch ist. 3. Wir wissen nicht, ob der Feldherr verwundet ist oder gefallen ist.
9. In abhängigen Doppelfragen heißt *necne* oder nicht.
10. 1. Die Philosophen erörtern, was wir erkennen, was wir hoffen können, was wir tun sollen. 2. Die Späher benachrichtigten den Feldherrn, wie stark die Truppen der Feinde waren und wo sie sich niedergelassen hatten. 3. Kannst du mir sagen, wohin meine Schwester gegangen ist? 4. Wir

wissen nicht, wann wir sterben. 5. Frage nicht, welches Ende dir die Götter bestimmt haben! 6. Cäsar fragte die Gallier, warum sie ihm kein Getreide geschickt hätten.
7. Ich kann nicht versichern, ob der Angeklagte die Wahrheit gesagt hat. 8. Veturia, die Mutter Coriolans, fragte ihren Sohn, ob er im Sinne habe, seine Vaterstadt mit Feuer und Schwert zu vernichten. 9. Als Epaminondas schwer verwundet war, fragte er zuerst die Thebaner, ob sie gesiegt hätten. 10. Solon saß schweigend bei einem Gastmahl. Da fragte ihn Periander, der König von Korinth, ob ihm die Worte fehlten. Solon antwortete, ob Toren schweigen könnten.
11. Es ist nicht zweifelhaft, daß alle schlechten Menschen unglücklich sind. 12. Ich zweifle nicht, daß die Tugend der beste Schutz des Geistes ist und sein wird. 13. Solon antwortete Krösus: „Niemals habe ich gezweifelt, daß Reichtum die Menschen nicht glücklich macht; deshalb habe ich Bedenken, dich glücklich zu nennen."
14. Überlegt, ob ihr diesen Mann, der sich um den Staat sehr verdient gemacht hat, lieber dem Vaterland zurückgeben oder den Feinden ausliefern wollt! 15. Sage, bin ich zu einem Freund oder zu einem Feind gekommen? 16. Die Bürger waren uneinig, ob sie die Stadt verteidigen oder den Feinden übergeben sollten. 17. Ich frage, ob dieser Mensch gütig und barmherzig oder ganz unmenschlich und sehr grausam zu sein scheint. 18. Die Germanen fragten die Mütter der Familien um Rat, ob sie einen Kampf beginnen sollten oder nicht.

3. Konjunktionalsätze

A. Finalsätze (Begehrs- und Zwecksätze)

1. Alle *Finalsätze* stehen *im Konjunktiv*. Soweit sie sich auf die Zukunft beziehen, werden sie als gleichzeitig behandelt.
2. Sie werden eingeleitet mit *ut* = daß, damit, verneint mit *nē* = daß nicht, damit nicht und *quō* (= ut eō) vor einem Komparativ = damit desto. Beispiele: Ich bitte dich zu kommen. Ich bitte dich, nicht wegzugehen. Ich erlaube dir, das zu tun. Sorge, daß du gut lebst! Die Sonne hat bewirkt, daß alle Bäume blühen.
3. Der a. c. i. steht bei iubēre befehlen, sinere, patī zulassen, nach cupere bei Wechsel des Subjekts, bei monēre = erinnern, persuādēre = überzeugen, concēdere = zugeben.
   Ein *Finalsatz* steht bei *monēre* = ermahnen, *persuādēre* = überreden, *concēdere* = erlauben, *vidēre* = darauf achten, daß.
4. Bei den *Verben des Beschließens* steht bei gleichem Subjekt meist der Infinitiv, bei ungleichem der a. c. i. mit Gerundivum, selten ut. Beispiel: Die Athener beschlossen, die Freiheit Griechenlands mit der Flotte zu verteidigen.
5. Bei den verba dīcendī steht ein Finalsatz zum Ausdruck eines Begehrens. Beispiel: Der König hatte vom Orakel die Antwort erhalten, er solle sich vor seinem Sohn in acht nehmen.
6. *Finalsätze nach den verba timendī* werden eingeleitet mit *nē* = daß, *nē nōn* oder *ut* = daß nicht. Beispiele: Ich fürchte, daß ich zu spät komme. Wir fürchteten, daß ihr nicht kämt.
7. Der Infinitiv steht bei verērī, timēre, wenn diese Verben die Bedeutung

haben „sich scheuen“.

8. *Finalsätze nach den verba impediendī* werden eingeleitet mit *nē* oder *quōminus* = daß. Beispiele: Sokrates weigerte sich, das Mitleid der Richter anzuflehen. Niemand wird mich hindern, dich zu begleiten.

9. *Finalsätze* stehen *nach beliebigen Verben,* um einen Zweck oder eine Absicht auszudrücken. Sie werden eingeleitet mit *ut* = daß, damit, um zu, vor einem Komparativ mit *quō* (= ut eō) = damit desto, um desto, verneint mit *nē* = damit nicht, um nicht zu. Beispiele: Liebe, damit du geliebt wirst! Schließt die Tore, damit nicht Diebe einbrechen! Der Lehrer erzählte Beispiele, damit die Schüler die Sache um so leichter begriffen.

10. Der Zweck oder die Absicht einer Handlung können im Lateinischen ausgedrückt werden 1. durch einen Finalsatz, 2. durch das Supinum auf -um nach den Verben der Bewegung, 3. durch causā mit dem Genitiv des Gerundiums, 4. durch einen finalen Relativsatz, 5. durch das Gerundivum nach den Verben des Übergebens und Überlassens.

11. 1. Orpheus bat die Götter der Unterwelt, ihm Eurydike zurückzugeben. 2. Laokoon warnte die Trojaner, das Geschenk der Griechen anzunehmen. 3. Das römische Volk hat die volle Gleichberechtigung erreicht (hat erreicht, daß alle Rechte gleich waren). 4. Alle guten Bürger wünschen, daß der Staat lebe, wachse und blühe. 5. Die Konsuln sollen sich Mühe geben, daß der Staat keinen Schaden leide! 6. Marcellus befahl den Soldaten, daß niemand Archimedes töten solle.
7. Der Arzt hat mir gesagt, ich solle täglich spazierengehen. 8. Ariovist überredete die Sueben, den Rhein zu überschreiten. 9. Cäsar wünschte, Ariovist solle nach Germanien zurückkehren. 10. Ariovist antwortete, er sei von den Galliern herbeigeholt worden. 11. Vergeblich versuchte Cäsar, Ariovist zu überzeugen, daß Gallien eine römische Provinz sei.
12. Nach der Niederlage bei Cannä fürchteten die Römer, Hannibal werde sofort die Stadt Rom angreifen. 13. Hannibal aber scheute sich, die stark befestigte Stadt zu bestürmen. 14. Der Senat fürchtete, daß die belagerte Stadt einen Angriff nicht aushalten könne. 15. Geizige Menschen fürchten immer, daß ihnen ihr Geld geraubt wird.
16. Die Römer konnten nicht verhindern, daß Sagunt von Hannibal erobert wurde. 17. Die Christen weigerten sich, den Göttern zu opfern. 18. Unseren Vorfahren stand nie der Stolz im Wege, fremde Einrichtungen nachzuahmen. 19. Deine Drohungen können uns nicht abschrecken, Wahrheit und Recht zu verteidigen.
20. Viele gehen ins Theater, nicht um zu sehen, sondern um selbst gesehen zu werden. 21. Wir sind Diener der Gesetze, damit wir frei sein können. 22. Hannibal nahm Gift, um nicht lebend in die Hände der Römer zu fallen. 23. Die Athener flohen aus der Stadt, um nicht von den Persern gefangen zu werden. 24. Das versprochene Buch werde ich dir schon heute schicken, damit deine Freude um so größer ist.

B. Konsekutivsätze (Folgesätze)

1. Konsekutivsätze stehen im *Konjunktiv.*

2. Konsekutivsätze werden eingeleitet mit *ut* = daß, so daß, *ut nōn* = daß nicht oder *quīn* = daß nicht, wenn der Hauptsatz verneint ist. Beispiele: Niemand ist so klug, daß er alles weiß. Niemand ist so klug, daß er nicht

getäuscht werden kann. Niemand ist so tapfer, daß er nicht durch Todesgefahr erschreckt wird.

3. Auf einen Konsekutivsatz können im übergeordneten Satz hinweisen
Adverbien: ita, sīc, tam, tantopere, adeō,
Adjektive: tālis, tantus, tot,
Pronomina: is, hic, iste,
ein *Komparativ mit quam.*

4. Konsekutivsätze richten sich nicht nach der cōnsecūtiō temporum, *wenn die Folge Gültigkeit für die Gegenwart hat.* Beispiel: Deine Worte haben mich so verwirrt, daß ich nicht antworten kann.

5. Konsekutivsätze stehen *nach unpersönlichen Ausdrücken des Geschehens.*

6. es ereignet sich, daß; es kommt vor, daß; es geschieht, daß; es ist möglich, daß; es gelingt, daß; es ist der Fall, daß; es ist Gewohnheit, daß.

7. Nach einem Ausdruck des Geschehens mit beurteilendem Adverb steht *das faktische quod.* Beispiel: Es trifft sich gut, daß du gekommen bist.

8. 1. Perikles besaß so große Klugheit, daß die Athener seinen Ratschlägen 30 Jahre gehorchten. 2. Die Zahl der Sterne ist so groß, daß sie niemand zählen kann. 3. Ein gewisser Athener soll so reich gewesen sein, daß er die Münzen nicht zählte, sondern maß. 4. Cicero war zu klug, als daß er durch die Listen und Anschläge Catilinas getäuscht wurde. 5. Der Mensch ist zu Höherem geboren, als der Sklave seines Körpers zu sein. 6. Die Römer schlugen niemals ein Lager auf, ohne es mit Wall und Graben zu sichern.
7. Oft ereignet es sich, daß wir die Fehler anderer schärfer sehen als unsere eigenen. 8. Es glückte Pompejus, in sehr kurzer Zeit alle Meere von den Seeräubern zu befreien. 9. Es ist möglich, daß ich mich geirrt habe. 10. Es ist unmöglich, deinen Worten Vertrauen zu schenken. 11. Es ist selten der Fall, daß mächtige Menschen maßvoll sind. 12. Bei den Galliern besteht die Gewohnheit, Wanderer auszufragen, was jeder über alles Mögliche gehört oder wahrgenommen habe.

C. Temporalsätze (Zeitsätze)

a) Temporalsätze mit cum

1. *cum historicum = als* leitet Nebensätze ein, die eine einmalige Tatsache der Vergangenheit oft mit kausalem Nebensinn enthalten. Es steht bei Gleichzeitigkeit mit Konjunktiv Imperfekt, bei Vorzeitigkeit mit Konjunktiv Plusquamperfekt.

2. *cum temporāle = damals, als;* (zu der Zeit) *als; dann, wenn* mit Indikativ leitet Nebensätze ein, die den genauen Zeitpunkt einer einmaligen Handlung oder eines Zustandes des Hauptsatzes bezeichnen.

3. *cum iterātīvum = sooft; jedesmal, wenn* mit Indikativ leitet Nebensätze ein, die wiederholte Handlungen bezeichnen.

4. *cum inversum = als, da* mit Indikativ Perfekt oder Präsens leitet Nebensätze ein, die die überraschende Haupthandlung enthalten. Die Zeitbestimmung dagegen steht im Hauptsatz.

5. *cum coincidēns = indem; dadurch, daß; wenn* mit Indikativ leitet Nebensätze ein, die mit dem Hauptsatz zeitlich und inhaltlich zusammenfallen.

6. 1. Als die Flotte der Perser bei Salamis besiegt war, kehrte Xerxes nach

Asien zurück. 2. Als Alexander der Große gestorben war, kämpften die Feldherrn untereinander um die Königsherrschaft. 3. Als der Friede wiederhergestellt war, schloß Augustus den Janustempel.
4. Als das römische Volk Cicero zum Konsul wählte, war der Staat in großer Gefahr. 5. Tiere trinken dann, wenn sie Durst haben. 6. Als Cäsar nach Gallien kam, waren die Führer der einen Partei die Häduer, die der anderen die Sequaner. 7. Aus dem Sieg Cäsars werden sowohl viele Übel, besonders aber gewiß ein Tyrann hervorgehen. 8. Das Glück vermag sowohl in den übrigen Dingen sehr viel, besonders aber im Kriege.
9. Die Griechen kehrten bei Gastfreunden ein, wenn sie in fremde Städte kamen. 10. Wenn wir den Himmel betrachten, bewundern wir die Größe und Macht Gottes. 11. Wenn wir krank werden, erkennen wir, wie hoch die Gesundheit zu schätzen ist. 12. Wenn ein Acker viele Jahre brachgelegen hat, bringt er gewöhnlich reichere Früchte.
13. Kaum war der Bote auf dem Marktplatz angekommen und hatte gesagt: „Wir haben gesiegt", da brach er tot zusammen. 14. Kaum war Alexander in den Fluß hinabgestiegen, da fingen seine Glieder an zu erstarren. 15. Solange die Römer den Feinden Widerstand leisteten, sind wenige gefallen; kaum aber suchten sie ihr Heil in der Flucht, da wurden die meisten niedergehauen. 16. Schon wollten die Römer Frieden schließen, da kam Appius Claudius in den Senat und verhinderte den Beschluß. 17. Kaum war die Nachhut über die Schanzen vorgerückt, da begannen die Gallier unverzüglich den Kampf.
18. Dadurch, daß du schweigst, gibst du deine Schuld zu. 19. Dadurch, daß du den Frieden gerettet hast, hast du dem Vaterland am meisten genützt. 20. Oft tadeln wir einen Redner, wenn wir am Ende seiner Rede schweigen. 21. Indem Apollo sagt: „Erkenne dich selbst", sagt er: „Erkenne deinen Geist!"

b) dum, dōnec, quoad, quamdiū

1. *dum* mit Indikativ Präsens = *während,* dum mit bezogenem Tempus = *solange als, solange bis.* Beispiele: Während die Trojaner schliefen, wurde die Stadt von den Griechen in Brand gesteckt. Solange ich atme, hoffe ich. Er blieb, bis ich zurückgekehrt war.
2. *dōnec = solange als, solange bis.*
3. *quoad = solange als, solange bis; quamdiū = solange als.*
4. dum, dōnec, quoad stehen mit dem Konjunktiv bei finalem Nebensinn des Temporalsatzes.
5. 1. Während sich Cäsar mit Ariovist unterhielt, näherten sich germanische Reiter. 2. Während die Römer berieten, wurde Sagunt schon von Hannibal angegriffen. 3. Die Spartaner waren tapfer, solange die Gesetze Lykurgs Geltung hatten. 4. Solange ich dir willkommen war, fühlte ich mich glücklicher als der Perserkönig. 5. Solange Cato lebte, nahm der Ruhm seiner Tugenden zu. 6. Solange es einen gibt, der dich zu verteidigen wagt, wirst du leben.
   7. Die Germanen warteten, bis Varus mit seinem Heer in den Teutoburger Wald eingedrungen war. 8. Ich werde nicht aufhören, bis ich das Werk vollendet habe. 9. Ich war in großer Furcht, bis ich erfahren habe, daß du wohlbehalten zurückgekehrt bist. 10. Unser Herz ist unruhig, bis es ruht in dir, o Herr. 11. Cäsar glaubte, nicht warten zu dürfen, bis die Helvetier in das Gebiet der Santonen kämen. 12. Horatius Cocles hielt

den Angriff der Feinde auf, bis die anderen die Brücke einrissen.

c) antequam, priusquam

1. priusquam und antequam = *bevor, eher als* stehen mit Indikativ nach negativem Hauptsatz, mit Konjunktiv bei finalem oder potentialem Nebensinn des Temporalsatzes.
2. 1. Die Römer hörten nicht eher auf, Kriege zu führen, als bis sie den ganzen Erdkreis unterworfen hatten. 2. Ein gerechter Richter wird nicht urteilen, bevor er den Ankläger und den Angeklagten gehört hat. 3. Die Feinde töteten den Hauptmann, bevor seine Soldaten zu Hilfe eilen konnten. 4. Themistokles riet seinen Bürgern, die Boten der Spartaner nicht eher zu entlassen, als bis er selbst von Sparta zurückgekehrt wäre.

d) ubi (prīmum), *ut* (prīmum), *cum* (prīmum), *simul, simulac, simulatque, postquam*

1. ubi, ut, cum, simul, simulac, simulatque mit Indikativ Perfekt = *sobald als.*
2. ubi, ut, cum, simul stehen mit bezogenem Tempus bei wiederholten oder zukünftigen Handlungen des übergeordneten Verbs.
3. *postquam* (posteāquam) *mit Indikativ Perfekt = nachdem; postquam mit Indikativ Präsens oder Imperfekt = seitdem.*
4. 1. Sobald Romulus und Remus herangewachsen waren, durchstreiften sie auf der Jagd die Bergwälder. 2. Nachdem die Trojaner und Aborigina in einer Stadtmauer zusammengekommen waren, wurde in kurzer Zeit die zerstreute Menge eine Bürgerschaft. 3. Sobald die Königsherrschaft sich in Hochmut verwandelte, vertrieben die Römer Tarquinius aus Rom. 4. Sobald die Gesandten der Feinde in das Lager kamen, wurden sie zum Konsul geführt. 5. Sobald man sich der Schlaffheit und Trägheit ergibt, wird man vergeblich die Götter anflehen. 6. Solange die Römer ihr Vaterland vor den Feinden verteidigen mußten, waren sie tüchtig und tapfer; seitdem sie aber auf dem ganzen Erdkreis herrschten, verweichlichten sie. 7. Sobald der Staat durch Anstrengung und Gerechtigkeit gewachsen war, begann das Schicksal zu wüten und alles zu zersetzen.

D. Kausalsätze (Begründungssätze)

1. *Kausalsätze* werden eingeleitet mit *quod, quia* = weil, *quoniam, quando* = weil ja, da ja *mit Indikativ bei objektivem Grund* (tatsächlichem Grund), *mit Konjunktiv bei subjektivem Grund* (Meinung des übergeordneten Subjekts), *cum* = da, weil, *praesertim cum* = zumal da *mit Konjunktiv (cum causāle).*
2. Quod nach den Verben des Affekts und den Verben des Lobens und Tadelns geht von der kausalen Bedeutung zur faktischen über = daß. Beispiele: Ich freue mich, daß du gekommen bist. Ich gratuliere dir, daß du diesen Sieg errungen hast.
3. 1. Von allen Galliern waren die Belgier am tapfersten deswegen, weil sie von der Zivilisation und Kultur der Provinz am weitesten entfernt waren. 2. Verachte die Lüste, weil du bald nach den Freuden weinen wirst! 3. Da ich mich ja zusammen mit euch nicht retten kann, will ich wenigstens für euer Leben sorgen. 4. Hannibal sagte: „Wir wollen die Römer von einer langen Sorge befreien, da sie den Tod eines alten Man-

nes nicht erwarten wollen“ und nahm Gift. 5. Die Feldherren wurden zum Tode verurteilt, weil sie die Schiffbrüchigen nicht gerettet hätten. 6. Da die Häduer sich und ihren Besitz nicht vor den Helvetiern verteidigen konnten, schickten sie Gesandte zu Cäsar, um Hilfe zu erbitten. 7. Alkibiades hat gegen sein Vaterland Krieg geführt, weil die Athener ihn ungerecht behandelt hätten; er muß aber getadelt werden, weil er sich treulos gegen sein Vaterland gezeigt hat. 8. Die Bewohner der eroberten Stadt wanderten nicht ungern aus, zumal da sie all ihren Besitz verloren hatten. 9. Welchen größeren oder besseren Dienst können wir dem Staat erweisen, als wenn wir die Jugend erziehen, zumal bei diesen Sitten und diesen Zeiten! 10. Warum laßt ihr euren Geist durch mangelnde Bildung und Gleichgültigkeit erschlaffen, zumal es so viele und verschiedene geistige Fähigkeiten gibt, mit denen höchste Berühmtheit gewonnen wird?

E. Konditionalsätze (Bedingungssätze)

1. Ein *konditionales Satzgefüge* besteht aus dem *bedingenden Nebensatz* und dem *bedingten Hauptsatz* (Folgerungssatz).
2. *Indefinitus* oder *sogenannter Realis:* Die Verwirklichung von Bedingung und Folgerung bleibt offen.
   Potentialis: Bedingung und Folgerung werden als möglich hingestellt.
   Irrealis: Bedingung und Folgerung werden als unwirklich oder unmöglich hingestellt.
3. Beim *Indefinitus* steht im Haupt- und Nebensatz der *Indikativ aller Tempora.*
   Beim *Potentialis* steht im Haupt- und Nebensatz der *Konjunktiv Präsens oder Perfekt.*
   Beim *Irrealis der Gegenwart* steht im Haupt- und Nebensatz der *Konjunktiv Imperfekt,* beim *Irrealis der Vergangenheit* der *Konjunktiv Plusquamperfekt.*
   Beispiele: 1. Wenn du das tust, hilfst du uns. Wenn du das getan hast, hast du uns geholfen. Wenn du das tun wirst, wirst du uns helfen.
   2. Wenn du das tust, dürftest du uns helfen.
   3. Wenn du das tun würdest, würdest du uns helfen. Wenn du das getan hättest, hättest du uns geholfen.
4. sī = wenn
   sī = ob (nach Ausdrücken des Erwartens und Versuchens)
   nisī = wenn nicht
   (verneint den ganzen Satz)
   sī nōn = wenn nicht
   (verneint ein einzelnes Wort)
   sī minus = wenn nicht
   (in verkürzten Sätzen)
   nōn nisī = nur
   sīn = wenn aber
   (eine zweite Bedingung wird einer vorhergehenden entgegengestellt)
   quodsī = wenn aber
   (dient zur Anknüpfung)
   sīve – sīve (seu – seu) = sei es daß – oder daß; ob – oder
   (zwei Bedingungen werden zur Wahl gestellt)

5. *Konditionale Wunschsätze* werden eingeleitet mit *dum, dummodo, modo* = wenn nur *mit Konjunktiv, verneint mit nē.*

6. 1. Wenn der Angeklagte unschuldig ist, wird er freigesprochen. 2. Wenn wir der Natur als Führer folgen, werden wir niemals in die Irre gehen. 3. Wenn du das gesagt hast, hast du deinen Freunden geschadet. 4. Wenig wert sind draußen die Waffen, wenn nicht zu Hause guter Rat ist.
5. Wenn du das tust, dürftest du dir mehr schaden als nützen. 6. Wenn das Vaterland so mit dir spräche, müßte es nicht seinen Wunsch erreichen, auch wenn es keine Gewalt anwenden könnte? 7. Wenn du mir vertraust, dürften wir alle Schwierigkeiten überwinden.
8. Wenn ihr nicht mit eurem Schicksal zufrieden wäret, wäret ihr gegen eure Eltern undankbar. 9. Wenn du geschwiegen hättest, wärest du ein Philosoph geblieben. 10. Die Gallier hätten das Kapitol besetzt, wenn nicht die Gänse, die der Juno heilig waren, geschrien hätten. 11. Wenn mich meine Sklaven so fürchteten, wie dich alle deine Bürger fürchten, würde ich glauben, mein Haus verlassen zu müssen.
12. Wenn die Furcht wahr ist, gehe weg, damit ich ihr nicht erliege; wenn sie aber nicht berechtigt ist, damit ich endlich einmal keine Furcht mehr zu haben brauche. 13. Nimm mit dir auch all deine Anhänger, wenn nicht, möglichst viele! 14. Möge doch bleiben und dauern, bitte ich, bei den Völkern der Germanen wenn nicht die Liebe zu uns, so wenigstens der Haß gegen sich selbst! 15. Übe alle Kräfte deines Körpers, wenn nicht, möglichst viele! 16. Denn unter keiner anderen Bedingung haben die Römer jemals Kriege geführt. Wenn ihr aber das, was bei weit entfernten Völkern geschieht, nicht wißt, schaut hinüber auf das benachbarte Gallien! 17. Ob du das getan hast oder das tun wolltest, du wirst mit Recht getadelt. 18. Ob ihr die Wahrheit sagt oder lügt, wir glauben euch nicht. 19. Der Tribun versuchte, ob er die übrigen Soldaten über den Rhein führen könne.
20. Mag ich auch all meinen Besitz verlieren, wenn ich nur als freier Mensch leben kann. 21. Du wirst mich von einer großen Furcht befreien, wenn nur zwischen mir und dir die Stadtmauer liegt. 22. Die Athener verdienen höchstes Lob, wenn sie nur nicht so leichtsinnig gewesen wären.

F. Konzessivsätze (Einräumungssätze)

1. *Konzessivsätze* enthalten eine *gegensätzliche Einräumung zum übergeordneten Satz.*

2. *quamquam* = obgleich, obwohl *mit Indikativ.*
Beispiel: Obwohl sich Cicero sehr um den Staat verdient gemacht hat, wurde er dennoch aus dem Vaterland verbannt.

3. *etsī, tametsī* = wenn auch, *etiamsī* = auch wenn *mit Indikativ oder Konjunktiv* wie in Bedingungssätzen.
Beispiele: Wenn du auch die Menschen täuschst, Gott wirst du nicht täuschen können. Auch wenn es eine Kunst gäbe, die Zukunft zu erkennen, so dürfte es besser sein, sie nicht zu kennen. Wenn auch die Menschen die Zukunft wüßten, sie wären trotzdem nicht glücklich.

4. *quamvīs* = wie sehr auch, obwohl
licet = mag auch
ut (concessīvum) = gesetzt (den Fall), daß
cum (concessīvum) = obgleich, obwohl
} *mit Konjunktiv*

Beispiele: Obwohl sie (die Frösche) unter Wasser sind, versuchen sie, unter Wasser zu schimpfen. Mögen auch überall Gefahren drohen, dennoch fürchte ich mich nicht. Wenn auch die Kräfte fehlen, so ist doch der gute Wille zu loben. Obwohl Sokrates unschuldig war, wurde er dennoch von den Richtern zum Tode verurteilt.

5. Magst du auch die Natur mit der Gabel austreiben, sie wird dennoch immer wieder zurückkommen.
   Der Nebensatz hat konzessive Bedeutung.
6. *Quamvīs bei Adjektiven und Adverbien* dient zur Steigerung.

G. Adversativsätze (Gegensatzsätze)

1. *Adversativsätze* enthalten einen *gegensätzlichen Vergleich* zu dem übergeordneten Satz. Sie werden eingeleitet mit *cum beim Konjunktiv* = während *(cum adversātīvum).*
   Beispiel: Während der eine Sohn fleißig ist, ist der andere faul.
2. *cum mit Konjunktiv* kann folgende Bedeutung haben:
   cum historicum = als
   cum causāle = da, weil
   cum concessīvum = obgleich, obwohl
   cum adversātīvum = während
3. 1. Obwohl Brutus viele Wohltaten von Cäsar empfangen hatte, hat er ihn dennoch getötet. 2. Die Früchte der Wissenschaften sind angenehm, auch wenn die Wurzeln bitter sind. 3. Catilina verfolgte die gleichen Pläne weiter, wenn auch Schutzmaßnahmen getroffen wurden. 4. Auch wenn ich in die größten Gefahren gekommen wäre, ich hätte dich nicht im Stich gelassen. 5. Mag er noch so reich sein, glücklich ist er nicht. 6. Wie ein Acker, mag er noch so fruchtbar sein, keine Früchte bringen kann, wenn er nicht bestellt wird, so wird auch der Geist ohne Belehrung keine Frucht bringen. 7. Auch wenn ihr mich verachtet, ich werde meine Meinung nicht ändern. 8. Auch wenn es wahr ist, daß du all deinen Besitz verloren hast, unsere Freundschaft wird bestehen bleiben. 9. Mag uns auch das Schicksal alles nehmen, die Tugend kann es uns nicht rauben. 10. Obwohl die dreihundert Spartaner bei den Thermopylen sehr tapfer kämpften, wurden sie von der Übermacht der Perser überwältigt. 11. Das Volk war bereit, ein noch so hohes Lösegeld zu zahlen, wenn nur der gefangene König in sein Vaterland zurückkehren könne. 12. Noch so lange Gespräche können diese Frage nicht lösen. 13. Während die Soldaten ängstlich hin und her liefen, war der Konsul selbst unerschrocken und befahl ihnen, stehenzubleiben und zu kämpfen. 14. Während die Natur die übrigen Geschöpfe vornüber geneigt und dem Bauche hörig geschaffen hat, hat sie den Menschen allein zum Anblick des Himmels aufgerufen.

H. Komparativsätze (Vergleichssätze)

1. *Komparativsätze* erläutern die Aussage des übergeordneten Satzes durch *Vergleiche der Art und Weise und des Grades.*
2. *Komparativsätze,* die *im Indikativ* stehen, enthalten eine *Tatsache.*
3. Komparativsätze, die im Indikativ stehen, werden eingeleitet
   1. durch *korrelative,* d. h. die Wechselbeziehung ausdrückende *Prono-*

minaladjektive und -adverbien,

2. durch *ac, atque* wie, als *nach Ausdrücken der Gleichheit und Verschiedenheit,*
3. durch *quam* als *nach Komparativen* und komparativischen Ausdrükken,
4. durch *quam bei einem Superlativ* (verkürzter Vergleichssatz).

Beispiele: 1. Wir wissen soviel, wieviel wir im Gedächtnis haben. 2. Oft kommt es anders, als die Menschen hoffen. 3. Deine Worte gefallen mir mehr als deine Taten. 4. Cäsar beschaffte so schnell wie möglich Verpflegung.

4. *Komparativsätze im Konjunktiv* enthalten eine *Annahme.*
Beispiel: So lebe mit Menschen, als ob dich Gott sähe!

5. *Komparativsätze, die eine Annahme enthalten,* werden eingeleitet mit *quasi, velut sī, tamquam, ut sī, proinde ac sī* und richten sich nach der *cōnsecūtiō temporum.*

6. 1. Zu keiner anderen Zeit sind so viele Untaten geschehen wie in unserem Jahrhundert. 2. So beschaffen ist der Staat wie das Wesen und der Wille dessen, der ihn lenkt. 3. Je besser etwas ist, desto seltener pflegt es zu sein. 4. Je entschlossener ihr handelt, um so unsicherer werden die Feinde sein. 5. Alle guten Menschen sehnen sich nach nichts anderem als nach Freiheit und Frieden. 6. Unser Staat muß auf eine ganz andere Weise verwaltet werden, als er bisher regiert worden ist. 7. Ariovist sagte, er sei eher nach Gallien gekommen als das römische Volk. 8. Die Eltern liebten die Tochter ebensosehr wie den Sohn. 9. Die Römer versuchten, von den Griechen möglichst viel zu lernen. 10. Du sollst so handeln, als ob du über das Schicksal des Staates zu entscheiden hättest. 11. Dieser Mensch spricht so, als ob er alles besser wüßte. 12. Cäsar ging an den Iden des März in die Kurie, als ob er keine Anschläge fürchten würde.

I. Das faktische quod

1. *Das faktische quod* = die Tatsache, daß; was das anbetrifft, daß; wenn leitet einen *Nebensatz* ein, *der eine Tatsache enthält.* Diese erläutert den Inhalt des Hauptsatzes oder einzelne Satzteile.

2. *Beim faktischen quod* steht der *Indikativ,* nur *bei innerlicher Abhängigkeit* der *Konjunktiv.*

3. Das *faktische quod* steht nach *Verben des Tuns* und *Geschehens mit beurteilendem Adverb,* nach *den Verben des Affekts,* nach *den Verben des Lobens, Tadelns* und *Dankens,* als *Erläuterung zu einem Demonstrativpronomen oder Substantiv* oder als *Erläuterung zum gesamten Inhalt des Hauptsatzes,* der oft nachgestellt ist.
Beispiele: 1. Es traf sich gut, daß ich meinem Bruder in Rom begegnet bin. 2. Viele Römer freuten sich, daß Cäsar im Jahre 58 v. Chr. nach Gallien reiste. 3. Ich bin dir dankbar, daß du meine Schwester gerettet hast. 4. Die Menschen sind den übrigen Lebewesen gerade dadurch am meisten überlegen, daß sie Vernunft haben. 5. Daß du einen so mächtigen Menschen beleidigt hast, halte ich für gefährlich.

4. 1. Du tust gut daran, daß du die Wissenschaften den Vergnügen vorziehst.

2. Es kam Cäsar sehr gelegen, daß Ariovist Gallien nicht verlassen wollte. 3. Cato sagte, er wundere sich, daß ein Opferschauer nicht lache, wenn er einen Opferschauer sähe. 4. Zu Unrecht beklagt sich das Menschengeschlecht über seine Natur, daß sie eher vom Zufall als von der Tüchtigkeit gelenkt werde. 5. Cäsar macht den Häduern schwere Vorwürfe, daß er von ihnen nicht unterstützt werde. 6. Den unsterblichen Göttern müssen wir großen Dank abstatten, daß wir diesem Unheil des Staates schon so oft entronnen sind. 7. Der größte Fehler der Germanen war, daß sie oft uneinig waren. 8. Cicero und Ovid sind sich darin ähnlich, daß sie die Verbannung schwer ertragen haben. 9. Daß Cäsar ein großer Mann war, erkennt man daraus, daß er oft seine Gegner geschont hat. 10. Es macht uns große Sorge, daß viele Menschen nicht an Gott und seine Gebote denken.

4. Relativsätze

1. *Relativsätze* sind *Attributsätze,* die ein Nomen des übergeordneten Satzes, das sogenannte *Beziehungswort,* erläutern.
2. Relativsätze werden eingeleitet mit *relativen Pronomina* (quī, quīcumque, quantus, quālis) und *relativen Adverbien* (ubi, quō, quā).
3. Das *Relativpronomen* richtet sich im *Genus* und *Numerus* nach seinem *Beziehungswort* im übergeordneten Satz, im *Kasus* aber nach seiner *Funktion als Satzteil* des Relativsatzes.
   Beispiele: Die Gesetze, die Solon dem Volk gegeben hatte, waren heilsam. Das Heer der Perser, dessen Führer gefallen war, wandte sich zur Flucht.
4. Von einem *relativen Anschluß* spricht man, wenn ein Relativpronomen statt eines Demonstrativpronomens einen Hauptsatz oder Konjunktionalsatz einleitet.[1]
5. *Relativsätze,* die eine *Tatsache* enthalten oder einen *verallgemeinernden Inhalt* haben, stehen im *Indikativ.*
6. *Relativsätze* mit *finalem, konsekutivem, kausalem* oder *konzessivem Nebensinn* stehen im *Konjunktiv.*
   Beispiele: 1. Die Athener schickten Gesandte nach Delphi, die das Orakel um Rat fragen sollten. 2. Faßt keinen Beschluß, der dem Staat schaden kann! 3. Warum sollte ich dich beneiden, da ich an allen notwendigen Dingen Überfluß habe? 4. Die Athener verurteilten Sokrates zum Tode, der nicht einmal das geringste Vergehen begangen hatte.
7. *Konsekutive Relativsätze* stehen besonders *nach unbestimmten Ausdrücken* und *nach den Adjektiven dignus, indignus, aptus, idōneus.*
   Beispiele: Es gibt niemand in der Stadt, der dich nicht fürchtet, niemand, der dich nicht haßt. Du hast es nicht verdient, diesen Schaden zu erleiden.
8. 1. Die Unterredung, die ich gestern mit dir gehabt habe, hat mich sehr erfreut. 2. Die Mütter, deren Kinder in höchster Gefahr waren, flehten die Götter an. 3. Alles, was recht und gut ist, gewähren die Götter nicht ohne Arbeit. 4. Jeder, der wahren Ruhm erlangen will, soll die Pflichten der Gerechtigkeit erfüllen! 5. Das, was ich gesehen und gehört habe,

[1]) Siehe Abschnitt 8, Satz 6. u. 7.

berichte ich euch. 6. Auf diese Nachrichten hin eilte Cäsar in möglichst großen Tagesreisen in das jenseitige Gallien. 7. Cäsar schickt die Reiterei voraus; diese beginnt mit der Reiterei der Helvetier auf ungünstigem Gelände ein Gefecht, und einige von unseren Reitern fallen. 8. Die Helvetier schickten Gesandte, die sagen sollten, sie hätten die Absicht, ohne jegliche Übeltat durch die Provinz zu ziehen. 9. Die Natur hat dem Menschen Vernunft gegeben, durch die die Begierden des Herzens gelenkt werden sollen. 10. Es gibt keinen Schmerz, den nicht die Länge der Zeit lindert. 11. Leichter finden sich Menschen, die in den Tod gehen, als die, die Schmerzen geduldig ertragen. 12. Höchstes Lob verdienen diejenigen, die ihr ganzes Leben hindurch anderen Menschen helfen und dienen. 13. Ariovist sagte, Cäsar tue Unrecht, da er ihm seine Einnahmen schmälere. 14. Diesen Menschen, der die Feinde des Vaterlandes unterstützt hat, haben wir verhaftet. 15. Die Gesinnung aller Soldaten, die durch die Furcht vor den Germanen sehr verwirrt waren, hat sich durch die Rede Cäsars auf wunderbare Weise gewandelt.

5. Die indirekte Rede (ōrātiō oblīqua)

1. Die *indirekte Rede* gibt eine wörtliche Rede (ōrātiō rēcta) als *Bericht einer dritten Person* wieder. Die Aussage wird als *Meinung des übergeordneten Subjekts* hingestellt und dadurch *innerlich abhängig.*
2. *Hauptsätze* in der indirekten Rede: *Behauptungssätze* stehen im *a. c. i.,* auch die sogenannten rhetorischen Fragen; *Fragesätze* und *Begehrssätze* stehen im *Konjunktiv.*
3. *Nebensätze* in der indirekten Rede: *Alle Nebensätze* stehen im *Konjunktiv.*
4. Für die Tempora gelten die Regeln der *cōnsecūtiō temporum.*
5. *Direkte Rede:* Für die lateinische Übersetzung vgl. den in der Lerngrammatik auf S. 116 unter „Oratio recta" stehenden Text.
6. *Indirekte Rede:* Für die lateinische Übersetzung vgl. den in der Lerngrammatik auf S. 116 unter „Oratio obliqua" stehenden Text.

7. Mehrdeutige Konjunktionen

cum mit Konjunktiv

1. Als sich die Feinde näherten, eilten die Soldaten ins Lager.
   (cum historicum = als)
2. Da du erfahren bist, kannst du mir helfen.
   (cum causāle = da, weil)
3. Obwohl die Wurzeln der Wissenschaften bitter sind, sind ihre Früchte angenehm.
   (cum concessīvum = obgleich, obwohl)
4. Während die anderen Frauen Coriolan baten und anflehten, schalt ihn die Mutter zornig.
   (cum adversātīvum = während)

cum mit Indikativ

1. Dann erst wirst du getötet werden, Catilina, wenn niemand mehr gefunden werden kann, der nicht zugibt, es sei mit Recht geschehen.
   (cum temporāle = damals als, als, dann wenn)
2. Wenn der Greis von seiner Jugend erzählte, freute er sich.
   (cum iterātīvum = sooft, jedesmal wenn)
3. Kaum hatten die Römer den Fluß überschritten, da griffen die Germanen an.
   (cum inversum = als, da)
4. Dadurch, daß du den Frieden gerettet hast, hast du uns allen am meisten genützt.
   (cum coincidēns oder explicātīvum = indem; dadurch, daß)
5. Sobald Romulus und Remus herangewachsen waren, durchstreiften sie auf der Jagd die Bergwälder.
   (cum prīmum mit Indikativ Perfekt = sobald als)

ut mit Indikativ und Konjunktiv

1. Wie du über andere urteilst, so werden andere über dich urteilen.
   (ut in Komparativsätzen = wie)
2. Sobald ich das erfuhr, änderte ich sofort meinen Plan.
   (ut mit Indikativ Perfekt = sobald als)
3. Alexander verlangte von den Ärzten, sie sollten ihn so schnell wie möglich heilen.
   (ut in Finalsätzen = daß, damit, um zu)
4. Einige scheinen zu fürchten, daß ich nicht genügend Schutz und Hilfe habe, um eure Beschlüsse durchzuführen.
   (ut nach verba timendī = daß nicht)
5. Perikles besaß so große Klugheit, daß die Athener 30 Jahre lang seinen Ratschlägen gehorchten.
   (ut in Konsekutivsätzen = daß, so daß)
6. Denn jenes ärgert mich zu sagen, wie ihr infolge Trägheit und Gleichgültigkeit verdorben seid.
   (ut in abhängigen Fragesätzen = wie)
7. Mag auch alles wider Erwarten eintreten, ich werde dennoch nicht verzweifeln.
   (ut in Konzessivsätzen = gesetzt daß, wenn auch)

nē mit Konjunktiv

1. Parmenio warnte Alexander, sein Wohl dem Arzt Philipp anzuvertrauen.
   (nē in Finalsätzen = damit nicht, um nicht zu)
2. Hannibal floh aus Karthago, weil er fürchtete, den Römern ausgeliefert zu werden.
   (nē nach verba timendī = daß)
3. Man muß sich hüten, Schmeichlern das Ohr zu leihen.
   (nē nach verba impediendī = daß)
4. Krösus fragte Solon, ob er jemand für glücklicher halte als ihn.
   (Angehängtes -ne in abhängigen Fragesätzen)

quīn mit Konjunktiv

1. Hektor ließ sich weder durch die Bitten des Vaters noch die Tränen seiner Gattin abhalten, mit Achill zu kämpfen.
   (quīn nach verneinten verba impediendī = daß)
2. Niemals komme ich zu dir, ohne daß ich gelehrter von dir weggehe.
   (quīn in Konsekutivsätzen = daß nicht)
3. Ich zweifle nicht, daß die Tugend der sicherste Schutz des Geistes ist und sein wird.
   (quīn in abhängigen Fragesätzen *nach nōn dubitō* [dubium nōn est] *= daß)*

quod

1. Cäsar wollte vor allem den Häduer Dumnorix bei sich haben, weil er erkannt hatte, daß er einen Umsturz plane.
   (quod in Kausalsätzen = weil)
2. Man muß es Cicero zur Ehre anrechnen, daß ihm das Wohl des Vaterlandes mehr wert war als sein eigenes Leben.
   (faktisches quod = die Tatsache, daß)
3. Das römische Reich, das durch Bürgerkriege beinahe vernichtet worden wäre, wurde von Kaiser Augustus wiederhergestellt.
   (quod als Relativpronomen = das)
4. Wenn ich ein Werk Ciceros lese, bewundere ich die Bildung und Beredsamkeit dieses Mannes.
   (quod = aliquod = *Prōnōmen indēfīnītum)*

dum

1. Während das in Rom geschah, wiegelte Manlius in Etrurien das niedere Volk auf.
   (dum mit Indikativ Präsens = während [temporal])
2. Solange du dich deiner Eltern würdig gezeigt hast, warst du angesehen und glücklich.
   (dum mit Indikativ des bezogenen Tempus = solange als)
3. Cäsar lag eine Zeitlang tot in der Kurie, bis ihn drei Sklaven nach Hause trugen.
   (dum mit Indikativ oder Konjunktiv des bezogenen Tempus = solange bis)
4. Alle Schmerzen und Qualen will ich gern ertragen, wenn nur durch meine Mühsal dem römischen Volk Würde und Heil zuteil werden.
   (dum, dummodo mit Konjunktiv = wenn nur)

Sachregister

(Die Zahlen beziehen sich auf die Seiten. Im *Schrägdruck* stehende Seitenzahlen beziehen sich auf die Übungen.)